Oliver Jokisch

Konnektionistische Methoden in
prosodischen Analyse und Generierung

TUD*press*

Studientexte zur Sprachkommunikation
Hg. von Rüdiger Hoffmann
ISSN 0940-6832
Bd. 59

Oliver Jokisch

Konnektionistische Methoden in der prosodischen Analyse und Generierung

TUD*press*

2011

Die vorliegende Arbeit wurde unter dem Titel »Konnektionistische Methoden in der prosodischen Analyse und Generierung« von der Fakultät Elektrotechnik und Informationstechnik der Technischen Universität Dresden zur Erlangung des akademischen Grades eines Doktoringenieurs (Dr.-Ing.) als Dissertation genehmigt.

Gutachter:
Prof. Dr.-Ing. habil. Rüdiger Hoffmann, TU Dresden
Prof. Dr.-Ing. habil. Hansjörg Mixdorff, Beuth Hochschule für Technik Berlin

Tag der Einreichung: 2. Mai 2011
Tag der Verteidigung: 28. Juni 2011

Bibliografische Information der Deutschen Nationalbibliothek
Die Deutsche Nationalbibliothek verzeichnet diese Publikation in der Deutschen Nationalbibliografie; detaillierte bibliografische Daten sind im Internet über http://dnb.d-nb.de abrufbar.

Bibliographic information published by the Deutsche Nationalbibliothek
The Deutsche Nationalbibliothek lists this publication in the Deutsche Nationalbibliografie; detailed bibliographic data are available in the Internet at http://dnb.d-nb.de.

ISBN 978-3-942710-30-5

Verlag der Wissenschaften GmbH
Bergstr. 70 | D-01069 Dresden
Tel.: +49 351 47969720 | Fax: +49 351 47960819
http://www.tudpress.de

Gesetzt vom Autor.
Printed in Germany.

Für meine Eltern Brigitte und Wolfrainer

Danksagung

An erster Stelle danke ich ganz herzlich meinem Doktorvater, Prof. Rüdiger Hoffmann, für die Entfaltungsmöglichkeiten an seinem Lehrstuhl, seine große Geduld sowie die vielen Dinge, welche ich auch außerhalb der fachlichen Dimension bei ihm lernen durfte.

Ein besonderer Dank geht an Prof. Hansjörg Mixdorff für seine wichtigen fachlichen Hinweise und die langjährige, vertrauensvolle Zusammenarbeit.

Weiterhin möchte ich Prof. Hiroya Fujisaki, Prof. Nick Campbell, Prof. Keikichi Hirose, Prof. Bernd Möbius, Dr. Daniela Braga und Prof. Petra Wagner erwähnen, die sich stets Zeit für meine Konferenzpräsentationen nahmen und mir wertvolle Anregungen gaben. Einige Ideen dieser Arbeit resultierten aus der Kooperation mit Prof. Harald Höge und der ehemaligen Speech Group der zentralen Forschungsabteilung von SIEMENS.

Besonders herzlich möchte ich mich bei den aktuellen und ehemaligen Kollegen des Instituts für Akustik und Sprachkommunikation der TU Dresden für ihre Unterstützung bedanken, insbesondere bei PD Dr. Ulrich Kordon, dem ich unter anderem das Thema für diese Arbeit verdanke. Mit Dr. Hongwei Ding, Dr. Hans Kruschke, Dr. Matthias Eichner, Guntram Strecha, Sören Wittenberg, Rainer Jäckel, Hussein Hussein und Dr. Hamurabi Gamboa verbinden mich eine Reihe von gemeinsamen Veröffentlichungen. Gemeinsam mit Dr. Diane Hirschfeld und Dr. Jörg Helbig wurden wichtige Schritte bei der Entwicklung von DRESS absolviert. Ein spezieller Dank geht an Barbara Wrann und Andreas Witing, die immer ein offenes Ohr für meine Anliegen hatten.

Weiterhin bedanke ich mich bei meinen ehemaligen Studenten, insbesondere bei Markus Pescheck, Dr. Marco Kühne, Michael Hofmann und Robert Schubert, die wertvolle Puzzlesteine für die vorliegende Arbeit beitrugen.

Die Stiftung Industrieforschung aus Köln unterstützte die Anfangszeit meiner Promotion mit einem Stipendium – auch dafür möchte ich mich bedanken.

Abstract

Linguistics and phonetics feature a remarkable, age-long research tradition but the experimental proof of empirical models constituted a challenge. Since the 1980s, the enormous developments in computer sciences enabled a big progress in speech and language processing. Speech and language technologies have found their way into the normal course of life.

The availability of increasing calculation power and system memory supported the application and development of sophisticated methods in the subareas, such as natural language processing, speech and speaker recognition, voice analysis for medical purposes or speech synthesis. The interdisciplinary prosody research also benefited from the improved technological conditions. In parallel, research approaches and processing paradigms changed from strictly rule-based modeling, based on empirical findings, to statistical or data-driven modeling, involving large databases and representing the variability of language and speech.

This thesis is examining the corresponding rule-based and data-driven paradigms in prosody research. The survey in particular deals with quantitative prosody models developed since the 1990s and verbalizes a proprietary connectionist method for the prosodic analysis and generation. The term connectionism is used synonymously with neural network modeling, distributing the knowledge over numerous simple processing units, aiming for flexible learning procedures and easy-to-use speech data interfaces.

The main concept of this novel connectionist method is a hybrid (data-driven and rule-based) architecture which enables a high flexibility for prosodic applications. Several application examples demonstrate the conventional connectionist approaches but also the hybrid method in the prosodic analysis and generation – e. g. by addressing prosody modeling in speech synthesis or prosodic annotation of speech databases.

The correlation with other research work is introduced, and the core network of the Integrated Model of German Intonation (IGM) is derived. An evolutionary optimization is applied to the IGM model core. In interaction of data-driven and rule-based algorithms, also some minor suggestions for the improvement of rule-based models are made.

After a motivation for this research in Chapter 1, the connectionist principles are introduced in Chapter 2. Chapter 3 reviews the basic principles of prosodic modeling, in particular rule-based approaches, to formulate the guidelines for the data-driven modeling. In Chapter 4, methods of data-driven prosody generation for speech synthesis are described and evaluated. Consequently, a novel hybrid (data-driven and rule-based) method is suggested. Chapter 5 introduces a connectionist example of prosodic analysis for the labeling of speech databases. Chapter 6 summarizes some applications of the suggested connectionist models and the correlations with other research work. Furthermore, an evolutionary optimization and some suggestions for improvements in rule-based models are described.

Inhaltsverzeichnis

1

Einleitung

1.1 Forschungsgegenstand

Prosodie ist ein entscheidendes Element humaner Kommunikation und trägt mit Aspekten wie Akzentuierung, Intonation oder Pausensetzung maßgeblich zur Verständlichkeit und Natürlichkeit von Sprache bei.

Untersuchungen zur Linguistik, insbesondere zur Phonetik und Prosodie, besitzen eine lange Tradition. Der experimentelle Nachweis empirischer Modelle stellte jedoch eine Herausforderung dar. Die enorme Entwicklung der Computertechnik seit den 1980er Jahren ermöglichte große Fortschritte in der Sprachanalyse und -verarbeitung. Die Verfügbarkeit steigender Rechenressourcen unterstützt die Entwicklung neuartiger Verfahren in Teilgebieten wie Spracherkennung, Stimmanalyse oder Sprachsynthese. Die Querschnittsdisziplin Prosodieforschung profitiert von diesen Randbedingungen und inspiriert die Entwicklung neuer Verfahren gleichermaßen.

In der Sprachforschung verschieben sich die Paradigmen von einer strikt regelbasierten (symbolischen) Modellierung hin zu statistischen oder datengetriebenen Verfahren, um die Variabilität humaner Spracherzeugung und -wahrnehmung besser abzubilden. Das Modellbildungsproblem wird damit zunehmend in die Entwicklung geeigneter, teilweise großer Sprachdatenbasen sowie entsprechender Lernverfahren verlagert. Seit der Renaissance neuronaler Netze (NN) um 1986, u. a. durch das Lernverfahren Backpropagation, leisten konnektionistische Modelle wichtige Beiträge zur datengetriebenen Sprachverarbeitung (neben der Hidden-Markov- und CART-Modellierung). Das Konnektionismus-Konzept zielt auf die, über kleine Verarbeitungselemente verteilte, Wissensrepräsentation in neuronalen Netzen.

1.2 Einordnung der Arbeit

Ausgehend von externen Vorarbeiten, untersucht die Dissertation zunächst NN-Modelle zur direkten Schätzung prosodischer Parameter (f_0-Kontur, Silben- und Lautdauern) und vergleicht die Approximationsgüte mit konventionellen (regelbasierten) Prosodiemodellen in der Sprachsynthese. Je nach Güte der Eingangsinformation und Modellimplementierung zeigen quantitativ-regelbasierte und NN-Modelle eine vergleichbare Performanz bezüglich objektiver Fehlerkriterien sowie in Hörtests.

Um Vorteile etablierter regelbasierter und flexibler NN-Modelle zu kombinieren, wird eine hybride Architektur aus datengetriebenen und regelbasierten Komponenten (HYDRA) zur f_0- und Dauerschätzung vorgeschlagen. Auf dieser Basis wird die Kernkomponente eines integrierten Prosodiemodells des Deutschen (IGM), eine Variante zur Approximation von Sprechstilen sowie ein f_0-Modell für Chinesisch entwickelt. Die NN-Struktur wird außerdem einer evolutionären Optimierung unterzogen.

Neben den beschriebenen Experimenten zur Generierung prosodischer Strukturen werden die NN-Modelle bei der prosodischen Analyse erprobt. Hierbei werden Phrasen- und Akzentinformation in einer großen Sprachdatenbasis automatisch markiert. Das Prinzip der neuronalen Phrasendetektion wird in der Arbeit vorgestellt.

1.3 Systemvoraussetzungen - Dresdner Sprachsynthese

Die in den Kapiteln 4, 5 und 6 dargestellten Experimente zur Prosodieanalyse und -generierung erfolgten größtenteils auf Basis des Dresdner Sprachsynthesesystems DRESS [HHJ+99, Hof99]. Dabei wurden die neuronal oder hybrid berechneten prosodischen Merkmalsverläufe entweder zur Modifikation natürlicher Sprachsignale (*Resynthese*) oder zur Manipulation der Inventarbausteine während des *Synthese*-Prozesses verwendet. Die resultierenden Resynthese- oder Synthesesignale wurden mit natürlichen Referenzsignalen sowie mit weiteren Resynthese- oder Synthesesignalen auf Basis regelbasierter Prosodiemodelle verglichen.

Nach der Evaluation wurden die Modellvarianten im DRESS-System implementiert – mit dem Ziel, eine erweiterte Experimentierplattform mit alternativen Verarbeitungspfaden zu entwickeln, die eine flexible Anpassung an verschiedene prosodisch-akustische Experimentierumgebungen, Webanwendungen (z. B. Tutorial) oder kommerzielle Einsatzszenarien (Text-to-Speech, Concept-to-Speech etc.) ermöglicht. Mit dem Begriff DRESS wird im engeren Sinne nur dieses Experimentiersystem bezeichnet.

Darüber hinaus entstanden Derivate von DRESS, bei denen spezifische Module oder Verarbeitungspfade ausgewählt und bezüglich Sprachqualität, Speicherbedarf oder Rechenzeit optimiert wurden. Beispiele sind die LEX-DRESS-Synthese für ein deutsches Ausspracheworterbuch [HJHA04, HHJL05] oder das ressourcenoptimierte MICRODRESS-System ([HJH+03, HJS+04] und [SJKH02]). Modifizierte Module kamen in den TTS-Systemen kommerzieller Partner zum Einsatz, wie z. B. der DRESS-Akustikmodul im PAPAGENO-System der SIEMENS AG [HRV06].

1.3.1 Vorarbeiten

Die Geschichte der Dresdner Sprachsynthese ist auf der Webseite des Instituts für Akustik und Sprachkommunikation (IAS) dargestellt[1]. Sie begann bereits 1953 am Institut für Fernmeldetechnik der damaligen TH Dresden und führte 1957 zu einem Vocoder. Von 1962 bis 1987 wurden mit Partnern verschiedene Geräte auf Basis des parametrischen Formantsynthese-Prinzips (Vokalsynthetisator, Syni 1/2, Playbackgerät, Rosy und Tusy) entwickelt, wobei die Bauformen den internationalen Hardware-Trends folgten und die Sprachverständlichkeit sukzessive stieg.

Die jüngeren Entwicklungen wurden durch eine Sprachsyntheselösung auf einer PCMCIA-Karte (VoiceCard) [KFH95] in Kooperation mit der vormaligen Fraunhofer-Einrichtung IMS (jetzt IPMS) Dresden stimuliert – unter maßgeblicher Beteiligung durch Ulrich Kordon und Diane Hirschfeld. In diesem Kontext wurden erstmalig Text-to-Speech (TTS)-Komponenten zur Textverarbeitung und Prosodiesteuerung sowie eine einfache Ablaufsteuerung entwickelt [Hir96]. Diese Arbeiten basierten zunächst auf Formantsynthese. Um die Sprachnatürlichkeit zu steigern, wurden ebenfalls nichtparametrische Verfahren untersucht, was ab 1993 zur Entwicklung einer diphonbasierten Sprachsynthese im Zeitbereich führte [Wun93]. Eine weitere Entwicklungslinie stammt aus der Dresdner Beteiligung an dem Synthesemodul des VERBMOBIL-Forschungsprojekts [Wah93], vor allem durch Jörg Helbig, mit dem Ziel einer hochwertigen akustischen Synthese im Zeitbereich [HW95].

1.3.2 TTS-System DRESS

Die Softwareintegration und Ergänzung der Dresdner TTS-Komponenten für die Sprachen Deutsch und Englisch erfolgten 1998–2000 durch den Autor und weitere IAS-Kollegen. Das System ist multilingual, echtzeitfähig, läuft unter diversen Windows- und Linuxversionen, besitzt eine flexible Schnittstellenstruktur (z. B. für neue Prosodiemodule oder Sprecherdatenbasen) und wird zumindest als Experimentierplattform bis heute weiterentwickelt. Die Software wurde kurzzeitig als *Dresdner Sprachsynthese DreSY* und ab Juni 1998 als *Dresdner Sprachsynthesesystem DreSS* bezeichnet [JHEH98c, HHJ+99]. Seit 2000 firmiert das TTS-System unter dem Akronym DRESS. Die Verarbeitungsebenen von DRESS werden in Abbildung 1.1 dargestellt. DRESS basiert auf konkatenativer PSOLA-Synthese im Zeitbereich, einschließlich korpusbasierten Syntheseinventaren. Folgende Projekte bezogen sich auf DRESS oder einzelne Systemkomponenten (Auswahl):

- Evaluation der Synthesequalität [SPA+98, MM98b, HHJ+99, Höp00, GJH08],
- Optimierung der Bausteinauswahl [HW00, Hir03, Gam10],

[1] vgl. „Museum → Sprachsynthese“, Stand: April 2011. http://www.ias.et.tu-dresden.de/ias/index.php?id=454 (abgerufen 30.04.2011).

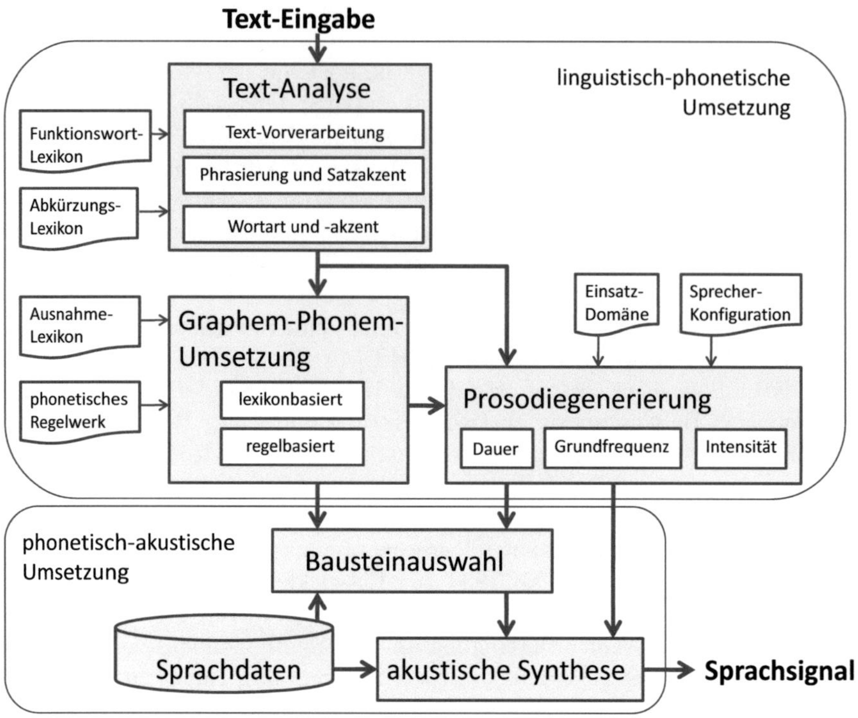

Abbildung 1.1. Verarbeitungsebenen von DRESS.

- Fremdsprachliche Varianten – Russisch [LIK+98], Italienisch [Ori99], Klingonisch [JE00], Chinesisch [Din01], Englisch [DJH04] und Spanisch [Vin04],
- Sprachmodelle und Aussprachevarianten [Wer08],
- Sprechstilsimulation [Kru07],
- Usability eines Webportals [WJ05],
- Sprachsynthese-Tutorial[2].

1.3.3 Prosodische Modellierung in DRESS

In der Kommandozeilenversion des DRESS-Experimentiersystems können je nach Bedarf verschiedene Module zur Textvorverarbeitung, Prosodiegenerierung oder akustischen Synthese eingeschaltet und mit Basisparametern sowie Sprecherdaten konfiguriert werden (Abbildung 1.2).

Im dargestellten Aufrufbeispiel soll der Text „Hallo Welt." mit der deutschen Stimme 0 und einer mittleren Stimmfrequenz $\overline{f_0} = 100$ Hz synthetisiert werden. Dabei sollen das Dauersteuerungsmodell 3 (neuronales Netz, ANN)

[2] vgl. "Tutorial Speech Synthesis", Stand: April 2011. http://www.ias.et.tu-dresden.de/multimedia/tutorial/ (abgerufen 30.04.2011).

```
dress  [options]  [input]  [output file]
---------------------------------------------------------------------
-v             dress version
-m[0]          language:          0 ge (1 it 2 ch 3 d-en 4 kl 5 us-en)
-v[ini]        voice:             0,1,2..        see .ini-file
-f[ini]        f0 mean:           50      < fvoi < 300
-y[1]          f0 dynamics        low     < 1.0  < high
-r[ini]        speech rate:       low     < 1.0  < high
-d[ini]        duration model:    0 m-level      1 klatt  2 inher 3 ann
-l[0]          loudness reduct:   0..96  dB
-t[1]          text processor:   -1 no           0 rules  1 lex    2 g2p
-i[0]          intonation model: -1 const        0 lin    1 fuj    2 ann
-u[0]          unit selection:    0 diphone      1 graphbased
-a[1]          acoustic module:   0 zeitsyn      1 akusyn 2 akusII 3 akumod
-c[0]          coding:            0 pcm   1 pcm/2   2 a   3 a/mem 4 u
-b[10]         break after:       1 txt   2 ppr   3 gpc    4 dur    5 into
                                  6 sm    7 syn   8 bin    9 wav   10 play
-s[1]          start level:       see -b
-p[ini]        protocole mode:   -1 no           0..4   level n
-e[dress.e]    exchange file      s..stop  c..cont  e..exit
-h  /?         this help
xxx            input file
(xxx xx.)      input text
Example:       dress -v0 -f100 -d3 -i2 (Hallo Welt.) dress.out
```

Abbildung 1.2. Parametrisierung des DRESS-Experimentiersystems inkl. Deutsch, Chinesisch, Italienisch, Englisch und Klingonisch (Stand 2002).

sowie das Intonationsmodell 2 (ebenfalls neuronales Netz) verwendet und das Synthesesignal in die Datei „dress.out“ geschrieben werden. Das System kann auf verschiedenen Schnittstellenebenen angesteuert werden (z. B. mit der Phonemsequenz eines anderen TTS-Systems) und erlaubt die Anzeige von Zwischenergebnissen auf den einzelnen Hierarchieebenen. Die Tabelle 1.1 stellt die möglichen Kombinationen prosodischer Modelle in DRESS (Stand 2004) dar. Einige Modellkombinationen sind unzulässig, da die Intonationsmodellierung bestimmte Informationen der Vorverarbeitung voraussetzt, die nicht bei allen Dauermodellimplementierungen zur Verfügung stehen.

Schalteroptionen	**Dauermodell**	**f_0-Modell**	**Intensitätsmodell**
inher	inhärent	konstant	inhärent
klatt, const	Klatt	konstant	inhärent
klatt, lin	Klatt	linear	inhärent
klatt, fuj	Klatt	Fujisaki (MFGI)	inhärent
klatt, ann	Klatt	neuronal (PitNet)	inhärent
m-level, const	hybrid (M-Level)	konstant	inhärent
m-level, lin	hybrid (M-Level)	linear	inhärent
m-level, fuj	hybrid (M-Level)	Fujisaki (MFGI)	inhärent
m-level, ann	hybrid (M-Level)	neuronal (PitNet)	inhärent
ann, ann	neuronal (DurNet)	neuronal (PitNet)	inhärent
igm	hybrid (IGM)	hybrid (IGM)	hybrid (IGM)

Tabelle 1.1. Optionale prosodische Konfigurationen von DRESS (Stand 2004).

Die Bezeichnung „inhärent“ meint hierbei, dass die im Sprachinventar vorliegenden Parameter übernommen werden. Die klassisch regelbasierten Modelle „linear“ (nach Hirschfeld) und „Fujisaki“ werden in den Abschnitten 3.6.2.2 und 3.6.2.1 erläutert. Die neuronalen Modelle PitNet und DurNet (vgl. Abschnitt 4.2.3) und das M-Level-Modell (4.3.3) wurden im Rahmen dieser Arbeit entwickelt. Das hybride IGM-Modell basiert teilweise auf dieser Arbeit und wird ausführlich im Kapitel 6 beschrieben.

1.4 Wissenschaftliche Beiträge der Arbeit

Die Grundannahmen konnektionistischer Modellierung und die in der Arbeit hauptsächlich verwendeten Netzmodelle sowie das Trainingsverfahren werden kurz in Kapitel 2 vorgestellt. Kapitel 3 stellt grundlegende prosodische Modelle dar und bezieht sich dabei vor allem auf konventionelle (regelbasierte) Modelle, um Entwurfsregeln für die datengetriebenen Modelle zu finden. In Kapitel 4 werden Methoden der datengetriebenen Prosodiegenerierung ausführlich beschrieben und mit eigenen Beispielen belegt sowie evaluiert. Es wird eine hybride Architektur vorgeschlagen, die datengetriebene und regelbasierte Komponenten enthält[3]. Kapitel 5 stellt ein ausgewähltes Beispiel zur signalbasierten, neuronalen Phrasen-Prädiktion für die prosodische Analyse von Sprachdatenbasen dar. In Kapitel 6 werden Anwendungen des vorgeschlagenen hybriden Modells dargestellt und Optimierungen diskutiert. Außerdem wird ein evolutionärer Optimierungsansatz vorgestellt.

Die Arbeit versucht, den Einsatz neuronaler oder hybrider Verfahren in seiner Breite – sowohl in der Prosodiegenerierung als auch in der Prosodieanalyse – zu demonstrieren. Der Fokus liegt nicht auf der Optimierung eines einzelnen Modells gegenüber vorhandenen konventionellen (meist regelbasierten) Modellen. Die Arbeit stellt jedoch in Kapitel 6 entsprechende Optimierungsexperimente exemplarisch dar.

Die vorgeschlagene hybride Modellbildung wurde in verschiedenen Verfahren zur Prosodiesteuerung erprobt und in diversen Beiträgen publiziert. Fachkollegen verglichen diese Verfahren bezüglich ihrer Performanz mit eigenen Verfahren zur Prosodiesteuerung oder zitierten die jeweiligen Modelle als charakteristisches Beispiel für eine datengetriebene f_0-, Dauer- bzw. Intensitätssteuerung – ohne jedoch den hybriden Modellaspekt zu diskutieren:

Mehrebenen-Dauermodell [JHEH98a, JHEH98c] Tunley [Tun99] untersucht die Interaktion temporaler und spektraler Silbenmerkmale sowie deren Einfluss auf eine natürliche Rhythmuswahrnehmung[4]. Fishel und Mihkla [FM06] entwickeln ein vergleichbares neuronales Laut- und Pausendauermodell auf Basis eines estnischen Nachrichtenkorpus.

[3] Im Rahmen der Arbeit bezieht sich der Begriff „hybrid“ ausschließlich auf die Kombination von datengetriebenen und regelbasierten Komponenten.

[4] Dauermodelle für Sprachsynthese berücksichtigen in der Regel nur temporale Aspekte

Prädiktor für Fujisakiparameter [JMKK00] Kruschke [Kru01] verwendet den Prädiktor zur f_0-Anpassung simulierter Sprechstile. Hirose und Sakurai [HEMS01, SHM01] untersuchen ein vergleichbares Netzwerkmodell zur Fujisakiparameterschätzung im Japanischen. Tseng, Pin und Lee [TPL04, Tse07] ordnen den Prädiktor als Lernkomponente des Fujisakimodells ein, wobei sie Erweiterungen des phrasenbasierten Intonationsmodells vorschlagen, um Phänomene der prosodischen Gruppe (PG)[5], z. B. im Mandarin-Chinesischen, abzubilden. Escudero-Mancebo und Cardeñoso-Payo [EMCP06] betrachten den Prädiktor als Variante zur Abbildung prosodischer Merkmale auf akustische Parameter, betonen jedoch die intrinsische Variabilität von Intonation[6].

Integriertes Modell [MJ01a, MJ01c, Mix02, MJ03] Raidt und Bailly [RBHM04, BHA04, BH05, BG06] vergleichen das integrierte Prosodiemodell mit dem ICP-Modell des Französischen, wobei der Trend zum „blinden, intensiven Training“ multi-parametrischer[7] Modelle kontrovers diskutiert wird [BHA04]. Rao und Yegnanarayana [RY04, RY07, Rao08] modellieren die Silbendauern der indischen Sprachen Hindi, Telugu und Tamil mit neuronalen Netzen. Mnasri, Boukadida und Ellouze [MBE10, MBE11] trainieren Fujisakiparameter im Arabischen mit einem vergleichbaren Modell. Teixeira [Tei04], Tamburini [Tam04], Palenik, Cepko und Nagy [PCN07], Wagner [Wag08] und Romsdorfer [Rom09] erwähnen das integrierte Modell im Kontext ihrer eigenen Prosodiemodelle.

Prosodiemodell für Mandarin [JDK02, JDKS02] Yeh&Hwang [YH05] schätzen die f_0-Kontur, Laut- und Pausendauern sowie die Intensitätskontur für Mandarin-Chinesisch ebenfalls mit einem integrierten Netzmodell, wobei ihr Prosodiegenerator zwei Eingabeschichten – für die linguistische Kodierung auf Wort- und Silbenebene – besitzt.

[5] Eine prosodische Gruppe (PG) besteht nach Tseng aus $3 \ldots 5+$ Phrasen.

[6] Escudero-Mancebo und Cardeñoso-Payo meinen hierbei die intra- und interindividuellen Schwankungen bei Probanden, welche die gleiche Äußerung auf verschiedene Art und Weise sprechen.

[7] Die Bezeichnung „multi-parametrisch“ bezieht sich bei Bailly, Holm und Auberge auf Modelle, bei denen f_0, Lautdauern bzw. Intensitätsverläufe gleichzeitig generiert werden.

2

Konnektionistische Modellierung und neuronale Netzwerke

2.1 Konnektionismus-Begriff

Der *Konnektionismus* ist ein Problemlösungsansatz, der ein System als Wechselwirkung vernetzter, einfacher Einheiten betrachtet. Die Repräsentation des Wissens besteht in der Interaktion einer großen Anzahl von Einheiten. Diese Interaktion ermöglicht keine exakte Beschreibung auf einer konzeptionellen Ebene. Der Konnektionismus-Ansatz wird u. a. in [Sch92] beschrieben.

Die Modellbildung mittels eines konnektionistischen Systems ist eine grundlegende Methode und damit unabhängig von einer konkreten Systemrealisierung, z. B. mit dem weit verbreiteten *neuronalen Netz*. Eine alternative Implementation des konnektionistischen Ansatzes, das Sensitivitätsmodell von Frederic Vester [Ves02], soll hier lediglich erwähnt werden. Interessanterweise finden sich bereits 1895 im Freudschen *Entwurf einer Psychologie* [Fre50] Ansätze einer proto-konnektionistischen Theorie.

Eine konnektionistische Systemarchitektur wird in der Regel mit den Prinzipien des menschlichen Gehirns assoziiert und besitzt – zumindest theoretisch – folgende Vorteile:

- Anpassungsfähigkeit, da keine festen Regeln verarbeitet werden,
- eine prinzipielle Lernfähigkeit.
- Die Funktionsfähigkeit kann auch bei unvollständigen oder gestörten Daten gegeben sein.
- Es besteht eine gewisse Redundanz bei dem Ausfall von Teilsystemen.

Im Folgenden werden ein konnektionistisches Modell sowie ein neuronales Netz – die konkrete Modellrealisierung – als Synonyme aufgefasst. Der Begriff Konnektionismus betont hierbei weniger das biologische, neuronale Vorbild als vielmehr die Zusammenschaltung vieler einfacher Verarbeitungselemente, die miteinander kommunizieren.

2.2 Konnektionismus versus Symbolismus

Der Konnektionismus wird in der Regel als ein Forschungszweig der *Künstlichen Intelligenz* (engl. artificial intelligence, Abk. KI oder AI) aufgefasst. Der KI-Begriff wurde durch John McCarthy und Kollegen (u. a. Claude Shannon) um 1955 geprägt: „.. making a machine behave in ways that would be called intelligent if a human were so behaving.“ Marvin Minsky verallgemeinerte den Begriff 1968 wie folgt: „.. the science of making machines do things that would require intelligence if done by man.“ Der KI-Begriff wird in der Literatur nicht einheitlich definiert und lässt üblicherweise die Art der Systemrealisierung offen.

In der *klassischen KI* erfolgt die Informationsverarbeitung durch Manipulation von Symbolen, insbesondere auf höheren Verarbeitungsebenen. Das symbolische Paradigma ermöglicht Expertensysteme auf Basis von Regeln und Fakten, die vom Menschen kognitiv[1] verarbeitet werden. Der Ursache-Wirkungs-Zusammenhang wird als bekannt vorausgesetzt.

Der konnektionistische KI-Ansatz kann auf ein *subsymbolisches Paradigma* (vgl. Paul Smolensky [Smo88]) zurückgeführt werden, bei dem Intelligenz nicht auf der Verarbeitung von Regeln beruht, sondern in der biologischen Informationsverarbeitung liegt, und KI diese Verarbeitungsprozesse (Speicherung, Assoziation, Verstärkung etc.) simuliert. Der Ursache-Wirkungs-Zusammenhang wird durch Beispiele abgebildet.

Mit der zunehmenden Popularität konnektionistischer Modelle ab Mitte der 1980er Jahre entbrannte eine Debatte zwischen den genannten Schulen. Vertreter der klassischen KI-Forschung argumentierten, dass konnektionistische Ansätze die Fortschritte der Kognitionswissenschaft (auf Basis klassischer symbolischer Verarbeitung) nicht berücksichtigen würden. Der Kern der logischen Argumentation betraf die von Fodor und Pylyshyn [FP88] formulierte Forderung, das subsymbolische Paradigma müsse u. a. die Existenz von Systematizität[2] in kognitiven Leistungen erklären, ohne sich dabei auf die Annahme klassischer kognitiver Verarbeitung zu stützen: kognitive Prozesse seien kausal sensitiv bezüglich der Konstitutenten ihrer mentalen Repräsentation, das heißt, ohne lediglich eine Implementierung des klassischen Ansatzes darzustellen (vgl. [Mau09]). Die praktische Herausforderung bestand in der adäquaten Produktion bestimmter syntaktischer und semantischer Strukturen durch konnektionistische Modelle. Entsprechende Nachweise geeigneter konnektionistischer Modelle gelangen etwas später, allerdings auf Basis von Prozessen, die beim Vorbild menschliches Gehirn als unwahrscheinlich gelten. Diese – aus Sicht der klassischen KI – unbefriedigende Lösung führte zu erneuten Debatten. Aufgrund des besseren Verständnisses humaner und künstlicher neuronaler Netzwerke ist die Debatte unter Neuro-Wissenschaftlern mittlerweile zu-

[1] auf das Wissen, Verstehen und Denken bezogen (von lat. „cognoscere“ - erkennen; im Gegensatz z. B. zu emotionell)

[2] Bedeutung eines Elements ergibt sich aus der Zuordnung der Elemente. Die Systematizität unterstellt also eine Vorherrschaft der Struktur über die Elemente

gunsten des Konnektionismus entschieden, wobei die allgemeine Akzeptanz des konnektionistischen Lösungsansatzes in interdisziplinären Fachgebieten (z. B. in der Psychologie) noch aussteht. Zell schlussfolgerte bereits 1994 (vgl. [Zel94], S. 26):

> „Es ist daher zu erwarten, dass die ehemals scharf rivalisierenden Forscher auf den Gebieten der neuronalen Netze und der symbolischen KI in Zukunft stärker Konzepte und Ideen des jeweils anderen Gebiets aufgreifen werden. Viele zukünftige Anwendungssysteme werden wohl konventionelle algorithmische Komponenten besitzen, Module, die neuronal realisiert sind, und andere, die symbolisch schließen können. Die Integration dieser Komponenten ist allerdings eine große Herausforderung."

Smolensky entwickelte um 1995 im Zusammenhang mit der beschriebenen Debatte eine *Integrierte Konnektionistisch-Symbolische Kognitive Architektur* (engl. Integrated Connectionist / Symbolic Cognitive Architecture) [Smo95], die funktionale und prozessuale Analysemethoden verbindet. Wermter, Sun und andere folgten bis etwa 2000 mit weiteren hybriden konnektionistisch-symbolischen Ansätzen [WS00].

Die Arbeiten des Autors zur Prosodiegenerierung wurden durch die Konnektionismus/Symbolismus-Debatte stark beeinflusst. Dementsprechend erfolgten im Rahmen der Arbeit sowohl neuronale Experimente (siehe z. B. Abschnitte 4.2 und 5.2) als auch hybride neuronal-regelbasierte Modellierungen (siehe z. B. Abschnitte 4.3 und 6.1).

2.3 Künstliche Neuronale Netzwerke

2.3.1 Einordnung

Im Folgenden werden die Begriffe *künstliches neuronales Netzwerk (KNN)* (engl. *artificial neural network, ANN*) und *neuronales Netzwerk (NN)* synonym verwendet. Die Theorie neuronaler Netze wird in der Literatur detailliert beschrieben. Die folgende Kurzdarstellung basiert auf der Zellschen *Simulation Neuronaler Netze* [Zel94]. Dabei werden nur neuronale Modellierungsaspekte betrachtet, die für das Verständnis der Arbeit notwendig sind, d. h. im Wesentlichen *Feedforward*-Netzwerke sowie das Lernverfahren *Backpropagation*. Das neuronale Netz wird hier lediglich als spezielles Klassifikations- bzw. Approximationswerkzeug aufgefasst. Diese Betrachtungsweise ist konform zur Hoffmannschen *Signalanalyse und Erkennung* ([Hof98], S. 353 ff.).

Ein wichtiges Merkmal neuronaler Netze ist ihre Lernfähigkeit. Ein vorwärtsgerichtetes NN kann im einfachsten Fall durch eine Funktion f beschrieben werden, die einem Eingabevektor den zugehörigen Ausgabevektor zuordnet.

$$y = f(x, w) + \varepsilon \tag{2.1}$$

Hierbei ist w ein Gewichtsvektor, der so bestimmt wird, dass das Netz die Trainingsdaten möglichst gut reproduziert.

2.3.2 Elemente eines NN

Neuronale Netze bestehen im Wesentlichen aus einer großen Anzahl einfacher Einheiten, den Neuronen, die Informationen über gerichtete Verbindungen miteinander austauschen. Neuronen sind Prozessoren, die in Abhängigkeit ihres Aktivierungszustandes und der Eingabe vorgeschalteter Neuronen ihren neuen Zustand errechnen und an nachgeschaltete Neuronen weitergeben. Die Verbindungen zwischen den Neuronen besitzen einstellbare Gewichte (engl. weights). Das Neuron (vgl. Abbildung 2.1) bildet die Summe aus den gewichteten Ausgaben aller vorgeschaltenen Neuronen und bewertet diese mit einer *Aktivierungsfunktion* a_j (siehe Gleichungen 2.2 und 2.3).

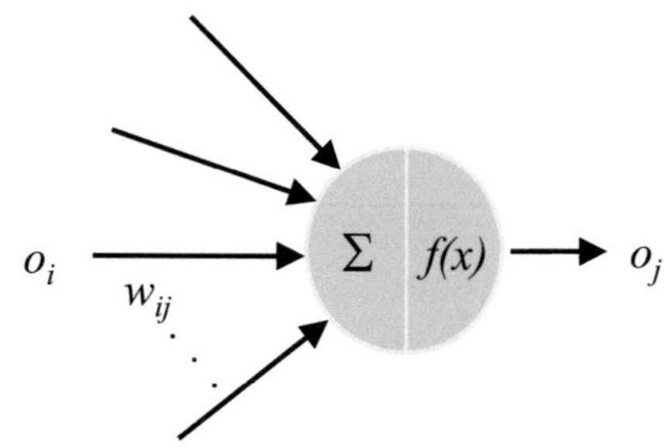

Abbildung 2.1. Das Neuron als elementare Verarbeitungseinheit.

$$a_j(t+1) = f_{act}(a_j(t), \text{net}_j(t)) \tag{2.2}$$

$$\text{mit}\ \ \text{net}_j(t) = \sum_i o_i(t) w_{ij} \tag{2.3}$$

Mithilfe der *Ausgabefunktion* $o_j(t) = f_{out}(a_j(t))$ wird aus dem Aktivierungszustand die Ausgabe berechnet und an nachfolgende Neuronen weitergegeben. Im Allgemeinen wird als Ausgabefunktion die Identität $y = x$ verwendet. Dadurch lassen sich Aktivierungsfunktion und Ausgabefunktion zu einer Funktion $f(a_j, \text{net}_i)$ zusammenfassen. Als Aktivierungsfunktion dient in der Regel eine nichtlineare Funktion, z. B. die logistische Funktion $f_{log}(x)$ oder die Tangens-Hyperbolicus-Funktion $f_{tanh}(x)$:

$$f_{log}(x) = \frac{1}{1+e^{-x}} \tag{2.4}$$

$$f_{tanh}(x) = \tanh(x) = \frac{e^x - e^{-x}}{e^x + e^{-x}} = 2f_{log}(2x) - 1 \tag{2.5}$$

Beide Funktionen gehören zur Klasse der sigmoiden (S-förmigen) Funktionen. $f_{log}(x)$ ist punktsymmetrisch um den Schwellwert, stetig differenzierbar und hat den Wertebereich $]0, 1[$. Unter Berücksichtigung eines Skalierungsparameters k ergibt sich folgende Aktivierungsfunktion:

$$f_{act}(\text{net}_j) = \frac{1}{1 + e^{(-k\text{net}_j)}} \tag{2.6}$$

Abbildung 2.2 stellt die logistische Aktivierungsfunktion für unterschiedli-

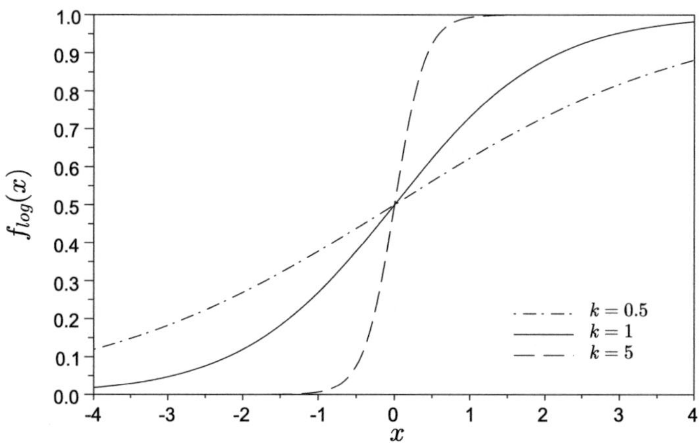

Abbildung 2.2. Logistische Funktion in Abhängigkeit von k.

che k-Parameter dar. Für $k \to \infty$ nähert sich die logistische Funktion der Schwellwertfunktion, die u. a. im binären Perzeptron verwendet wird:

$$f_{act}(x) = \begin{cases} 1 \text{ falls } \text{net}_j(t) \geq 0 \\ 0 \text{ sonst.} \end{cases} \tag{2.7}$$

Für eine geeignete mathematische Beschreibung werden die Neuronen im Netzwerk üblicherweise schichtenweise angeordnet. Das *Feedforward Neural Network (FFNN)* besitzt folgende Arten von Schichten (engl. layer):

- Eingabezellen (engl. input layer),
- verdeckte Zellen (engl. hidden layer),
- Ausgabezellen (engl. output layer).

Bei diesem Netztyp sind die Verbindungen ausschließlich nach vorn gerichtet. Die Eingangsinformation wird ohne Rückkopplungen zum Ausgang geleitet (propagiert). Dabei sind nur die Neuronen unterschiedlicher Schichten miteinander verbunden. Die Verbindungsgewichte zwischen zwei Neuronenschichten bilden eine Gewichtsmatrix W, wobei w_{ij} dem Verbindungsgewicht von Neuron i zu Neuron j entspricht:

$$W = \begin{pmatrix} w_{11} & w_{12} & \cdots & w_{1k} \\ w_{21} & w_{22} & \cdots & w_{2k} \\ \vdots & \vdots & \ddots & \vdots \\ w_{n1} & \cdots & \cdots & w_{nk} \end{pmatrix} \tag{2.8}$$

2.3.3 Lernverfahren

Der Lernvorgang im engeren Sinne bezeichnet eine Modifikation der Verbindungsgewichte, um die Übereinstimmung zwischen erwarteter und erzielter Netzausgabe zu erhöhen. Entsprechend dem *Perzeptron-Lern-Theorem* (engl. *perceptron convergence theorem*) von Rosenblatt [Ros62] kann ein Netz in endlicher Zeit alle Funktionen lernen, die es mit seiner Struktur realisieren kann. Realisierbarkeit und Lernfähigkeit des Netzes sind wichtige Voraussetzungen für ein zielführendes Training.

Das klassische Beispiel für den Zusammenhang von Realisierbarkeit und Lernfähigkeit ist das XOR-Problem[3].

Die Trainingsdaten stellen nur einen kleinen Teil der prinzipiell möglichen Ein- und Ausgabepaare dar. Das Netz soll auch bei unbekannter Eingabe den beabsichtigten Ausgabewert möglichst gut reproduzieren. Dieses Lernziel wird *Generalisierung* genannt.

2.3.3.1 Überwachtes Lernen

Beim überwachten Lernen (engl. supervised learning) wird dem Netz zu jedem Eingabemuster der Trainingsmenge ein korrektes bzw. das bestmögliche Ausgabemuster präsentiert. Voraussetzung dafür ist, dass die beabsichtigten Ausgabemuster bekannt sind. Das Lernziel besteht darin, die Gewichte des Netzes so zu ändern, dass nach wiederholter Präsentation der Ein- und Ausgabemuster diese Assoziation vom Netz selbständig vorgenommen und auf unbekannte Eingabemuster übertragen werden kann ([Zel94], S. 93). Das Grundprinzip überwachter Lernverfahren wird in Abbildung 2.3 dargestellt.

Auf die weiteren Lernstrategien *bestärkendes Lernen* (engl. reinforcement learning) bzw. *unüberwachtes Lernen* (engl. unsupervised learning) wird hier nicht eingegangen, da sie im Rahmen der Arbeit nicht angewendet werden.

---

[3] Am Beispiel der binären XOR-Funktion kann man zeigen, dass es für ein einstufiges Perzeptron nicht möglich ist, linear nicht separierbare Funktionen zu lernen, da das Perzeptron sie nicht repräsentieren (hier im Sinne von realisieren) kann.

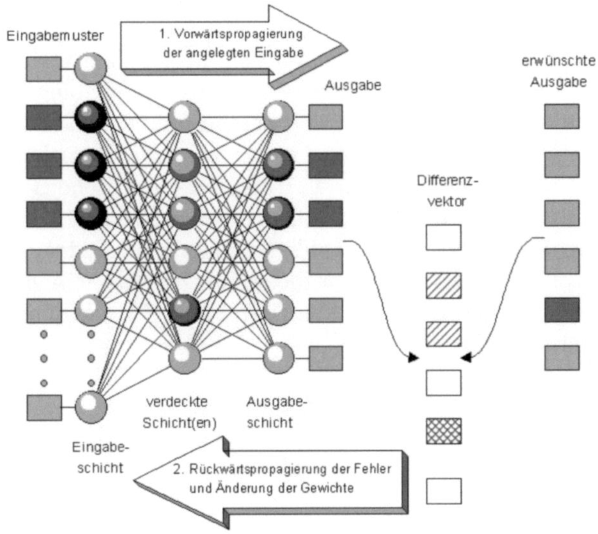

Abbildung 2.3. Grundprinzip überwachter Lernverfahren (nach [Zel94]).

2.3.3.2 Delta-Regel

Bei biologischen neuronalen Netzen wird Lernen üblicherweise mit einer Änderung der Synapsenstärke assoziiert. Donald Hebb stellte bereits 1949 die Hypothese auf, dass sich im Gehirn eine verstärkende Eigenschaft einer Synapse erhöht, wenn die Neuronen vor und hinter der Synapse gleichzeitig aktiv sind [Heb49]. Die daraus ableitbare *Hebbsche Lernregel* für die Gewichtsänderung Δw_{ij} kann mit folgender Gleichung beschrieben werden:

$$\Delta w_{ij} = \eta o_i a_j \tag{2.9}$$

Hierbei ist η eine Konstante für die Lernrate, o_i die Ausgabe der Vorgängerzelle i und a_j die Aktivierung der Nachfolgerzelle j. In der modifizierten *Delta-Regel* ist die Gewichtsänderung Δw_{ij} proportional zur Differenz $\delta_j = \Delta o_j = t_j - o_j$ zwischen erwarteter und aktueller Netzausgabe (teaching input t_j, aktuell erzielte Ausgabe o_j):

$$\Delta w_{ij} = \eta o_i (t_j - o_j) = \eta o_i \delta_j \tag{2.10}$$

Erreicht der Netzausgabefehler Null oder wird die Eingabe beendet, bleiben die Gewichte konstant. Die Delta-Regel ist nur auf Netze mit linearer Aktivierungsfunktion und einer Schicht trainierbarer Gewichte anwendbar.

2.3.3.3 Fehler-Rückverfolgung (Error Backpropagation)

Fehler-Rückverfolgung (engl. *error backpropagation*) als ein überwachtes Lernverfahren stellt die Verallgemeinerung der Delta-Regel (Gleichung 2.10) für mehrschichtige neuronale Netze dar. Dieses Lernverfahren basiert auf dem Prinzip einer Gradienten-Abstiegsmethode und wurde von Rumelhart et al. vorgeschlagen [RHW86]. In der Literatur wird meist der englische Begriff verwendet. Das Verfahren sucht das Minimum der Fehlerfunktion des Netzes, d. h. eine Netzkonfiguration, bei der die Fehlersumme für die zu trainierenden Muster minimal wird. Als Fehlerfunktion dient üblicherweise ein Abstandsmaß zwischen erwarteter und erzielter Netzausgabe, z. B. der quadratische Gesamtfehler E über alle Muster p:

$$E = \sum_p E_p \tag{2.11}$$

mit

$$E_p = \frac{1}{2} \sum_j (t_{pj} - o_{pj})^2. \tag{2.12}$$

E_p ist der Fehler für das Muster p und $(t_{pj} - o_{pj})$ ist die Differenz von erwarteter und erzielter Ausgabe des Neurons j für das angelegte Muster p. Der Faktor 1/2 wird aus mathematischen Gründen eingefügt, da er sich beim nachfolgenden Differenzieren gegen eine 2 wegkürzt.

Das Lernverfahren ändert alle Gewichte mit einer geringen Schrittweite in Richtung des negativen Gradienten der Fehlerfunktion, um schrittweise ein lokales Minimum der Funktion zu erzielen. Die Backpropagation-Regel nach Anlegen eines Musters kann analog der Delta-Regel (Gleichung 2.10) formuliert werden:

$$\Delta w_{ij} = \eta o_{pi} \delta_{pj} \tag{2.13}$$

mit

$$\delta_{ij} = \begin{cases} f'_{act}(\text{net}_{pj})(t_{pj} - o_{pj}) & \text{für Ausgabeneuron } j \\ f'_{act}(\text{net}_{pj}) \sum_k \delta_{pk} w_{jk} & \text{für verdecktes Neuron } j. \end{cases} \tag{2.14}$$

Bei Verwendung der logistischen Aktivierungsfunktion (Gleichung 2.6) erhält ergibt sich ein Fehlersignal δ_{pj} gemäß folgender Gleichung:

$$\delta_{ij} = \begin{cases} o_{pj}(1 - o_{pj})(t_{pj} - o_{pj}) & \text{für Ausgabeneuron } j \\ o_{pj}(1 - o_{pj}) \sum_k \delta_{pk} w_{jk} & \text{für verdecktes Neuron } j. \end{cases} \tag{2.15}$$

Die Berechnung der jeweiligen Gewichtsänderungen erfolgt rekursiv für das gesamte Netzwerk – ausgehend von der Ausgabeschicht bis zur Eingabeschicht. Die Herleitung der Backpropagation-Regel wird ausführlich in [Zel94], S. 108 ff., beschrieben. Der Ablauf des Lernverfahrens Backpropagation wird in Abbildung 2.4 dargestellt.

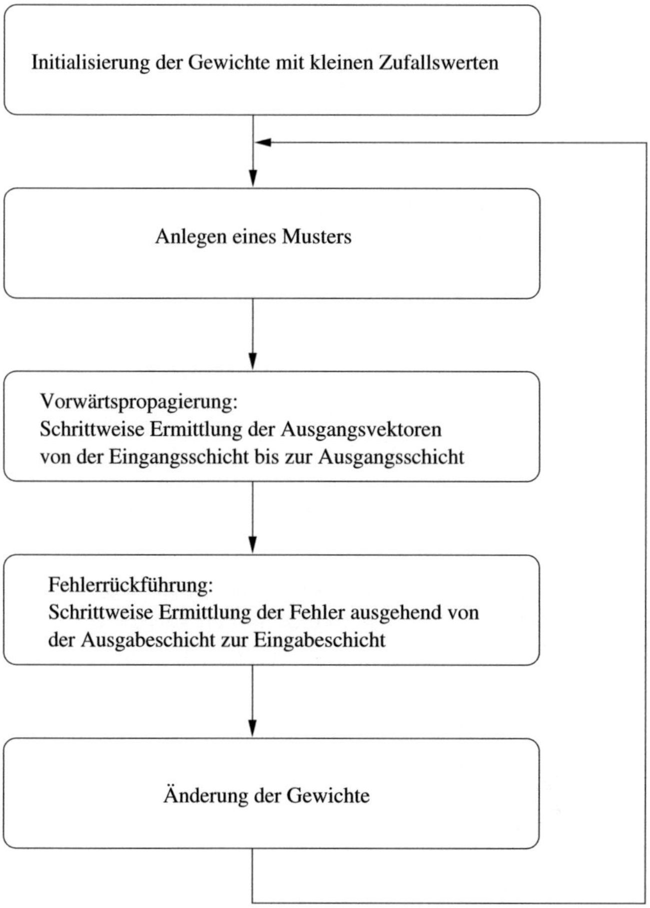

Abbildung 2.4. Grundprinzip des Lernverfahrens Backpropagation (aus [Pes97]).

2.3.4 Netzwerktypen

Im Folgenden werden die im Rahmen der Arbeit verwendeten Netzwerktypen kurz erläutert und eingeordnet. Im Abschnitt 2.3.3 wurde die Repräsentierbarkeit eines neuronalen Netzes diskutiert. Ein einstufiges Perzeptron ohne verdeckte Schicht kann beispielsweise eine nicht linear separierbare Funktion (z. B. binäraes XOR) nicht repräsentieren und dementsprechend auch nicht lernen. Die Abbildung 2.5 stellt ein mehrlagiges Perzeptron (engl. *multi-layer perceptron, MLP*) einschließlich der notwendigen Verbindungsgewichte und Schwellwerte dar, um die XOR-Funktion zu realisieren.

Der MLP-Begriff bezeichnet verschiedene Kombinationen des ursprünglichen Perzepton-Modells [Ros58] und wird in der Literatur nicht eindeutig verwendet. In der Regel sind mehrere Schichten gemeint, die untereinander verbunden sind, ohne einzelne Schichten zu überspringen. Dabei erfolgen die

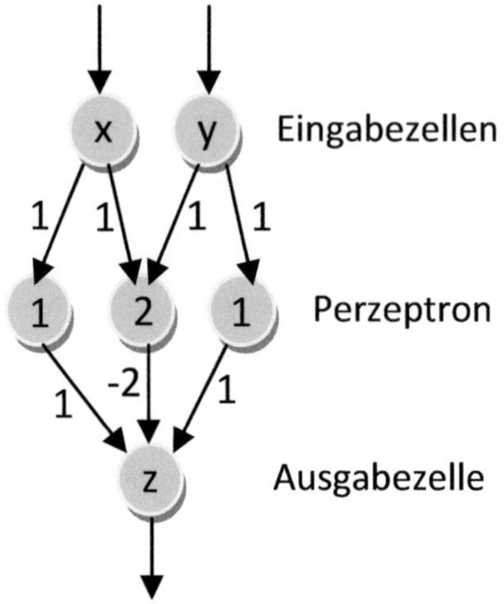

Abbildung 2.5. MLP-Netzwerk zur Realisierung der XOR-Funktion.

Verbindungen üblicherweise nur in Vorwärtsrichtung von der Eingabe- zur Ausgabeschicht (engl. *feedforward neural network, FFNN*). Die allgemeine Form des FFNN-Modells wird in Abbildung 2.6 dargestellt. Der FFNN-

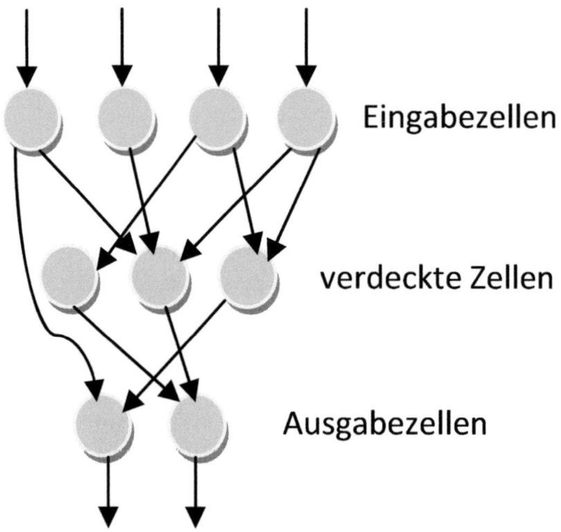

Abbildung 2.6. FFNN-Netzwerk mit shortcut, ohne vollständige Verbindungsmatrix.

Typ verlangt keine vollständigen Verbindungsmatrizen zwischen Neuronen benachbarter Schichten und beinhaltet außerdem die Möglichkeit, Ebenen bei der Verbindung zu überspringen (sogenannte *shortcuts*). Um sowohl den

Mehrebenen-Aspekt als auch das Feedforward-Prinzip zu betonen, wird häufig der Begriff *multi-layer feedforward network (MFN)* verwendet, wobei hier in der Regel Schichten ohne shortcuts gemeint sind.

Neben den Feedforward-Netzen werden in der Praxis häufig Netzwerke mit Rückkopplungen – sogenannte rekurrente Netze (engl. *recurrent neural networks*) – eingesetzt, um bestimmte Grundprinzipien wie hemmende (inhibitorische) oder aktivierende (exzitatorische) Funktionen (Netze mit direct/lateral feedback), eine Aufmerksamkeitssteuerung auf bestimmte Eingabemerkmale oder eine Kontextmodellierung (Netze mit indirect feedback) zu realisieren. Die Berücksichtigung von Rückkopplungen erfordert angepasste Lernverfahren und geeignetes Datenmaterial – regelmäßig mit größerem Datenumfang als bei ähnlichen FFNN-Topologien – für das entsprechende Training. Außerdem muss die Stabilität rekurrenter Modelle betrachtet werden, da ungeeignete Rückkopplungen zu Oszillationen führen können.

Die Abbildung 2.7 stellt ein Beispiel für ein Jordan-Netzwerk [Jor86] als einen typischen Vertreter rekurrenter Netzwerke dar. Es eignet sich u. a. zur Generierung von Ausgabesequenzen auf Basis fester Eingabevektoren und kann zeitliche Merkmalsverläufe abbilden. Die Eingabe der verdeckten Schicht

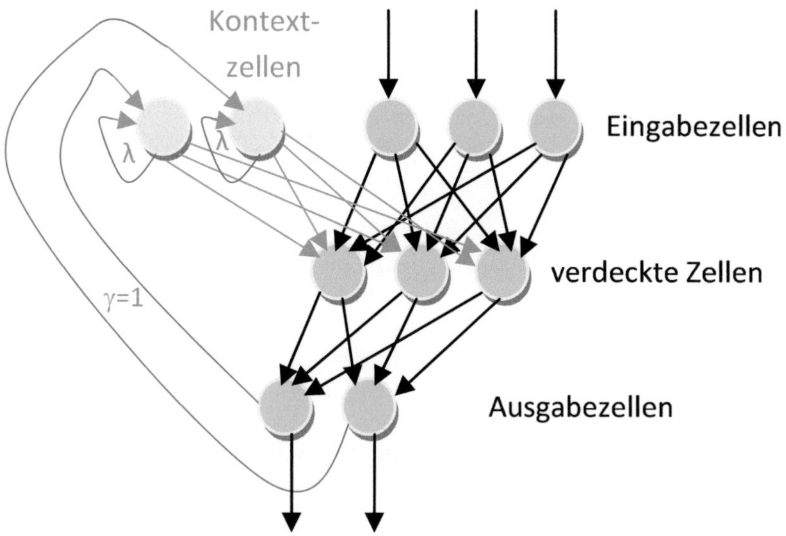

Abbildung 2.7. Jordan-Netzwerk: Rückkopplung der Ausgabezellen.

ergibt sich aus der Ausgabe von Eingabe- und *Kontextzellen*. Die Netzausgabe wird über 1:1-Rückkopplungsverbindungen mit festen Gewichten γ als Eingabe an die Kontextzellen weiter gegeben. Die Kontextzellen besitzen außerdem direkte, ebenfalls feste, Rückkopplungen der Stärke λ.

Im Rahmen dieser Arbeit ist das *Elman-Netz* [Elm90] als Modifikation des Jordan-Netzes interessant. Hierbei verlaufen die Rückkopplungen von der (letzten) verdeckten Schicht zu den Kontextzellen. Die direkten Rückkopplungen der Kontextzellen zu sich selbst entfallen. Gegenüber Jordan-Netzen besitzt das Elman-Netz den Vorteil, dass die Eignung des Modells nicht direkt von der Ausgabesequenz abhängig ist. Die internen Zustände ergeben sich aus der Repräsentation in den verdeckten Zellen. Der zeitliche Kontext ist in den verdeckten Zellen kodiert. Die Abbildung 2.8 stellt das Elman-Netz schematisch dar. Das Prinzip der Elman-Netze kann auf mehrschichtige Netze

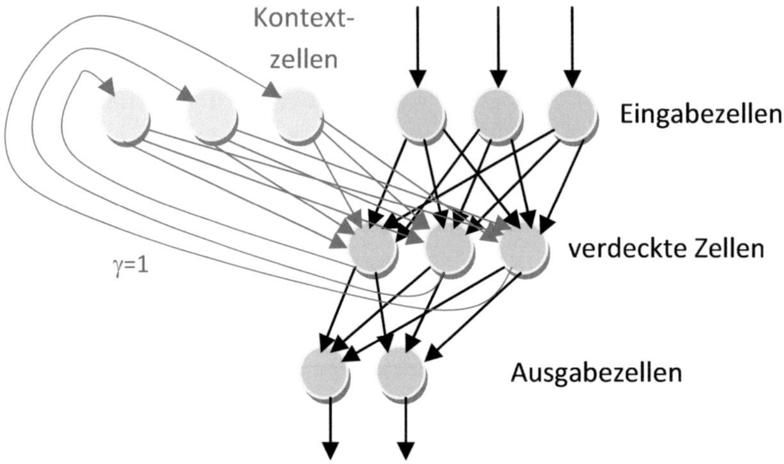

Abbildung 2.8. Elman-Netzwerk: Rückkopplung der verdeckten Zellen.

erweitert werden. Sogenannte *Hierarchische Elman-Netze* besitzen Kontextzellen für jede verdeckte Schicht einschließlich direkter Rückkopplungen λ_i. Durch die Wahl des λ_i-Parameters lässt sich ein variables Speicherverhalten modellieren.

Im Rahmen dieser Arbeit wird überwiegend die FFNN-Topologie ohne shortcuts verwendet und aus Gründen der Konsistenz mit vergleichbaren neuronalen Modellen aus der Literatur in der Regel mit MFN bezeichnet. Beispiele sind das Modell zur phonembasierten f_0-Schätzung in Abschnitt 4.2.2, der neuronale Prädiktor für Fujisaki-Kommandos (vgl. Abschnitt 4.3.2), die neuronale Phrasenprädiktion (Abschnitt 5.2) sowie das Integrierte Prosodiemodell IGM (Abschnitt 6.1). Ein sequentielles Verhalten wird dabei über entsprechende Kontextlängen (z. B. Vorgänger- oder Nachfolgesilbe) in der Netzeingabe berücksichtigt. Gegenüber den rekurrenten Modellvarianten ermöglicht dieses Vorgehen einfachere Trainingsdaten und eine bessere Interpretation des Lernprozesses.

Das f_0-Modell nach Traber (vgl. Abschnitt 4.1), die NeuRosy-Modelle zur f_0- und Dauerschätzung mit Ausnahme des phonembasierten f_0-Modells (vgl. Abschnitt 4.2) sowie das Mehrebenenmodell zur Dauersteuerung (vgl. Abschnitt 4.3.3) verwenden das rekurrente Elman-Prinzip.

3

Grundlagen der Prosodiemodellierung

Als etablierter Untersuchungsgegenstand der Linguistik werden Prosodie und ihre Modellierung in der Literatur detailliert behandelt. Im Folgenden wird die Prosodiemodellierung aus ingenieurwissenschaftlicher Sicht dargestellt, wobei linguistische Aspekte stark vereinfacht werden. Im Vordergrund steht das Verständnis für die quantitative Modellierungsebene mit Fokus auf Anwendungen in der Sprachsynthese. Das Kapitel ist eine redigierte Fassung einer IAS-Studie zur Prosodiemodellierung in TTS-Systemen [JFK+00], die der Autor federführend bearbeitete. Die Darstellungen der einzelnen Intonations- und Dauermodelle wurden in Anlehnung an die jeweiligen Autoren der Modelle vorgenommen sowie teils aus [Pes98] übernommen.

3.1 Terminologie

Die *Prosodie* beschreibt gewisse komplexe Phänomene der humanen Sprache. Die umgangssprachliche Verwendung des Begriffs Prosodie ist ebenfalls komplex. Häufig wird der Begriff als Synonym für Sprechmelodie und „Wohlklang“ missverstanden. Teilweise wird der Begriff Prosodie im Kontext zu verbal schwer eingrenzbarer, zusätzlicher (nonverbaler) Sprachinformation benutzt (für Information „zwischen den Zeilen“) und damit mit dem Begriff Paralinguistik assoziiert. Dieses, im Vergleich zu anderen sprachlichen Phänomenen unscharfe Begriffsverständnis resultiert im Wesentlichen aus dem Spracherwerb des Menschen. Er erlernt das Sprechen auf intuitive Weise in seiner Kindheit und Jugend. Obwohl es ihm wenig Probleme bereitet, auch komplizierte Sachverhalte mittels Sprache darzustellen, ist der tatsächliche Spracherzeugungs- und Perzeptionsprozess äußerst komplex und läuft teilweise unbewusst ab. Prosodische Merkmale charakterisieren einen Teil dieser komplexen Vorgänge und sind deshalb begrifflich in der Alltagssprache schwer eingrenzbar.

3.2 Prosodiedefinition im Kontext dieser Arbeit

Die verschiedenen geistes- und ingenieurwissenschaftlichen Fachrichtungen vertreten unterschiedliche Standpunkte sowie Zielsetzungen und benutzen eine oft abweichende Terminologie bezüglich Prosodie und *Intonation*. Je nach Betrachtungsweise werden bestimmte Teilphänomene dem Bereich Prosodie zugeordnet, andere wiederum nicht. Der Duden [Dud89] definiert die Prosodik (Untersuchung der Prosodie) wie folgt:

Prosodik Lehre von der Behandlung und Messung der Sprache im Vers; Sammelbezeichnung für alle sprachlich-artikulatorischen Erscheinungen neben dem Laut, z. B. Tonhöhe, Sprechtempo, -pausen.

Selting [Sel95] charakterisiert die Bedeutung der Prosodie als:

Prosodie Oberbegriff für diejenigen suprasegmentalen Aspekte der Rede, die sich aus dem Zusammenspiel der akustischen Parameter Grundfrequenz (f_0), Intensität und Dauer in silbengroßen oder größeren Domänen ergeben. Hierzu gehören auditive Phänomene wie Intonation, das heißt der Tonhöhenverlauf gesprochener Sprache in der Zeit, Lautstärke, Länge, Pause sowie die damit zusammenhängenden komplexeren Phänomene Sprechgeschwindigkeit, Tempo und Rhythmus.

Wesentlich für den Prosodiebegriff sind der Fokus auf die Suprasegmentalität – die lautübergreifende Betrachtungsweise – und die Einstufung als Oberbegriff heterogener Einzelphänomene. Die vorliegende Arbeit orientiert sich an den Empfehlungen der ITG[1] [Sot96]:

Prosodie Oberbegriff für Intonation und Akzentuierung sowie für die rhythmische Ausgestaltung von Äußerungen.

Intonation – im engeren Sinne Führung der Sprechmelodie durch intendierte Veränderungen der Sprachgrundfrequenz mit der Zeit.

Intonation – im weiteren Sinne Strukturierung und Akzentuierung des Sprechflusses einschließlich der Pausengestaltung.

Intonationsphrase, Phrase, Akzentgruppe Gliederungseinheit des Redeflusses. Folgen von Silben oder Wörtern, die ohne wahrnehmbare Pause mit einem durchgehenden Melodiebogen gesprochen und vom Hörer als Einheit wahrgenommen wird.

Akzent Betonung.

Die teils erweiterte Sichtweise zur Intonation äußert sich z. B. in der englischen Entsprechung für Intonationsphrase: „prosodic phrase". Aus ingenieurwissenschaftlicher Sicht erscheint eine engere Auslegung der Prosodiebegriffe auf Basis einzelner Parameter wie z. B. f_0-Verlauf sinnvoll und wird in dieser Arbeit praktiziert.

---

[1] Informationstechnische Gesellschaft, Fachgesellschaft im Verband der Elektrotechnik, Elektronik und Informationstechnik e.V. (VDE)

3.3 Entwicklung und Stand der Prosodieforschung

3.3.1 Historische Studien

Bis etwa zur Mitte der 1960er Jahre waren Prosodie und Intonation ausschließlich Untersuchungsgegenstand der Linguistik bzw. Phonetik. Die Untersuchungen konzentrierten sich auf die formale Beschreibung von Phänomenen wie z. B. für das Deutsche in *Grundzüge der hochdeutschen Satzintonation* [Ess56]. Experimentelle Arbeiten wie *Duration and intensity as physical correlates of linguistic stress* von Fry [Fry55] bildeten die Ausnahme.

Mit der Herausbildung einer maschinellen Sprachverarbeitung als Fachdisziplin und zunehmenden experimentellen Möglichkeiten ergaben sich neue Untersuchungsaspekte. Bereits 1963 schlug Peterson [Pet63] vor, prosodische Information in der automatischen Sprachverarbeitung (ASV) zu verwenden. Isačenko und Schädlich [IS65] zeigten in Hörexperimenten, dass die Akzentuierung einer Äußerung auch ohne Pausen, mittels zweier Tonhöhenniveaus, eindeutig vorgenommen werden kann. Lieberman [Lie67], Chomsky und Halle [CH68], Heike [Hei69], Lehiste [Leh70] und andere beschäftigten sich mit suprasegmentalen (also „prosodischen“) Phänomenen und deren Parametrisierung sowie mit perzeptiven Aspekten der Prosodie. Die Intonationsforschung konnte sich zunehmend als eigenständige Disziplin etablieren, und im Oktober 1970 fand in Prag ein *Symposium on Intonology* [RJ72] statt.

In den folgenden Jahren wurden einige grundlegende Algorithmen zur Bestimmung von Sprachparametern wie Grundfrequenz, Lautheit etc. entwickelt und beschrieben (vgl. z. B. [PZ72] oder [RS78]).

3.3.2 Experimentelle Schule

Ab Ende der 1970er Jahre kam es zu einer zunehmenden Differenzierung prosodischer Teilgebiete verbunden mit einer Etablierung zahlreicher Prosodiebeschreibungen und -modelle, wobei der jeweilige Anwendungszweck, z. B. Perzeptionsforschung, automatische Spracherkennung (ASR) oder Sprachsynthese eine wichtige Rolle spielte. Meilensteine dieser Entwicklung waren das Klattsche Segmentdauermodell für das Englische [Kla79], die Arbeiten zur englischen Intonation von Pierrehumbert mit dem klassischen Tonsequenz-Ansatz [Pie81] oder die Spline-Approximation für die Grundfrequenz nach Hirst [Hir87, HE93]. Diese klassischen, regelbasierten Prosodiemodelle wurden und werden bis heute in anderen Sprachen adaptiert und weiterentwickelt. Ein bekanntes Beispiel ist das Kieler Intonationsmodell (KIM) für das Deutsche [Koh91]. Bereits 1969 veröffentlichten Fujisaki und Nagashima den Beitrag *A Model for Synthesis of Pitch Contours of Connected Speech* [FN69]. Hakoda und Sato [HS80] untersuchten die Prosodie gelesener Sätze. Der interessanteste Ansatz war das Intonationsmodell von Fujisaki [FH84], das die Grundfrequenz aus Phrasen- und Akzentkomponenten superponiert und sowohl linguistisch als auch physikalisch-physiologisch motiviert ist. Das Fujisaki-Modell wurde für viele Sprachen adaptiert, u. a. für das Deutsche von Möbius [Möb93] bzw. von Mixdorff [Mix98], und inspirierte andere quantitative Prosodiemodelle wie das Tilt-Modell von Taylor und Black [TB94] oder die *prominenzbasierte Beschreibung* nach Heuft und Portele [HP96].

Seit Mitte der 1980er Jahre fanden die erwähnten parametrischen Prosodiemodelle Eingang in die Sprachtechnologie, z. B. in Text-to-Speech (TTS)-Systeme. Etablierte TTS-Systeme waren Klattalk [Kla82], Infovox [CGH82], MITalk [AHK87] oder im Deutschen Hadifix [PSH90].

3.3.3 Theoretische Schule

Neben den Arbeiten auf der physikalisch-parametrischen Prosodieebene gibt es eine stärker theoretisch und „impressionistisch" orientierte Schule, die ihren Ausgangspunkt für das Deutsche u. a. in der Helmholtzschen *Lehre von den Tonempfindungen* [Hel63] hat. Klinghardt [Kli23], Grimme [Gri25] und von Essen [Ess56] beschrieben wahrgenommene Tonhöhenverlaufe mit engem Bezug zu phonologischen und syntaktischen Kategorien wie Worttyp, Silbentyp oder Satzstellung (vgl. auch [Adr91]).

Die resultierende Spaltung zwischen den experimentellen Phonetikern und Ingenieuren einerseits und den theoretischen Linguisten andererseits führte, wie Ladd [Lad97] resümiert, seit den 1950er Jahren zu unterschiedlichen Auffassungen zwischen den „experimentalist" und „impressionistic communities" über die Grundlagen der Akzentuierung. Erst in jüngerer Zeit wurden die Lehrmeinungen wieder zusammengeführt. Dutoit stellte in [Dut96] fest: Das Prosodiephänomen betrifft drei Betrachtungsebenen, die linguistische, parametrische und perzeptive, worin die Komplexität des Untersuchungsgegenstandes begründet liegt.

3.3.4 Linguistische, parametrische und perzeptive Betrachtungsebenen

Entsprechend dem *Dreiebenen-Paradigma* von Dutoit lässt sich die für die vorliegende Arbeit relevante Literatur seit den 1980er Jahren gemäß ihrer jeweiligen linguistischen, parametrischen oder perzeptiven Betrachtungsebene unterteilen.

Neben den bereits erwähnten Ansätzen auf der parametrischen Ebene stellt insbesondere die linguistische Ebene ein wichtiges Forschungsgebiet dar. Terken [Ter84] zeigte die Abhängigkeit der Akzentuierung von der Struktur einer Rede. Brown [Bro83], Altenberg [Alt87] et al. bewiesen, dass Akzentuierung teils lexikalisch, teils grammatikalisch determiniert ist. Diese Erkenntnisse wurden u. a. von Grosz und Sidner [GS86] und von Hirschberg und Pierrehumbert [HP86] zu einer *Diskursstruktur* weiterentwickelt, die Mechanismen wie globaler oder lokaler Fokus und Prominenz einschließt. In den 1990er Jahren wurde diese Theorie mit Korpusanalysen erweitert: für Erzählungen

(Nakatani [Nak97]), Dialoge (Nakajima und Tsukada [NT97]) und Spontansprache (z. B. Terken [Ter97]). Die zahlreichen Arbeiten und Datensätze auf linguistischer Ebene erforderten die Einführung einer einheitlichen Beschreibungssprache. Das ToBI-System (*Tone and Break Indices* [SBP+92]) für das Englische wurde für viele Sprachen (Deutsch: GToBI [GRB+96]) angepasst und avancierte zum Quasi-Standard.

Während linguistische und parametrische Ansätze einige Fortschritte verzeichnen konnten, ist die Modellierung der perzeptiven Ebene aufwendig. Zur Perzeption zeitlicher Strukturen gibt es eine Reihe von Arbeiten, beginnend mit Huggins [Hug72] sowie Carlson und Granstroem [CG75]. Jüngere Arbeiten verbinden Segmentdauer und Intensität, z. B. Kato und Tsuzaki in [KT94]. Maßgebliche Arbeiten zur Intonation stammten aus der Eindhovener Schule um t'Hart und Collier (*A Perceptual Study of Intonation* [HCC90]). Die *Kopiekontur* für das Deutsche [Adr91] stellt eine minimale, stückweise lineare f_0-Konturapproximation dar, die keinen perzeptiven Unterschied zu einer originalen f_0-Kontur hervorruft.

3.3.5 Jüngere Forschung im Bereich Sprachsynthese

Die stürmische Entwicklung im Computerbereich führte Anfang der 1990er Jahre zu ersten datengetriebenen Ansätzen bei der Prosodiemodellierung. Dabei wurden und werden in der Sprachsynthese im Wesentlichen zwei Trends verfolgt: einerseits die Prädiktion von prosodischen Konturen oder Parametern mittels trainingsbasierter oder anderer stochastischer Verfahren und andererseits die Verkettung prosodischer Alternativen aus einer großen Datenbasis im Zuge der sogenannten *korpusbasierten Synthese*. Ljolje und Fallside stellten bereits 1986 einen *Hidden-Markov*-Ansatz zur f_0-Prädiktion vor [LF86].

Inspiriert durch den NETtalk-Ansatz zur Graphem-Phonem-Transkription mit einem neuronalen Netz von Sejnowski und Rosenberg [SR86] entwickelten Scordilis und Gowdy [SG89] ein NN-Modell zur f_0-Prädiktion in isolierten, englischen Wörtern, Sagisaka [Sag90] ein NN-Modell für das Japanische und Traber [Tra92] ein NN-Modell zur f_0-Prediktion vollständiger, deutscher Sätze. Diese neuronalen Ansätze fanden multilinguale Verbreitung und wurden auch im Deutschen getestet, z. B. in Sonntag et al. [SPH97], Haury und Holzapfel [HH98] oder in Erdem et al. [EHH00, Erd06]. Die diesbezüglichen Arbeiten des Autors [JK95], [JP97a], [JP97b] werden im Kapitel 4 beschrieben.

Die NN-Prädiktion von Segmentdauern wurde durch Campbell [Cam90, CI91] vorgestellt. Gleichzeitig leitete Campbell mit diesen Arbeiten einen Paradigmenwechsel von der Betrachtung isolierter Lautdauern zur Silbendauer ein. Neben weiteren NN-basierten Ansätzen, z. B. von Karjaleinen und Altosaar [KA91] bzw. von Riedi [Rie95] wurden baumbasierte Verfahren vorgeschlagen, beispielsweise das CART-Verfahren (Classification and Regression

Trees) zur Prädiktion von Segmentdauern nach Riley [Ril92] oder das MARS-Verfahren (Multivariate Adaptive Regression Splines) nach Riedi [Rie97].

Neben den genannten datengetriebenen Ansätzen zur Prädiktion der f_0-Kontur sowie der segmentellen Dauern gab es Bestrebungen zur Integration prosodischer Teilparameter in *ein* Modell wie bei Mana und Quazza [MQ95] oder bei Mixdorff und Jokisch [MJ01a].

Parallel zu den Algorithmen der Prosodiegenerierung wurden grundlegende Verfahren zur Prosodiemanipulation des Sprachsignals vorgestellt: z. B. *Pitch-Synchronous OverLap Add (PSOLA)* [MC90] und *MultiBand Resynthesis OverLap Add (MBROLA)* [DPP+96]. Eine zweite Strategie einer Selektion und Verkettung prosodischer Alternativbausteine aus einer großen Datenbasis wurde von Campbell vorgeschlagen [Cam92, Cam94]. Ähnliche Selektionsstrategien wurden multilingual angewendet, vgl. Hauptmann [Hau93], Black [BC95], Portele [Por98], Holzapfel [HC98] oder die entsprechende Komponente von DRESS [HW00].

3.3.6 Aktuelle Forschung

Unter dem Begriff *aktuelle Forschung* wird hier die Forschungsaktivität der 2000er Jahre eingeordnet. Da eine Beurteilung und Einordnung dieser Forschungsergebnisse nur mit einem gewissen Abstand erfolgen kann, sollen hier lediglich einige Trends markiert werden, die den Kontext der vorliegenden Arbeit betreffen.

Das Interesse am Forschungsgegenstand Prosodie ist ungebrochen. Wertet man fachbezogene Konferenzen und Workshops sowie die darauf zielende Publikationstätigkeit aus, ergibt sich eine Intensivierung der prosodischen Forschung, wobei neue Anwendungsszenarien erschlossen werden (z. B. Sprachlernsysteme und Emotionsanalyse). Bis 2002 wurde die Prosodie als wichtiges Teilgebiet auf den übergeordneten Fachkonferenzen *International Congress of Phonetic Sciences (ICPhS)* und *Interspeech* (International Conference on Spoken Language Processing (ICSLP) bzw. Eurospeech) behandelt. Der Ausgangspunkt für die aktuelle Forschung stellt sich wie folgt dar: Auf der ICPhS 1999 waren von insgesamt 642 Beiträgen 174 (ca. 27 %) mit prosodischen Problemstellungen verbunden. Etwa 100 Beiträge befassten sich mit der sprachenspezifischen Modifikation prosodischer Einflüsse. Immerhin 24 Beiträge behandeln Themen im Umfeld von Sprechstilen, Emotion sowie Dialekten. Das Erlernen von Prosdie wurde umfangreich dargestellt, während nur sieben Beiträge explizit mit Datenbasen oder Tools befasst waren. Prosodiemodelle in TTS-Systemen sind erwartungsgemäß stark vertreten (23 Beiträge). Erstaunlich ist die Tatsache, dass sich nur 4 Beiträge im engeren Sinne mit Evaluation synthetischer Prosodie beschäftigen. Die große Anzahl multilingualer Beiträge unterstreicht die Notwendigkeit weiterer Standardisierung von Modellen und Bewertungsmethoden. Die ICSLP 2000 ergibt ein ähnliches Bild: Von 927 Beiträgen adressierten ca. 100 Prosodie im engeren Sinne, und 27 Beiträge befassten sich mit Prosodiemodellen in TTS-Systemen. Neben den regelbasierten Verfahren (etwa 60% für f_0) und einigen neuronalen Verfahren (etwa 20% für f_0 sowie Dauersteuerung), erlangen hybride Verfahren (z. B. neuronale Schätzung von Modellparametern oder die neuronale Steuerung mit nachfolgender Selektion angepasster prosodischer Einheiten) zunehmende Bedeutung. Bei der Dauersteuerung untersuchen die wenigen Beiträge in der Regel statistische und Baum-Verfahren. Ansätze zur Intensitätssteuerung sind wenig relevant.

Die neue Konferenzreihe *Speech Prosody* wurde 2002 ins Leben gerufen und findet alle zwei Jahre mit einer Größenordnung von 200 ± 50 Beiträgen statt. Die führte jedoch nur zu einer geringfügigen Reduktion von prosodiebezogenen Beiträgen auf den Konferenzen ICPhS und Interspeech.

Im Bereich des computergestützten Sprachlernens (Computer Assisted Language Learning, CALL), insbesondere des Aussprachetrainings (Computer Assisted Pronunciation Tutoring, CAPT) hat sich eine weitere Veranstaltungsreihe – ISCA Workshop on Speech and Language Technology in Education (SLaTE) – etabliert, in der prosodische Themen ebenfalls eine wichtige Rolle spielen. Neben der Sprachsynthese entwickelt sich das CALL/CAPT-Gebiet zu einem wichtigen Anwendungsfeld prosodischer Modelle, vor allem in der Prosodieanalyse dialektal gefärbter Sprache.

Aus Sicht dieser Arbeit sind folgende Forschungsinhalte potential interessant:

Funktions- und Formdebatte Experimentell orientierte Linguisten und Sprachtechnologen stellen meist die beobachtete prosodische Kontur in den Vordergrund und versuchen, diese mittels geeigneter Modelle zu approximieren [Koh06]. Viele prosodische Funktionen korrelieren jedoch nicht offensichtlich mit Oberflächenstrukturen. Es werden Modelle angestrebt, welche die verschiedenen prosodischen Funktionsebenen sowie Querbeziehungen eindeutig widerspiegeln und gleichzeitig in der Lage sind, adäquate (quantitative) Formen darzustellen, vgl. z. B. [Xu06].

Analysewerkzeuge und Standardisierung der Annotation Der Erfolg des freien Analysewerkzeugs PRAAT[2] führt einerseits dazu, dass vorhandene Prosodiemodelle wie z. B. MOMEL [HE93] als Bibliothek integriert und weltweit getestet werden und führt anderseits zu einem Quasi-Standard bei der Annotation von Sprachdatenbasen.

Prosodieanalyse für CAPT-Anwendungen Ein fremdsprachlicher Akzent beim Zweitsprachenerwerb führt zu prosodischen Parameterverschiebungen, die im Vergleich mit der muttersprachlichen Referenz oder mit anderen Fremsprachakzenten nachgewiesen werden können, vgl. z. B. [HMD+10].

Prosodieanalyse/-generierung zur Stimmkonvertierung Eine Stimmcharakteristik basiert vorwiegend auf Vokaltrakt- und Stimmqualitätsparametern. Hinzu kommen prosodische Aspekte (z. B. f_0-Dynamik),

[2] P. Boersma, D. Weenink: „Praat: doing phonetics by computer", April 2011. http://www.fon.hum.uva.nl/praat/ (abgerufen 30.04.2011).

die zunehmend bei der Stimmkonvertierung berücksichtigt werden, z. B. [Sch10b].

Hybride datengetriebene und regelbasierte Modelle Wie können verschiedene Paradigmen (z. B. regel- oder datenbasiert) verbunden werden, um Vorteile wie Expertenwissen oder Lernfähigkeit miteinander zu kombinieren? Ein hybrides Modell zur Dauersteuerung wurde für das Italienische von Corrigan et al. bereits 1997 vorgeschlagen [CMK97]. Diesbezügliche Arbeiten des Autors werden in den Kapiteln 4 und 6 dargestellt.

3.4 Kommunikative Funktion der Prosodie

Entsprechend Kießling (vgl. [Kie96]) ist die Prosodie ein Phänomen *gesprochener* Sprache, zu dem sich in der *geschriebenen* Sprache nicht uneingeschränkt Äquivalente finden lassen. Beispiele für Entsprechungen sind diakritisch verwendete Schriftarten (z. B. Fettdruck), Sonderzeichen oder Interpunktionszeichen, deren gliedernde oder hervorhebende Funktion beim Vorlesen mit prosodischen Mitteln ausgedrückt wird. In der gesprochenen Sprache ist Prosodie hingegen allgegenwärtig und vermittelt dem Zuhörer Informationen, die über den reinen Wortlaut einer Äußerung hinausgehen. Dabei kann zwischen der rein artikulatorischen Realisierung einer Wortsequenz (*Lokution*) und der kommunikativen Funktion (*Illokution*) unterschieden werden. In der Regel wird die illokutive Funktion einer Äußerung nicht explizit verbalisiert (z. B. *„Ich frage Dich, wie spät es ist.“*) sondern durch prosodische Mittel wie Intonation, Akzent oder Satzmodus (z. B. *„Wie spät ist es?“*). Die Prosodie als *illokutiver Indikator* ermöglicht demzufolge die korrekte Interpretation der Äußerungsabsicht des Sprechers.

Die Prosodie wird dabei von vielen sprachlichen Ebenen beeinflusst. So kann beispielsweise eine Akzentuierung lexikalisch bedingt sein (Wortakzent), die syntaktische Strukturierung einer Äußerung widerspiegeln (Phrasenakzent) oder auch semantisch wichtige Anteile der Äußerung hervorheben (Fokusakzent). Außerdem kann der prosodische Informationsgehalt der Kommunikation von relevant (unabdingbar) bis irrelevant (aber die Kommunikation erleichternd) variieren. In vielen Fällen kann die Rolle der Prosodie in der Kommunikation als redundant angesehen werden. Im Wesentlichen wird die Robustheit der Kommunikation (bei Spontansprache, Störung des Sprachkanals etc.) erhöht. In der Literatur werden verschiedene Funktionen der Prosodie beschrieben. Kießling [Kie96] unterscheidet sechs Gruppen:

Akzentuierung (Silbenakzent und Intonation) Bei Tonsprachen, z. B. Mandarin-Chinesisch, wirkt die Prosodie bereits auf lexikalischer Ebene (isoliertes Wort) bedeutungsunterscheidend. Im Deutschen ist diese Form der Akzentuierung lediglich bei Homographen relevant:

übersetzen	vs.	übersetzen
umfahren	vs.	umfahren

Eine weitere wichtige Funktion der Akzentuierung ist die Disambiguierung von Wort- und Morphemgrenzen, wobei natürlich auch die zeitliche Strukturierung eine Rolle spielt:

Staubecken	vs.	Staub-Ecken
bewusster leben	vs.	bewusst erleben

Beim Vorlesen von Texten oder in Dialogsituationen wird häufig nur die *neue* gegenüber der *bekannten* Information kontrastiert (Fokusakzent):

Wohin möchten Sie fahren?
Ich möchte morgen nach Dresden fahren.
Wann möchten Sie fahren?
Ich möchte morgen nach Dresden fahren.

Ein Sonderfall der Akzentuierung stellt der *Skopus* dar, das heißt der Bezugsbereich von Partikeln wie z. B. „auch" innerhalb einer Phrase:

Das geht auch bei mir.

Je nachdem ob „auch" akzentuiert ist oder nicht, liegt der Skopus auf „das" bzw. auf „mir" mit dem Resultat, dass entweder ein neuer Termin auch recht ist oder aber der Sprecher prinzipielle Zustimmung zu einem genannten Termin bestätigt.

Satzmodusmarkierung Neben der grammatikalischen Markierung des Satzmodus (Wortstellung, Fragepronomen etc.) spielt die prosodische Markierung gerade für gesprochene Sprache, insbesondere die Spontansprache, eine zentrale Rolle. Mittels terminalen f_0-Verlaufs (prototypisch fallend) bzw. interrogativen f_0-Verlaufs (prototypisch steigend) können Aussagen bzw. Fragen unterschieden werden wie z. B. bei sogenannten *elliptischen* (unvollständigen) Phrasen:

Kunde:	Wann fährt der Zug ab?
Bahnauskunft:	Zehn Uhr dreiundzwanzig.
Kunde:	Zehn Uhr dreiundzwanzig?
Bahnauskunft:	Zehn Uhr dreiundzwanzig!

Zeitliche Strukturierung Klassisches Mittel ist die Gliederung in Redetakte (*Phrasen*) durch Pausensetzung, wobei diese auf Textebene z. B. einer Kommasetzung entspricht. Die Pausensetzung kann bedeutungsunterscheidend sein (vgl. auch [MS80]):

Der König befahl | seiner Katze täglich eine Taube zu beschaffen
Der König befahl seiner Katze | täglich eine Taube zu beschaffen

Eine übliche Methode der Zeitstrukturierung stellt die Variation der Sprechgeschwindigkeit, z. B. bei Interjektionen im Kontrast zum umgebenen Kontext, dar (vgl. [BBK94]):

> Das ist – und darauf – das muss man mal mit aller Deutlichkeit sagen – hab' ich schon gestern verwiesen – in diesem Zeitraum nicht möglich.

Neben der Pausenstruktur oder der Tempovariation wird eine delimitierende Funktion allerdings auch von anderen prosodischen Merkmalen unterstützt wie z. B. mittels zwei konstanter Tonhöhenniveaus nach [IS65]:

1. Johann brachte diese Bücher einer Freundin seiner Schwester
2. Johann brachte diese Bücher einer Freundin seiner Schwester

Ein entsprechend präparierter Hörtest mit der Frage: „Wem bringt Johann die Bücher?" forcierte die Probanden, im ersteren Fall mit: „einer Freundin" und für den zweiten Fall mit: „seiner Schwester" zu antworten.

Markierung spontansprachlicher Phänomene Einige prosodische Merkmale wie Verzögerungen oder niedrigere f_0-Verläufe können Planungspausen, Häsitationen („ähm") oder Korrektureinleiter („äh") markieren. Diese prosodische Funktion wird im TTS-Bereich bisher kaum genutzt und in der Arbeit nicht weiter diskutiert.

Paralinguistische Funktion Im Gegensatz zur Interpretation von Äußerungen ermöglicht diese Funktion die Präzisierung oder Modifikation einer Gesamtbedeutung. Dazu gehören situative Phänomene wie *Ironie, Zustimmung oder Ablehnung* oder emotionale Zustände wie *Freude, Trauer, Wohlwollen.* Häufig werden prosodische Mittel auch als stilistische Elemente der Rhetorik eingesetzt.

Indexikalische Funktion Indexikalische Funktion Hierzu gehören soziolinguistische Charakteristika des Sprechers wie Geschlecht, Alter, soziale Herkunft, Dialekt etc. Auch sprachenspezifische Aspekte wie der sogenannte „Akzent" des Nicht-Muttersprachlers zählen zu dieser Funktion.

Durch den Einsatz der Prosodie kann der Sprecher also sowohl formal linguistische als auch paralinguistische oder indexikalische Funktionen steuern oder unbewusst beeinflussen. Die paralinguistischen Aspekte sowie die abhängigen Prosodieparameter wurden bis heute relativ wenig analysiert und werden im Rahmen der Arbeit nur am Rand behandelt Die Arbeit konzentriert sich hingegen auf formal linguistische Aspekte und die entsprechende Realisierung von Intonation und Akzentuierung (Abschnitt 3.6). Dass paralinguistische bzw. indexikalische Funktionen sinnvoll in der Sprachtechnologie angewendet werden könn(t)en, illustriert Kießling (vgl. [Kie96], S. 19):

> „So ist es aus Gründen der Benutzerfreundlichkeit für ein automatisches Auskunftssystem beispielsweise wünschenswert, dass auch der emotionale Zustand des Benutzers analysiert und geeignet auf diesen reagiert wird. Im Falle des Scheiterns eines Dialogs kann so beispielsweise eine aufkeimende Frustration seitens des Benutzers rechtzeitig

erkannt und das Gespräch an einen menschlichen Auskunftgeber weitergeleitet werden.“

3.5 Prosodische Merkmale und ihre Parameter

Zur Realisierung der im Abschnitt 3.4 beschriebenen, prosodischen Funktionen werden Sprechparameter wie Stimmlage, Tonhöhe, Tempo und -rhythmus, Lautheit oder Klangfarbe variiert. Dabei gibt es keine eineindeutige Zuordnung von Funktion und Parameter(n). Zum Teil werden die gleichen Einflussmittel, wenn auch in unterschiedlicher Ausprägung der Parameter, benutzt. Klassisches Beispiel ist die Tonhöhe (Grundfrequenz f_0), die ein Merkmal aller beschriebenen Funktionen darstellt und außerdem starken inter- und intraindividuellen Schwankungen unterliegt. Aufgrund dieser funktionellen Überlagerung und komplexen Wechselwirkung ist es sinnvoll, prosodische Merkmale und Parameter zunächst unabhängig von ihrer Funktion isoliert zu betrachten. Bei der Nachbildung prosodischer Funktionen in technischen Systemen werden dann verschiedene Abbildungen zwischen linguistischen Funktionen und prosodischen Parametern zu einem Regelwerk zusammengefasst. Mittlerweile gibt es einen Trend zu integrierten Ansätzen (z. B. integrierte f_0- und Segmentdauersteuerung in der Sprachsynthese).

Folgende prosodische Basis- und Strukturmerkmale sowie zugehörige Analyse- bzw. Extraktionverfahren sind für die technische Realisierung interessant:

SH/SL-Entscheidung Die Unterscheidung von Phasen stimmhafter (SH) oder stimmloser (SL) Anregung dient zum einen der phonetischen Kategorisierung (z. B. vokalisch vs. frikativ) und zum anderen der automatischen f_0-Bestimmung. Klassische Verfahren zur SH/SL-Entscheidung basieren auf einer Analyse der Nulldurchgangsrate, der Energie und der Amplituden eines Sprachsignals. SH-Phasen sind durch relativ geringe Nulldurchgangsraten sowie relativ hohe Signalenergien und Amplituden gekennzeichnet und stellen quasiperiodische Schwingungen der Stimmlippen dar. Nach [Kie96] (S. 133) können folgende Merkmale für mittelwertfreie Sprachsignale berechnet werden:

$$\text{Nulldurchgangsrate (Hz):}\ Ndgr = AnzNdg \cdot \frac{f_a}{N} \tag{3.1}$$

$$\text{normierte Signalenergie:}\ EneNorm = \frac{\frac{1}{N}\sum {s_n}^2}{Range \cdot MaxRange} \tag{3.2}$$

$$\text{normiertes Betragsmaximum:}\ MaxNorm = \frac{max\{|s_n|\}}{Range} \tag{3.3}$$

mit:

f_a	Abtastfrequenz in Hz
N	Länge des Frames in Anzahl Abtastwerten
s_n	Abtastwerte des Sprachsignals im Frame
$AnzNdg$	Anzahl der Nulldurchgänge im Frame
$Range$	Differenz zwischen max. und min. Abtastwert
$MaxRange$	Wertebereich des Signals

Die SH/SL-Zuordnung wird mit Schwellwertentscheidungen getroffen, wobei die Schwellwerte der dargestellten Merkmale an vorliegende Sprachdaten angepasst werden.

Anregungsart (Phonationsart) Der von der Glottis (Stimmritze) modifizierte Luftstrom bei der Artikulation bewirkt je nach Stellung der Glottis bzw. physiologischen oder gesundheitlichen Faktoren unterschiedliche Stimmqualitäten („behaucht“, „heiser“, „rauh“, „flüsternd“ etc.). Dieses Merkmal wird in der ASV bisher wenig eingesetzt und ist schwer quantifizierbar. Das Glottissignal kann mittels *Laryngographen* parallel zum Sprachsignal aufgezeichnet oder durch inverse Filterung aus dem Sprachsignal gewonnen werden. Die Anregungsart kann wie die SH/SL-Entscheidung als prosodisches Basismerkmal gewertet werden, das die Extraktion prosodischer Strukturmerkmale unterstützt und ergänzt.

f_0-Verlauf Die Sprachgrundfrequenz (f_0) stellt ein monotones (und nichtlineares) Korrelat zur perzeptiv wahrnehmbaren Tonhöhe einer Äußerung dar. Der zeitliche f_0-Verlauf (Sprachmelodie) ist ein wichtiges Mittel zur Strukurierung des Redeflusses und damit zur Akzentuierung bzw. Intonation einer Äußerung. Aufgrund der großen Variabilität von Sprachsignalen stellt die korrekte f_0-Bestimmung, einschließlich von SL-Phasen, Irregularitäten der Glottis und der nötigen Nachbearbeitung (z. B. Glättung), nach wie vor eine Herausforderung dar. In [Kie96] (S. 138 ff.) werden verschiedene Verfahren beschrieben, die auf einer periodensynchronen Analyse wie der Nulldurchgangsdetektion (Zählung positiver Nulldurchgänge) oder der Periodendetektion mit dynamischer Programmierung (PDDP) basieren oder eine Kurzzeitanalyse auf Basis von Autokorrelation (AKF), Fast-Fourier-Transformation (FFT) oder ähnlicher Verfahren einsetzen. In gängigen, professionellen Signalanalysepaketen wie ESPS/XWaves von Entropic Research [ESP93] sind oftmals alternative f_0-Bestimmungsalgorithmen implementiert, die je nach Sprache, Sprecher oder Sprachmaterial adaptiert werden können. Die geeignete Repräsentation von f_0-Konturen (Abtastintervall, Glättung, Interpolation etc.) wird in [MKJH00] erläutert. Die Funktion des f_0-Verlaufs bei Akzentuierung und Intonation wird im Abschnitt 3.6 beschrieben.

Pausensetzung Für die zeitliche Strukturierung einer Äußerung (v. a. Phrasierungseinschnitte) ist eine Analyse der Pausenpositionen und -längen zwingend erforderlich. Bei automatischen Labelsystemen oder Spracherkennern wird die Pause in der Regel als eigene Wort- oder Lautkategorie aufgefasst. In der Konsequenz müssen die Pausen bereits bei der

Transliteration (Umschriftung) von Eingangstexten annotiert sein bzw. im Spracherkenner auch modelliert sein (z. B. durch eine Klasse im HMM-Erkenner). Die Schwellwerte für die Markierung von Pausen sind subjektiver Natur. Ein Genauigkeitsbereich im Sub-Sprachperiodenbereich (5..10 ms) ist allerdings fragwürdig. Eine Unterscheidung zwischen prosodisch und segmental motivierten Pausen (Phrasenpause vs. Plosivpause) kann sinnvoll sein. Nichtartikulatorische oder nonverbale Geräusche wie *Klopfen, Rascheln, Atmen, Räuspern* etc. erfahren zweckmäßigerweise eine analoge Behandlung wie Signalpausen.

Segmentdauern Neben dem f_0-Verlauf hat die segmentale Dauerstruktur entscheidenden Einfluss auf die Akzentuierung. Im natürlichen Sprachsignal betrifft dies Silben und Lautdauern, wobei die Zielsetzung recht unterschiedlich sein kann: Beispielsweise ist die Detektion energiearmer Silbenfugen im Sprachsignal bzw. die symbolisch korrekte Zerlegung der Konsonantcluster von ONC-Silben (Onset-Nucleus-Coda = *Sprechsilbe*) ggf. schwer bestimmbar. Alternativ können auch die Differenzen zwischen den Nucleus-Startzeiten (Vokalanfänge) gemessen, also gewissermaßen NCO-Silben bestimmt werden. Um sinnvolle Aussagen zu Sprechgeschwindigkeit oder Rhythmus zu erhalten, sind die ermittelten Dauern auf die entsprechenden Mittelwerte zu normieren. Diese schwanken z. B. von wenigen Millisekunden (Plosive) über 50...80 ms (Kurzvokale, Konsonaten) bis hin zu 100...150 ms (Langvokale, Diphthonge). Die Größenordnung bei Silbendauern liegt im Bereich von 100...300 ms. Weiterhin sollten die artikulatorischen Eigenschaften der Dehnung und Kompression abgebildet werden. Bei einer Änderung der Silbendauer entfällt ein größerer Anteil auf den Vokal als auf die enthaltenen Konsonanten, während Plosivlaute im Wesentlichen durch Änderung des Stilleanteils modifiziert werden. Diese *Elastizität* von Lauten kann statistisch mit der Standardabweichung erfasst werden.

Campbell [CI91] favorisiert den Silbenrahmen und passt die Laute, ausgehend von einem statistischen Lautmodell, in diesen Rahmen ein. Er definiert einen konstanten *Streckungsfaktor* k pro Silbe, um eine optimale Repräsentation der vorgegebenen Silbendauer zu erzielen. k repräsentiert die Auslenkung um den Mittelwert einer normierten Verteilung und damit auch ein lokales Maß für die Sprechrate. Die absoluten Dauerwerte werden in eine einheitenlose Normalform, den z-Wert (engl. z score) transformiert:

$$z_i = \frac{dur_i - \mu_{typ}}{\sigma_{typ}} \tag{3.4}$$

mit:

dur_i	logarithmierte Lautdauer
typ	Lautklasse
μ_{typ}	Mittelwert der log. Lautdauern dieser Klasse
σ_{typ}	Standardabweichung der log. Lautdauern dieser Klasse

Energie, Lautheit bzw. Intensität Die Literatur bietet ein breites Spektrum an Begriffen wie Lautstärke, Lautheit, Energie oder Intensität, welche die Lautstärkeempfindung von Tönen charakterisieren. Diese Merkmale sind Forschungsgegenstand der Psychoakustik (vgl. [ZF67]), haben jedoch einen nicht unerheblichen Einfluss auf die Akzentuierung und werden hier deshalb, in Anlehnung an [Kie96], illustriert. Die Schallwelle respektive ihr Wechseldruck kann mit dem *Schalldruck* p in Pascal (1 Pa = 1 N/m^2) oder alternativ der *Schallintensität, Schallstärke* I, der *Schalleistung* pro Fläche in W/m^2 beschrieben werden, wobei I proportional zu p^2 ist. Für den Vergleich zweier Schalldrücke oder Intensitäten auf Basis der logarithmierten Verhältnisgrößen kann der *absolute Schalldruckpegel* angegeben werden:

$$\text{Schalldruckpegel: } L = 10 \lg \frac{I}{I_0} dB = 20 \lg \frac{p}{p_0} dB \tag{3.5}$$

mit:

I_0 Bezugsschallstärke: 1 pW/m^2

p_0 Bezugsschalldruck: 20 μPa

Die *Lautstärke* L_N (in phon), mit der eine Schallstärke subjektiv empfunden wird, ist frequenzabhängig: Schalle gleichen Pegels werden bei unterschiedlichen Frequenzen nicht gleichlaut wahrgenommen (vgl. Abbildung 3.1). Die Lautstärke (Phonzahl) eines Tones beliebiger Frequenz ergibt

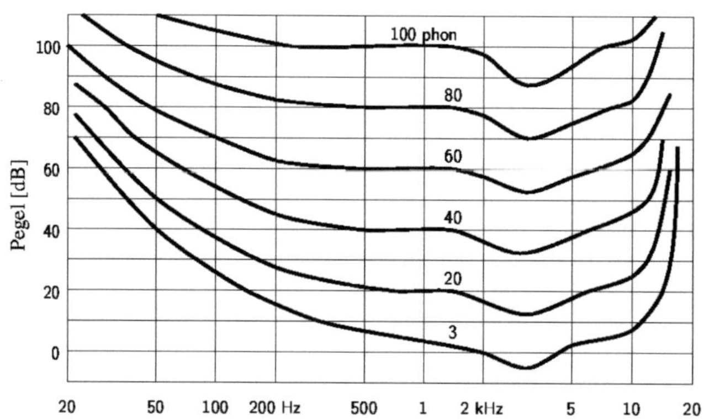

Abbildung 3.1. Kurven identisch wahrgenommener Lautstärke (Isophone) (nach [ZF67] bzw. [ST95]).

sich als Pegelwert des gleichlaut empfundenen 1 kHz-Tones. Die *Lautheit* N gibt die wahrgenommenen Lautstärkeverhältnisse zweier Töne an, wobei als Basis die Lautheit eines 1 kHz-Tones mit L_N = 40 phon (entspricht hier: L = 40dB) als 1 sone definiert ist. Ein Vergleichston von

n sone wird demnach n-mal so laut wie diese Basislautheit empfunden. Bei Lautstärken zwischen 40 und 100 phon gilt für die Lautheit in Näherung:

$$N = \text{const} \cdot (\frac{I}{I_0})^{\frac{1}{3}} = \text{const} \cdot (\frac{p}{p_0})^{\frac{2}{3}} \tag{3.6}$$

Bei der praktischen Berechnung für Sprachsignale ist deren Breitbandigkeit zu beachten – einschließlich sogenannter Verdeckungsphänomene. Für die Ermittlung framebezogener Energiegrößen (z. B. in Gleichung 3.2) und die entsprechenden Kurzzeitanalysen werden die bekannten Fensterfunktionen angewendet (*Hamming, von Hann etc.*).
In der vorliegenden Arbeit werden nur diskretisierte Sprachsignale untersucht. In diesem Kontext wird die Intensität in der Regel mit dem *Effektivwert* RMS (engl. root mean square, quadratischer Mittelwert) oder mit der *Kurzzeitamplitude* $\hat{A}_N$ (engl. short-time amplitude) eines Analysefensters von N äquidistanten Abtastwerten assoziiert:

$$RMS_N = \sqrt{\frac{1}{N}\sum_{k=i}^{i+N} x^2(k)} \tag{3.7}$$

$$\hat{A}_N = \max_{k=i}^{i+N} \{|x(k|\} \tag{3.8}$$

Zur Darstellung der Intensitätsdynamik im Abschnitt 6.3 wird der RMS-Wert außerdem logarithmiert, wobei sich das resultierende RMS-Maß entweder auf die kleinstmögliche Amplitudenstufe (nach Analog-Digital-Wandlung) oder auf den RMS-Mittelwert bezieht.

Die Anwendung der prosodischen Basis- und Strukturmerkmale wird in den Abschnitten 3.6, 3.7 bzw. 3.8 beschrieben.

3.6 Intonation and Akzentuierung

In Auswertung des Abschnitts 3.4 lassen sich drei Hauptfunktionen der Prosodie identifizieren:

- Akzentuierung
- Satzmodusmarkierung
- Phrasierung

Auf die Phrasierung und zeitliche Strukturierung wird im Abschnitt 3.7 näher eingegangen. Akzentuierung und Satzmodusmarkierung von Äußerungen werden zunächst kurz auf qualitativer Ebene beschrieben (vgl. Abschnitt 3.6.1). Die quantitive Modellierung sowie die Wahrnehmungsebene werden in den Abschnitten 3.6.2 bzw. 3.6.3 diskutiert. Da diese Ebenen Linguistik, Parametrik und Perzeption auch als Abarbeitungsequenz in einem TTS-System interpretierbar sind, wurden die folgende Abschnitte zu Akzentuierung und Intonation auf sprachsynthesespezifische Ansätze fokussiert. Die folgenden Abschnitte orientieren sich an einer Darstellung in [Pes98]. Anhand prototypischer Modellbeispiele wird die Wirkungsweise klassischer Prosodiemodelle erläutert.

3.6.1 Linguistische Ebene: Qualitative Beschreibung

Ausgehend von der Akzentuierung und Satzmodusmarkierung ist es zunächst sinnvoll, qualitative Aussagen über Tonhöhenbewegungen zu treffen und nach Korrelaten zwischen linguistischer Funktion und Tonhöhenmustern zu suchen. Offensichtlich sind Beschreibungen z. B. mittels zweier Tonhöhenniveaus („Betonung mittels Stimmanhebung") dabei unzureichend. Der Pierrehumbertsche Tonsequenz-Ansatz [Pie81] stellt dennoch eine gute Grundlage für das Verständnis qualitativer Intonationsbeschreibungen dar.

3.6.1.1 Ton-Sequenz-Modell (TSM)

Eine stark abstrahierte Kontur wird aus einem Inventar von Tonsequenzen gebildet. Dabei wird der f_0-Bereich durch *Baseline* und *Topline* begrenzt, vgl. Abbildung 3.2. Ein zentrales Konzept des TSM ist die Modellierung globaler f_0-Tendenzen mittels lokaler Interaktionsregeln [GRB$^+$96]. Die Beschreibung der f_0-Kontur erfolgt mithilfe diskreter intonatorischer Ereignisse. Die Tonhöhe (bzw. f_0) bewegt sich zwischen zwei abstrakten Tonleveln L und H analog der Unterscheidung in *Baseline* und *Topline*. Dabei stellt H die absteigende *Topline* und L die *Baseline* dar. Jeder Silbe wird ein Ton zugeordnet.

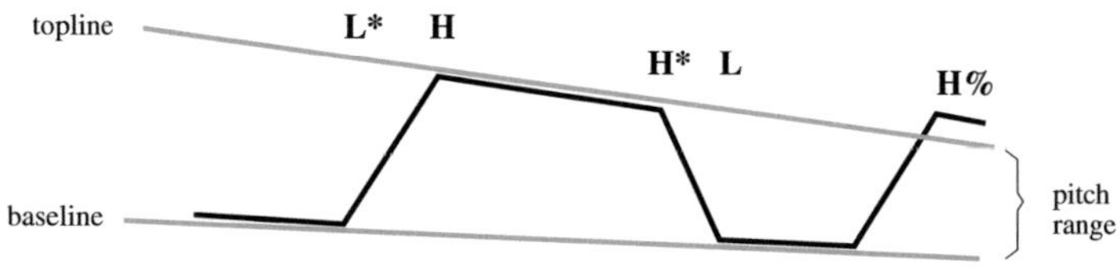

Abbildung 3.2. Ton-Sequenz-Modell, vgl. [Möh95].

3.6.1.2 Tone and Break Indices (ToBI)

Für das Deutsche wurde GToBI[3] – ein Inventar von Tonsequenzen – bestimmt (u. a. [Möh95], [GRB$^+$96]).

Akzente (4):	H*L	Abfall
	L*H	Anstieg

[3] engl. *Tone and Break Indices*, bzw. GToBI (German ToBI)

	L*HL	Anstieg-Abfall/ später Gipfel
	HH*L	zeitiger Gipfel
Grenzen (3):	H%	hoher Grenzton
	L%	niedriger Grenzton
	%	normaler Grenzton

Der Ton der akzentuierte Silbe ist mit * markiert, % bezeichnet den Ton einer Intonationsgrenze. Aufgrund seiner phonetischen Orientierung bot sich das TSM als Basis für die prosodische Etikettierung von Sprachdaten an. Aufbauend auf dem TSM wurde mit dem ToBI-System ein einheitlicher Standard definiert.

3.6.2 Parametrische Ebene: Quantitative Modellierung

Da ToBI nur eine abstrakte phonologische Beschreibung von Intonationsphänomenen bietet, d. h. keine quantitativen Aussagen über die f_0-Kontur zulässt, sind zur Konturgenerierung entsprechende Verfahren nötig. In [MF97] wird beispielsweise ein Ansatz zur Überführung von ToBI-Labeln in Parameter eines quantitativen Modells (Fujisaki) vorgestellt.

3.6.2.1 Fujisaki-Modell

Ein vielbeachtetes Modell zur Beschreibung und Erzeugung von Grundfrequenzverläufen wurde 1984 von Fujisaki vorgestellt [FH84]. Ursprünglich für das Japanische entwickelt, wird es mittlerweile auf viele Sprachen angewendet. Die Beschreibung eines Ansatzes für das Deutsche findet sich u. a. in [MF94].

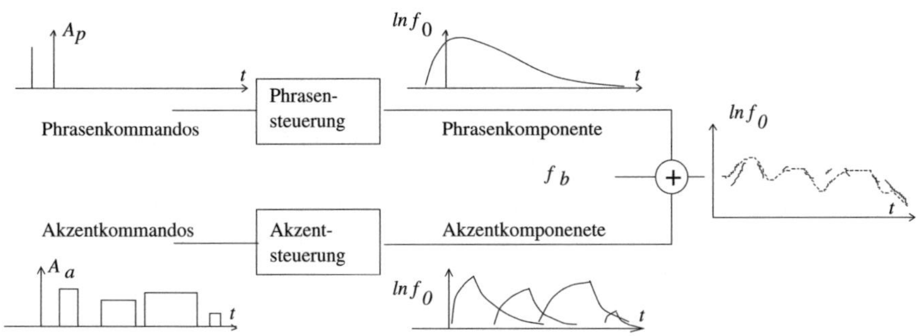

Abbildung 3.3. Die f_0-Kontur wird durch Superposition mehrerer Komponenten erzeugt, die durch einen Satz von Kommandos beschrieben werden (nach [MF94]).

Der Verlauf der Grundfrequenz wird auf Satzebene durch eine Überlagerung von drei Komponenten beschrieben: einer Basiskomponente, einer Phrasenkomponente und einer Akzentkomponente:

$$\ln f_0(t) = \ln f_b + \sum_{i=1}^{I} A_{pi} G_p(t - T_{0i}) + \sum_{j=1}^{J} A_{aj} [G_a(t - T_{1i}) - G_a(t - T_{2i})] \tag{3.9}$$

$$G_p(t) = \begin{cases} \alpha^2 t \exp(-\alpha t) & \text{für } t \geq 0 \\ 0 & \text{für } t < 0 \end{cases} \tag{3.10}$$

$$G_a(t) = \begin{cases} 1 - (1 + \beta t) \exp(-\beta t) & \text{für } t \geq 0 \\ 0 & \text{für } t < 0 \end{cases} \tag{3.11}$$

mit:

f_b	asymptotischer Basiswert
I, J	Anzahl der Phrasen- bzw. Akzentkommandos
$G_p(t), G_a(t)$	Phrasen- bzw. Akzentsteuerungskomponente
α, β	Dämpfungsfaktoren von $G_p(t)$ bzw. $G_a(t)$
A_{pi}	Amplitude des i-ten Phrasenkommandos
T_{0i}	Zeitpunkt des i-ten Phrasenkommandos
A_{aj}	Amplitude des j-ten Akzentkommandos
T_{1j}, T_{2j}	Start und Ende des j-ten Akzentkommandos.

Die jeweiligen Parameter des Modells können durch eine *Analysis-by-Synthesis*-Methode ermittelt werden, d. h. man versucht, durch sukzessive Feineinstellung und anschließende Resynthese die Originalkontur möglichst gut zu approximieren. Bei der Ableitung der Steuerkommandos allein aus der natürlichen Grundfrequenzkontur ergeben sich jedoch Mehrdeutigkeiten. So kann eine f_0-Bewegung sowohl durch die Akzent- als auch durch die Phrasenkomponente erzeugt werden. Für eine nicht nur quantitative, sondern auch linguistisch motivierte Parameterwahl ist deshalb auch die genaue Analyse der zugrunde liegenden Textinformation nötig. Dadurch können Regeln zur Herleitung der Fujisaki-Parameter für ein Text-to-Speech-System gewonnen werden.

3.6.2.2 Lineares Modell

Die konventionelle Intonationssteuerung im Dresdner TTS-System erfolgt anhand eines linearen Modells (Abbildung 3.6.2.2 nach Hirschfeld), das von einem stückweise linearisierten f_0-Verlauf ausgeht. Nach dem Vorbild des Fujisaki-Modells werden drei Komponenten überlagert.

Deklination f_0 wird um einen bestimmten Betrag angehoben und fällt dann mit einem festgelegten Gradienten. An Phrasengrenzen erfolgt eine Anhebung auf den Startwert (Deklinationsreset).

Akzentuierung Bei jedem Wortakzent wird f_0 im Vokal der akzentuierten Silbe um einen bestimmten (relativen) Wert angehoben.

Phrasentyp Ab der letzten akzentuierten Silbe der Äußerung erfolgt je nach Phrasentyp ein Anstieg bzw. Abfall um einen festen (relativen) Wert bis zum Ende der Äußerung.

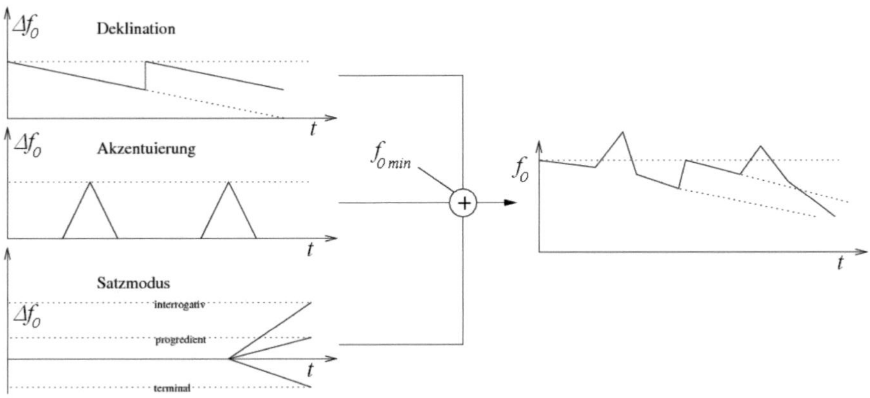

Abbildung 3.4. Lineares Intonationsmodell nach Hirschfeld: Die f_0-Kontur wird durch lineare Überlagerung dreier Komponenten erzeugt (aus [Hir96]).

3.6.2.3 Tilt-Modell

Der Begriff *tilt* (engl. u. a. für Neigung) bezieht sich in der Signalverarbeitung auf eine Signal-Schräglage. Bei dem Tilt-Modell, vorgestellt von Taylor und Black in [TB94], werden den einzelnen Silben sogenannte Tilt-Label zugewiesen. Ein Tilt-Label kann eines von vier Intonationsereignissen bezeichnen: Akzente, Grenztöne, Verbindungen und Stille. Die einzelnen Label können mehrere Parameter haben (siehe Abbildung 3.5), welche die f_0-Kontur beschreiben. Im Gegensatz zu den ToBI-Labeln wird hier nicht zwischen verschiedenen Arten von Akzenten und Phrasengrenzen unterschieden, sondern lediglich, ob sie vorhanden sind oder nicht. Ein Tilt-Akzentlabel ist gekennzeichnet durch einen f_0-Startwert, eine Dauer, eine absolute f_0-Amplitude, die Peak-Position und den Tilt-Wert, der ein Maß für den Anstieg/Abfall des Akzents ist:

$$tilt = \frac{|A_{rise}| - |A_{fall}|}{|A_{rise}| + |A_{fall}|} \tag{3.12}$$

mit:

A_{rise}	f_0-Amplitudenanstieg (Event-Start bis Maximum)
A_{fall}	f_0-Amplitudenabfall (Maximum bis Event-Ende)

In [TB94] wurde ein Modell zur Grundfrequenzgenerierung mit manuell erstellten und automatisch generierten Tilt-Labeln getestet und mit einem ToBI-basierten System verglichen. Trotz des vergleichsweise einfachen Tilt-Modells lagen die gegenübergestellten Systeme in der Qualität dicht beieinander.

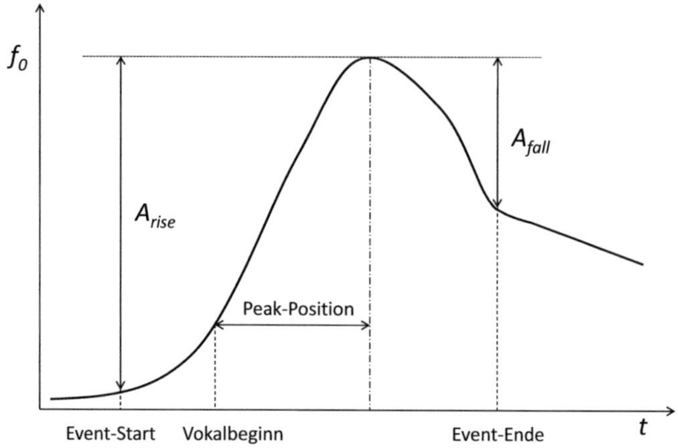

Abbildung 3.5. Event-Phasen des Tilt-Modells nach [TB94].

3.6.3 Perzeptive Ebene

Die quantitative (f_0-orientierte) Beschreibung der Akzentuierung bildet die realen, perzeptiven Einflüsse wie z. B. psychoakustische Maskierungseffekte nicht ab. Eine Sonderstellung nehmen deshalb perzeptiv orientierte Modelle ein, auch wenn sie im wesentlichen eine quantitative Beschreibung darstellen. An dieser Stelle soll exemplarisch auf das bekannte Adriaens-Modell eingegangen werden.

3.6.3.1 Adriaens-Modell

Wie auch bei anderen Grundfrequenzmodellen wird davon ausgegangen, dass der Mensch nicht alle in der Grundfrequenzkontur vorhandenen Informationen auswertet. Adriaens näherte deshalb die f_0-Kontur durch mehrere Geradenstücke an (Stilisierung). Durch Resynthese erzeugte er Paare mit originaler bzw. stilisierter Kontur. In Hörexperimenten versuchte er, die Anzahl der Geradenstücke immer weiter zu reduzieren, ohne dass der Hörer eine Abweichung vom Originalverlauf wahrnehmen konnte. Für ein Minimum solcher Gradenstücke bei perzeptiv identischem Höreindruck nannte er das Ergebnis *Kopiekontur*. Ähnlich dem in Abschnitt 3.2 beschriebenen Ton-Sequenz-Modell versuchte er nun, ein Minimalinventar von Tonhöhenbewegungen zu finden, allerdings auf einer weniger abstrakten Ebene. Dazu machte er folgende Annahmen auf Basis von Halbtönen (HT)[4]:

- Die Endfrequenz hat unabhängig von der Satzlänge einen festen Wert und wird auf 70 Hz festgelegt.

[4] Der Halbton ist das kleinste Intervall im 12-stufigen Tonsystem. Beim gleichstufigen Tonsystem ergibt sich je HT-Stufe ein Frequenzverhältnis von $\sqrt[12]{2}$. 1 HT $\approx$ 1.06 und 12 HT sind eine Oktave (Frequenzverhältnis $\frac{2}{1}$).

- Da die Deklinationsgeschwindigkeit $D = \frac{-8.5}{t}$ (in HT/s) umgekehrt proportional zur Dauer des Satzes ist, hat auch die Startfrequenz einen festen Wert.

Weiterhin berücksichtigte er den Deklinations-Reset bei längeren Sätzen und die dadurch hervorgerufene Verringerung der Deklinationsgeschwindigkeit bei nicht äußerungsfinalen Phrasen. Zusätzlich wurden fünf weitere, im Abstand von jeweils 2.5 Halbtönen parallel zur Basisdeklination verlaufende Linien definiert, von denen aber nur drei im Modell benutzt werden. Adriaens definierte 12 Standard-Tonhöhenbewegungen, die jeweils durch ihre Position in der Silbe, den Frequenzumfang und die Dauer bestimmt werden. Die Position bezieht sich dabei entweder auf den Vokalanfang (VA) oder das Ende des stimmhaften Teil der Silbe (EST). Es sind Steigungen (ST) und Senkungen (SE) enthalten.

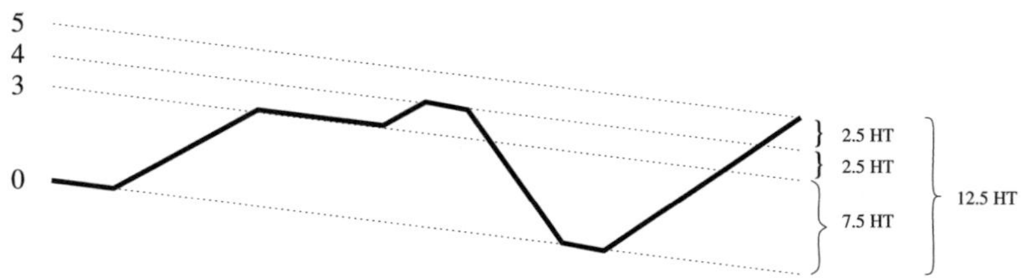

Abbildung 3.6. Adriaens-Modell: f_0 bewegt sich auf einer von vier parallel verlaufenden Deklinationslinien mittels standardisierter Tonhöhenbewegungen.

Beispiel:

Das Element `[EST-180ms;240ms;10HT;^4SE0]` beschreibt eine Absenkung von der vierten zur Basis-Deklinationslinie, wobei innerhalb von 240 ms ein f_0-Bereich von 10 HT durchschritten wird. Als Position werden 180 ms vor dem Ende des stimmhaften Silbenabschnittes angegeben.

3.6.4 Modellklassifikation

In den vorherigen Abschnitten wurde nicht auf die Verbindung der linguistischen Modellebenen eingegangen. Mixdorff diskutiert die Modellierungsebenen sowie den von den jeweiligen Modellen abgedeckten Beschreibungsumfang in [Mix02] und klassifiziert die Modelle dabei als *analytisch* oder *generativ* bezüglich der jeweiligen Abbildungen zwischen den vier Ebenen:

- Linguistische Information (LI),
- Phonologische Repräsentation (PR),
- Abstrakte f_0-Kontur (AF),
- f_0-Kontur (F0).

Da diese Betrachtungsweise gut zum Kontext der vorliegenden Arbeit passt (und die bei Mixdorff ausführlich dargestellten Intonationsmodelle in der vorliegenden Arbeit teilweise erwähnt werden), wird seine Modellklassifikation an dieser Stelle (leicht modifiziert) übernommen (vgl. Tabelle 3.1).

Intonationsmodelle des Deutschen								
Autor	Modellansatz	LI		PR		AF		F0
Isačenko	G	◦	⇒	◦	⇒	◦		
Bierwisch	G	◦	⇒	◦	⇒	◦		
Pheby	G	◦	⇒	◦	⇒	◦		
Stock	G	◦	⇒	◦	⇒	◦		
Bannert	G			◦	⇒	◦	⇒	◦
Féry, Uhmann	A/G	◦	⇒	◦	⇒	◦	⇔	◦
Altmann	A	◦	⇒	◦	⇒	◦	⇐	◦
Adriaens	A					◦	⇐	◦
Kohler (KIM)	G	◦	⇒	◦	⇒	◦	⇒	◦
Möbius (Fujisaki)	A/G			◦	⇒	◦	⇔	◦
Mixdorff-Fujisaki (MFGI)	A/G	◦	⇔	◦	⇔	◦	⇔	◦
weitere Intonationsmodelle								
Autor	Modellansatz	LI		PR		AF		F0
Pierrehumbert	A/G	◦	⇒	◦	⇒	◦	⇔	◦
't Hardt	A					◦	⇐	◦
d' Allessandro	A					◦	⇐	◦
Fujisaki	A/G	◦	⇔	◦	⇔	◦	⇔	◦

Tabelle 3.1. Modellstufen zwischen linguistischer Information (LI) und f_0-Kontur (F0). PR: phonologische Repräsentation, AF: Abstrakte f_0-Kontur. A: Analytisch, G: Generativ (nach [Mix02]).

Das Fujisaki-Modell und seine deutsche Variante MFGI ermöglichen eine durchgängige Beschreibung zwischen allen Modellierungsebenen in generativer sowie analytischer Richtung.

3.7 Rhythmische Struktur und segmentelle Dauern

Für die Modellierung der zeitlichen Struktur einer Äußerung, vor allem die Silben- bzw. Phonemdauern, gelten analoge qualitative und quantitative Ansätze wie bei der Akzentuierung und Intonation. Wie bereits im Abschnitt 3.5 dargestellt wurde, bezieht sich die Begriffsbildung allerdings auf sehr unterschiedliche Aspekte wie Sprechgeschwindigkeit, Pausensetzung, Rhythmus und Segmentdauern. Das Zusammenwirken dieser Faktoren ist komplex. Klassische Modelle in TTS-Systemen berücksichtigen in der Regel nur Dauerphänomene im engeren Sinne (Silben- und Phonemdauern, Sprechpausen).

3.7.1 Qualitative Beschreibung

Im folgenden werden klassische Paradigmen zur Dauersteuerung kurz vorgestellt. Zunächst ist die rhythmische Struktur zu beachten, die ähnlich dem Taktmuster in der Musik eine Folge gleicher (isochroner) Zeitintervalle voraussetzt. In verschiedenen Sprachen gibt es unterschiedliche Isochronie-Intervalle – die einzelne Silbe oder das Wort (bzw. die betonte Silbe). So ergibt sich eine Klassifikation in betonungszählende (akzentisochrone) und silbenzählende (silbenisochrone) Sprachen. Die Isochronie-Hypothese behauptet, dass alle Sprachen Isochronie bezüglich eines dieser beiden Merkmale anstreben, wobei sich das jeweils andere *anisochron* verhält [Abe67]. Die germanischen Sprachen (Deutsch, Englisch) zählen entsprechend dieser Klassifikation zu den akzent- oder taktzählenden Sprachen, wohingegen die romanischen Sprachen (Spanisch, Französisch) zu den silbenzählenden gehören. Die zeitliche Einteilung der Sprache lässt für die Wahl des zu modellierenden Segments mehrere Möglichkeiten zu.

3.7.2 Quantitative Dauermodellierung

Klassische Dauersteuerungsmodelle basieren in der Regel auf einer Segmentdauerstatistik und bilden sprecher- bzw. sprachenspezifisch „Normalsprache“ ab. Entsprechend ist eine besondere Dynamik bezüglich Sprechgeschwindigkeit oder unterschiedlichen Sprechstilen nicht zu erwarten. Betonungsunterschiede (z. B. durch Dehnung von Silben) werden mit den prototypisch vorgestellten Modellen jedoch gut nachgebildet.

3.7.2.1 Phonem-orientiertes Dauermodell

Das klassische Modell ist die Dauersteuerung direkt auf der Lautebene. Dabei wird die Dauer ausgehend von intrinsischen Lautmerkmalen, die statistisch aus natürlichem Sprachmaterial extrahiert wurden, und externen dauerbeeinflussenden Faktoren auf der Basis sukzessiv angewandter Regeln verändert. Ein typisches Modell für das Deutsche ist das Lautdauermodell nach Kohler, das auch die Grundlage für die Dresdner Dauersteuerung war. Es basiert auf dem von Klatt entwickelten Regelwerk für das Englische [Kla79]. Auf jeden Laut wird eine geordnete Folge von Dauermodifikationsregeln angewendet. Die Lautdauer wird rekursiv mit der Gleichung $D_o = k(D_i - D_{min}) + D_{min}$ berechnet, wobei D_i die Dauer *vor* und D_o die Dauer *nach* der Modifikation ist. Anfangs wird D_i mit der inhärenten Dauer initialisiert. Der Faktor k hängt von der jeweiligen Regel und den phonetischen Merkmalen des untersuchten Lauts ab.

3.7.2.2 Silben-orientiertes Dauermodell

Im Gegensatz zu dem Bottom-up-Ansatz, in dem für die kleinsten Elemente eine Dauer berechnet und daraus die globale Dauerstruktur der Äußerung generiert wird, realisierte Campbell (in [CI91]) mit seinem silbenbasierten Modell eine Top-down-Strategie, indem er von übergeordneten Struktureinheiten ausgeht. Durch die Repräsentation der rhythmischen Gestalt einer Äußerung auf der Basis von Silben entsteht das Problem der Aufteilung der Silbendauer auf einzelne Lautdauern. Dieses Problem löste Campbell mit seinem *Elastizitätsmodell* (vgl. auch Abschnittt 3.5). In anderen Modellen (z. B. [Kla79]) wurden die Laute meist durch eine inhärente Dauer als distinktives Merkmal gekennzeichnet, wobei die Abweichung von dieser spezifischen Dauer oft vereinfachend als normalverteilt betrachtet wird. Campbell versuchte jedoch, weitere statistische Lautmerkmale in das Modell einzubeziehen, z. B. die Wahrscheinlichkeitsdichtefunktion als ein Maß für mögliche Stauchungen und Dehnungen des Lautes. Die Berechnung der Segmentdauern erfolgt nun in zwei Phasen: Im ersten Schritt werden die Silbendauern ermittelt. Dies kann mit verschiedenen Methoden und völlig unabhängig vom zweiten Schritt erfolgen. Beispielsweise kommt in [Cam90] ein neuronales Netz zum Einsatz. Die Dauern der einzelnen Segmente *innerhalb* der Silbe werden erst im zweiten Schritt, ausgehend von dem statistischen Lautmodell in die Silbe eingepasst.

Das Verfahren der Lautdaueraufteilung innerhalb der Silbe soll nun etwas genauer betrachtet werden. Campbell geht davon aus, dass alle Lautklassen die gleichen Dehnungs- und Stauchungscharakteristika haben, wenn man sie in Bezug auf ihre statistische Verteilung betrachtet. Die Silbendauer sollte somit unter Berücksichtigung der *Elastizität* der Laute vergeben werden. Es wird ein *Streckungsfaktor* pro Silbe ermittelt. Dieser Faktor k repräsentiert die Auslenkung um den Mittelwert der normierten Verteilung. Damit alle Laute in gleicher Weise betrachtet werden können, müssen sie in eine Normalform z (engl. z score) überführt werden, wodurch die absoluten Dauerwerte in einheitenlose, vergleichbare Werte transformiert werden (siehe Gleichung 3.4). Somit hat man die Möglichkeit, nicht nur einzelne Repräsentanten der gleichen Lautklasse direkt miteinander zu vergleichen, sondern sogar Vertreter unterschiedlicher Lautgruppen. Die Abbildung 3.7 veranschaulicht die Lautdauerverteilung über ca. 11 000 Laute eines Sprechers. Die Verteilung ist *linksschief.* Der natürliche Logarithmus kompensiert diese Schiefe (*skew*) und es ergibt sich annähernd eine Normalverteilung. Durch Subtraktion des Mittelwertes der logarithmierten Lautdauern für die jeweilige Lautklasse werden die Verteilungen zum Nullpunkt verschoben. Die anschließende Division durch die Standardabweichung normiert die Verteilungsbreite (Abbildung 3.9).

Ist Δ die in der ersten Stufe des Verfahrens ermittelte Silbendauer, so berechnet sich die Aufteilung auf die Laute wie folgt:

$$\Delta = \sum_{i=1}^{n} dur_i = \sum_{i=1}^{n} e^{\mu_i + k\sigma_i} \tag{3.13}$$

mit:

dur_i	(natürlich) logarithmierte Lautdauer
n	Anzahl der Segmente
μ_i	Mittelwert der log. Lautdauern der Klasse i
σ_i	Standardabweichung
i	Lautklasse
k	Streckungsfaktor

Gleichung 3.13 bewirkt, dass die normierten Segmentdauern in absolute Dauern rücktransformiert werden. Die Lösung kann durch Iteration (schrittweise Erhöhung von k ausgehend vom Nullpunkt) bestimmt werden. Mit dem Modell nach Campbell ist es möglich, die zeitliche Struktur der Sprache auf einer höheren als der segmentalen Ebene sehr gut zu modellieren. Dadurch, dass akustische Phänomene durch statistische Parameter modelliert werden, treten Probleme immer dort auf, wo die Segmenteigenschaften nicht ausreichend statistisch beschrieben oder beschreibbar sind (Abbildung 3.11).

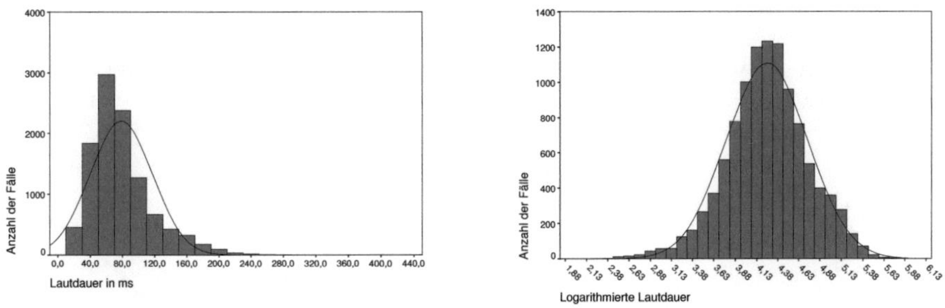

Abbildung 3.7. Lautdauerverteilung für den Sprecher RTD aus dem verwendeten Sprachdatenkorpus PhonDatI [Pho93] (nach [Pes98]).

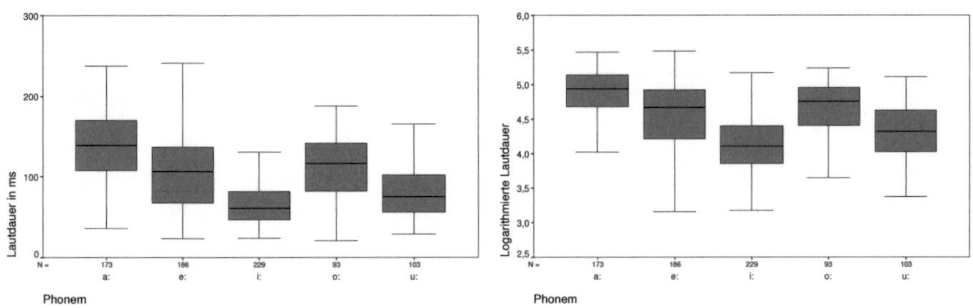

Abbildung 3.8. Lautdauerverteilungen für 5 Langvokale (absolut sowie logarithmiert) mit Median und Interquartilsabstand (engl. inter-quartile range, IQR), innerhalb dessen 50% aller Werte liegen (nach [Pes98]).

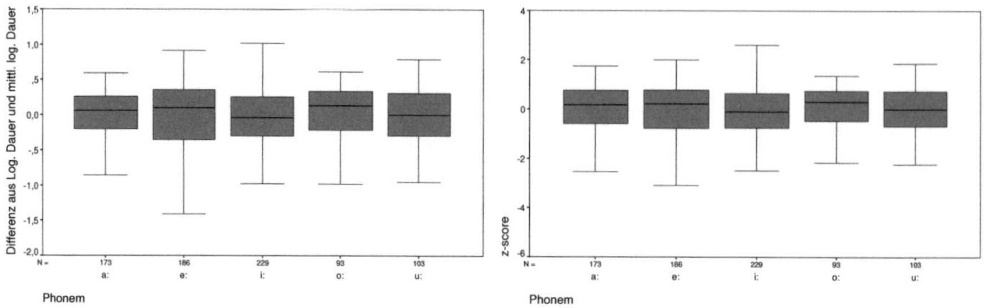

Abbildung 3.9. Normierte Lautdauern (z-Werte) gemäß Gleichung 3.4, ähnlich verteilt (nach [Pes98]).

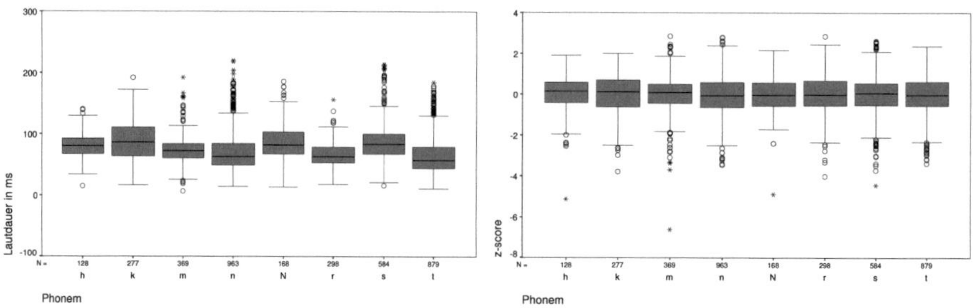

Abbildung 3.10. Lautdauer- und z-Verteilungen für ausgewählte Konsonanten nach [Pes98].

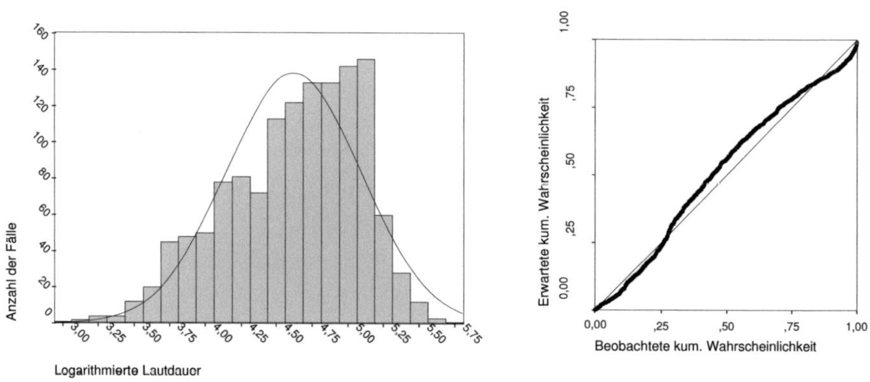

Abbildung 3.11. Verteilung der logarithmierten Dauern für die Langvokale im untersuchten Sprachdatenkorpus und die Abweichungen von der gewünschten Normalverteilung (aus [Pes98]).

3.8 Weitere prosodische Parameter

Im Abschnitt 3.5 wurde die Intensität als relevanter prosodischer Parameter identifiziert. Während einige prosodische Studien wie z. B. zum perzeptiven Intonationsmodell von Adriaens Intensitätseinflüsse sekundär berücksichtigen (In Signalabschnitten höherer Energie sind Abweichungen von einem erwarteten Tonhöhenverlauf stärker warnehmbar.), spielen isolierte Intensitätsmodelle in der Sprachsynthese praktisch eine untergeordnete Rolle. Gleichwohl ist in vielen TTS-Systemen eine entsprechende Parameterspur vorgesehen, in der z. B. pro Segment ein zu steuernder Effektivwert (oder der entsprechende Pegel) angegeben werden kann. Die Intensitätssteuerung funktioniert in diesen Fällen dann meist auf Basis eines Prominenzmaßes analog zu den beschriebenen, quantitativen Intonationsmodellen.

Verschiedene paralinguistische oder indexikalische Merkmale (Emotionszustände, Dialekt) basieren in der Regel auf den bereits beschriebenen Merkmalen der Intonation, Akzentuierung und zeitlichen Struktur. Teilweise betreffen diese Merkmale auch ein Übergangsfeld zu intrasegmentalen (nicht prosodischen) Merkmalen (z. B. Glottalisierung) und sind deswegen prosodisch nur schwer modulierbar.

3.9 Prosodische Modifikation auf Signalebene

Die Signalerzeugung bei der konkatenativen Sprachsynthese läuft nach dem folgenden Schema ab: Durch die Verkettung von (prosodisch möglichst neutralen) Signalbausteinen wird zunächst die gewünschte Lautfolge generiert. In diesem synthetischen Sprachsignal werden nachträglich prosodische Merkmale wie Dauer, Grundfrequenz- und Intensitätsverlauf an die Zielvorgabe aus den linguistischen Verarbeitungsstufen des Text-to-Speech-Systems angepasst. Zur prosodischen Manipulation des synthetischen Sprachsignals wurden verschiedene Verfahren im Zeit- und Frequenzbereich entwickelt, z. B. *Multi-Band Re-synthesis OverLap Add (MBROLA)* u. a. in [DPP+96], *Waveform Similarity OverLap Add (WSOLA)*, *Time Domain Pitch-Synchronous OverLap Add (TD-PSOLA)* oder *Frequency Domain Pitch-Synchronous OverLap Add (FD-PSOLA)*, die sich bezüglich der Leistungsparameter und Sprachqualität unterscheiden. Da das Grundkonzept *OverLap Add* in den meisten Implementierungen enthalten ist, wird im Folgenden exemplarisch TD-PSOLA etwas näher erläutert, das im eigenen Sprachsynthesesystem DRESS ebenfalls angewendet wird. Weitere Experimente in DRESS erfolgten mit dem *Multiband Excitation*-Prinzip [KM01].

Signalmanipulation mittels PSOLA Das PSOLA-Verfahren (engl. Pitch-Synchronous OverLap Add [MC90]) nach Moulines and Charpenter manipuliert Sprachsignalbausteine im Zeitbereich. Dabei können zwei wesentliche Aufgaben unterschieden werden. Zum einen ist die Variation der

Dauerstruktur des synthetischen Sprachsignals nötig, zum anderen muss eine Veränderung des Grundfrequenzverlaufes möglich sein. Das Prinzip zur Grundfrequenz- und Dauervariation mit TD-PSOLA ist sehr einfach und erfordert lediglich eine genaue Markierung der einzelnen Grundperioden im Sprachsignal. Stimmlose Signalabschnitte erhalten äquidistante Pseudo-Periodenmarken. Abbildung 3.12 illustriert das Verfahren. Um jede der Periodenmarken wird ein Zeitfenster so zentriert, dass aufeinanderfolgende Fenster um 50 % überlappen. Aufgrund von natürlicher Grundfrequenzvariation zwischen benachbarten Perioden sind die Gewichtungsfenster (die sogenannten PSOLA-Glocken) für ein natürliches Sprachsignal zumeist asymmetrisch. Die Multiplikation des Fensters mit dem Sprachsignal schneidet einen Signalabschnitt von der Länge zweier Perioden aus. Durch die Summation der Beiträge benachbarter Fenster im Überlappungsbereich wird das Signal perfekt rekonstruiert. Um Verzerrungen aus der Bewertung mit dem Zeitfenster zu vermeiden, werden Zeitfenster gewählt, die sich bei 50 % Überlappung zu eins aufsummieren. Bei abweichenden Überlappungsbereichen können durch Skalierung sowie Anpassung der Fensterfunktionen die aus dem PSOLA-Verfahren resultierenden Amplitudenverzerrungen vermieden werden.

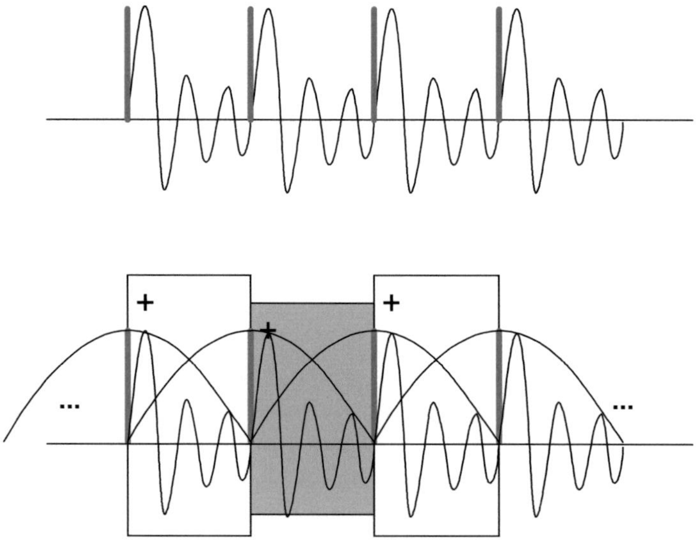

Abbildung 3.12. Prinzip des TD-PSOLA-Verfahrens. Oben: Periodenmarkierung des Signals, unten: Gewichtung einer Doppelperiode mit einem Hamming-Fenster. Rechtecke mit „+“ veranschaulichen die Addition der Überlappungsbereiche (aus [Hir03]).

Grundfrequenz-Variation Für die Grundfrequenzvariation wird die Positionierung der Periodenmarken verändert. Ein Zusammenschieben der Periodenmarken bewirkt eine Verkürzung der Grundperioden und eine Anhebung der Grundfrequenz, ein Auseinanderziehen bewirkt die Verlängerung der Periodendauer und damit eine Absenkung der Grundfrequenz (Abbildung 3.13). Bei einer Veränderung der Grundfrequenz verändert sich – bei gleichbleibender Anzahl von Grundperioden – die Dauer des manipulierten Lautes. In [Hir03] wird folgendes Rechenbeispiel illustriert:

> „Für eine Grundfrequenz von 100 Hz (Männerstimme) bewirkt eine lineare Grundfrequenzanhebung auf 150 Hz (150 %) über die Dauer einer Silbe von 120 ms (entspricht 12 Perioden) eine Verkürzung auf 96 ms oder 80 % der Originaldauer. Zur Kompensation müssten demnach 3 Perioden eingefügt – also jede 4. Periode verdoppelt werden. Für eine Grundfrequenz von 200 Hz (Frauenstimme) bewirkt eine Anhebung auf 270 Hz über eine Silbe von 120 ms Dauer (24 Perioden) eine Verkürzung auf 102 ms oder 85 % der Originaldauer. Es müssten 4 Perioden eingefügt werden.“

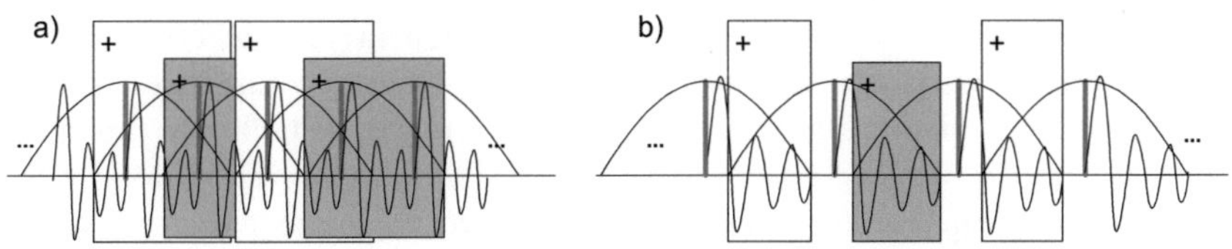

Abbildung 3.13. Grundfrequenz-Variation mit TD-PSOLA. a) Grundfrequenzerhöhung, b) Grundfrequenzsenkung (aus [Hir03]).

Dauermodifikation Die Dauermodifikation kompensiert Daueränderungen, die durch die vorherige Grundfrequenzmodifikation entstehen, und erlaubt eine Anpassung der bausteininhärenten Dauern an den gewünschten Sprechrhythmus. Dauermodifikationen können erzielt werden, indem einzelne Signalperioden verdoppelt oder ausgelassen werden. Aus dem Verhältnis der Ist-Dauer und der Soll-Dauer des aktuellen Lautes ergeben sich die Positionen der Perioden, die auszulassen oder zu verdoppeln sind. Solche Einfügungen bzw. Auslassungen sind im Interesse einer geringen Qualitätseinbuße möglichst gleichmäßig über die Dauer eines Lautes zu verteilen. Daher ist prinzipbedingt nur eine lineare Dehnung oder Kürzung des Sprachsignals möglich.

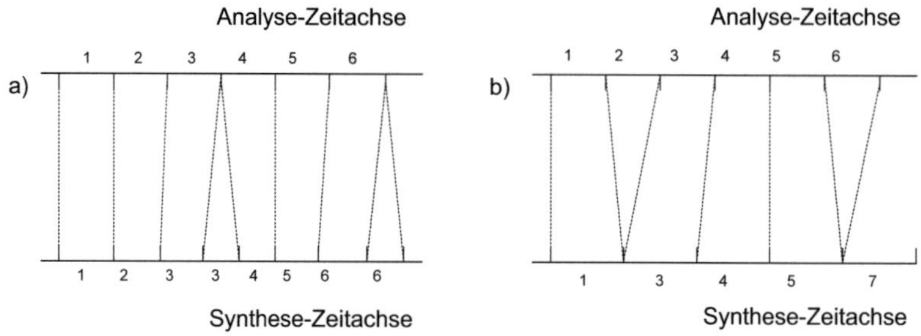

Abbildung 3.14. Dauersteuerung mit TD-PSOLA. a) Dehnung durch Zeitfensterdopplung b) Kürzung durch Auslassen von Zeitfenstern (aus [Hir03]).

3.10 Multilinguale Aspekte

Da Sprachtechnologieprodukte sinnvollerweise global und in verschiedensten Sprachen eingesetzt werden, besteht die Notwendigkeit, Prosodiemodelle für TTS-Systeme multilingual zu entwickeln oder entsprechende Varianten zu erstellen. Wie bereits im historischen Abriss (Kapitel 3.3) deutlich wird, gibt es zahlreiche Modelladaptionen für stark untersuchte Sprachen wie Amerikanisches und Britisches Englisch, Französisch, Deutsch, Japanisch und Chinesisch. Aufgrund der strukturellen Ähnlichkeiten innerhalb der indogermanischen bzw. der asiatischen Sprachgruppen sind lediglich einige Modifikationen im jeweiligen Regelsystem sowie quantitativer Parameter wie f_0-Dynamik, Deklination oder intrinsische Dauern notwendig. Die erfolgreiche Entwicklung multilingualer Prosodiekomponenten erfordert also die Einbeziehung von muttersprachlichen Linguisten bzw. Phonetikern sowie die Verfügbarkeit umfangreicher Sprachdatenbasen. Die andauernden Forschungen zum multilingualen Fujisaki-Intonationsmodell seit ca. 30 Jahren unterstreichen das Potential, aber auch den Arbeitsaufwand. Seit den 1990er Jahren werden deshalb zunehmend datengetriebene Prosodiekomponenten, z. B. auf Basis von neuronalen Netzen oder CART, vorgestellt (vgl. 3.3).

Die pragmatische Vorgehensweise bei der Implementierung eines multilingualen TTS-Systems, ausgehend von dem Beispiel Deutsch, kann in etwa wie folgt beschrieben werden.

- Implementierung eines regelbasierten oder datengetriebenen Prosodiemodells für Deutsch.
- Entwicklung aller nicht prosodischen oder akustischen Module der Fremdsprache (Lexika, Graphem-Phonem-Transkription etc.).
- Fremdsprachaufnahmen mit einem Muttersprachler.
- Entwicklung der akustischen Fremdsprachkomponente analog zum deutschen Modul.

- Iteration 1: Regelmodifikation bzw. Neutraining der deutschen, prosodischen Komponente für die Fremdsprache durch den Muttersprachler.
- Evaluation durch einen anderen Muttersprachler bzw. externen Experten, um qualitative „Gewöhnungseffekte“ zu kompensieren.
- Iteration n: Gezielte Verbesserungen.

Nach diesem Prinzip entstanden im DRESS Komponenten für Amerikanisch, Chinesisch, Russisch, Italienisch, Tschechisch und Klingonisch [LIK+98, HHJ+99, HW00, JE00]. Eine konsequent datengetriebene Modellierung mehrerer Sprachen wurde im TTS-System PAPAGENO der ehemaligen Speech Group von SIEMENS vollzogen [HC98].

4

Datengetriebene Prosodiegenerierung für die Sprachsynthese

Entsprechend Kapitel 2 ist eine strikte Trennung zwischen konnektionistischen Verfahren (z. B. neuronales Netz) und einer symbolischen, regelbasierten Verarbeitung (traditioneller Forschungszweig der „Künstlichen Intelligenz") in der Praxis schwierig. Dies betrifft einerseits die unscharfe Definition des Intelligenz-Begriffs und andererseits die Tatsache, dass oft Mischformen angewendet werden. Deshalb wird im folgenden Kapitel 4 vereinfacht zwischen einer primär „datengetriebenen" bzw. „regelbasierten" Verarbeitung unterschieden.

Datengetriebene Verarbeitung mittels Perceptron-Neurocomputing wurde bereits um 1958 für Mustererkennungsaufgaben, vor allem in der Bildverarbeitung, angewendet [Ros58]. Bis Ende der 1980er Jahre verwendete man für die Erzeugung prosodischer Parameterverläufe jedoch ausschließlich regelbasierte Modelle, wobei die Modellparameter üblicherweise von Experten empirisch ermittelt wurden. Mit der ersten Renaissance neuronaler Netze um 1986, als unter anderem das Lernverfahren Backpropagation vorgestellt wurde [RHW86], erfolgten erste Arbeiten zur datengetriebenen Prosodiemodellierung, vor allem unter Verwendung von Multilayer-Feedforward-Netzwerken (MFN) [SG89, Sag90, Tra90, Tra92].

4.1 Das *Traber-Modell* – neuronale Approximation der f_0-Kontur

Die neuronale Approximation der Grundfrequenz(f_0)-Kontur des Deutschen nach Christof Traber inspirierte die vorliegende Forschungsarbeit maßgeblich und wird hier deshalb entsprechend [Tra90] bzw. [Tra92] vorgestellt. Die Arbeiten von Traber zielten auf eine qualitativ hochwertige Intonationskomponente für das TTS-System SVOX der damaligen Forschungsgruppe der ETH Zürich. In einem ersten Schritt wurde eine natürliche Sprachdatenbasis mit 186 Äußerungen (Wetterbericht, Nachrichten, touristische Informationen) eines Sprechers in neutraler Sprechweise aufgezeichnet. Die Grundfrequenz f_0

wird mit einer Auflösung von 15 ms automatisch extrahiert und manuell korrigiert. Stimmlose Phasen werden linear interpoliert, um eine „virtuell“ durchgehende Kontur zu erzeugen. Mittels linearer Regression können Zwischenwerte ermittelt und jeder Silbe acht f_0-Werte zugewiesen werden.

Um die Bestimmung der f_0-Kontur von etwaigen Fehlern einer automatischen linguistischen Vorverarbeitung (z. B. bezüglich der Phrasierung oder Akzentuierung) zu entkoppeln, werden sämtliche phonologische Transkriptionen manuell erstellt. Die manuelle Transkription wird als optimales Ergebnis der automatischen Transkription betrachtet. Das folgende Beispiel stellt die typische phonologische Repräsentation einer Äußerung dar, einschließlich Phrasierung, Akzentuierung sowie phonetischer Transkription (aus [Tra92], S. 291):

```
Die Rosen, die im Blumengarten hinter dem alten Haus wachsen,
duften gut.

#0 di: [1]ro:-z:n #1 di: im [1]blu:-m@n-[4]gar-tn
#2 hIn-t6 de:m [3]al-tn [1]haUs [2]vak-sn
#1 [2]duf-tn [1]gu:t #0

#0 0 $ 1 0 #1 0 $ 0 $ 1 0 4 0 #2 0 0 $ 0 $ 3 0 $ 1 $ 2 0
#1 2 0 $ 1 #0
```

Dabei markieren „-“ eine Silbengrenze und #n eine Phrasengrenze mit dem Stärkeindex n. Der Phrasengrenzenindex hat folgende Bedeutung: #0 ganze Phrase, #1 markiert eine Pause (im Beispiel am Relativsatz) und #2 bezeichnet alle anderen Phrasengrenzen. Die Bezeichnung „[m]“ betrifft einen Akzent der Stärke m auf der folgenden Silbe, wobei der Akzentwert den Grad der Prominenz ausdrückt: „[1]“ bezeichnet den Hauptakzent jeder Phrase und „[2]“ ... „[4]“ stellen schwächere Akzente dar. Die Akzentstärken 1 und 2 vor einem Phrasenhauptakzent werden als potentieller Pitchakzent betrachtet und die Stärken 2 (nach Hauptakzent), 3 und 4 sind für eine Lautdehnung bzw. Intensitätserhöhung vorgesehen. Die letzte Zeile stellt die resultierende phonologische Repräsentation ohne phonetische Transkription dar, wobei Wortgrenzen mittels „$“ markiert sind.

Die Abbildung 4.1 veranschaulicht die phonologische Symbolkodierung der Eingangvektoren, die analoge f_0-Kodierung am Netzausgang, sowie das Multilayer Feedforward Neural Network (MFN) zuzüglich Rückkopplungen von der zweiten verdeckten Schicht, um den Satzkontext bzw. die Vorgeschichte zu berücksichtigen. Nach entsprechenden Vorexperimenten wurde die Netztopologie auf zwei verdeckte Schichten mit 20 bzw. 10 Neuronen festgelegt. An den Netzknoten wird einheitlich eine sigmoide (S-förmige) Aktivierungsfunktion (vgl. Abschnitt 2.3.2) verwendet. Um beliebig lange Eingabetexte zu generieren, schlägt Traber eine Fenstertechnik (vgl. Fokussymbol in der Abbildung) vor, wobei zwei aus der phonologischen Repräsentation extrahierte Eingabesequenzen genutzt werden: (1) binär kodierte Akzent-, Phrasen-

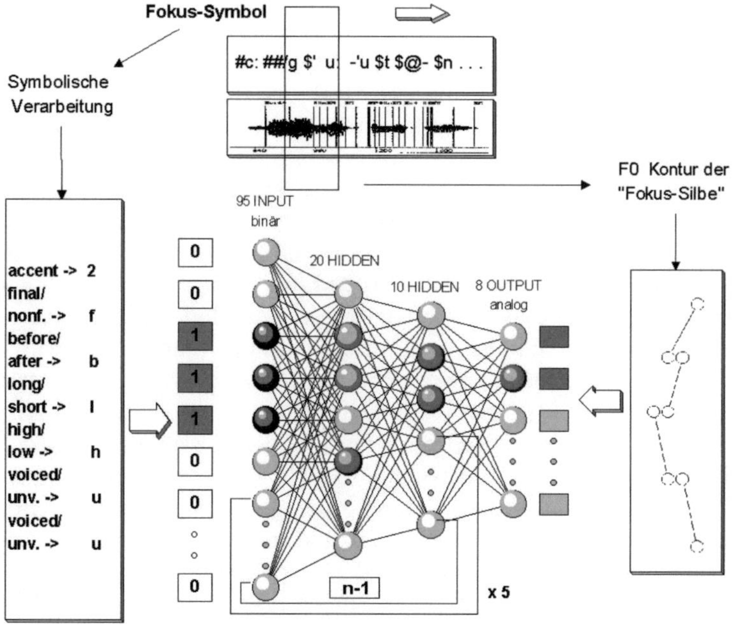

Abbildung 4.1. Trabersche Daten- und Netzwerkstruktur zur f_0-Approximation – adaptiert von [Tra92].

und Wortgrenzensymbole (sechs Bits pro Symbol) und (2) die phonetischen Merkmale jeder Silbe (Lang- oder Kurzvokal, hohe oder tiefe intrinsische f_0 sowie stimmhafter bzw. stimmloser linker und rechter Kontext) mit jeweils vier Bits je Merkmal und Silbe, wie im folgenden Schema dargestellt (aus [Tra92], S. 299):

Akzent oder Prasengrenze	0	2	0	$	1	0	#1	2	0	4	$	0	1	0	$	
finale/nicht-finale Phrase	n	n	n	n	n	n	n	f	f	f	f	f	f	f	f	…
vor/nach Hauptakzent	v	v	v	v	v	n	v	v	v	v	v	v	v	n	n	

Lang- oder Kurzvokal	k	l	k	x	k	k	x	l	k	l	x	k	l	k	x	
hohe/niedrige f_0-Tendenz	n	h	n	x	h	n	x	h	n	h	x	n	h	n	x	…
linker Konsonant stimmhaft?	j	n	n	x	j	j	x	n	j	n	x	j	u	j	x	
rechter Konsonant stimmhaft?	n	j	n	x	n	j	x	n	n	j	x	j	n	n	x	

Die Rahmen markieren den Fokus beider Sequenzen sowie den jeweiligen Kontext von ± 6 bzw. ± 1. Zuzüglich je sechs Symbolen linker und rechter Kontext für die erste und einem Symbol Kontext für die zweite Eingabesequenz sowie einschließlich fünf Rückkopplungen ergeben sich: $(6+6+1)\cdot 6+(1+1+1)\cdot 4+5=95$ Bits (entspricht Anzahl der binären Eingabeneuronen). Die Ausgabeschicht besteht aus acht Neuronen, wobei der erwartete f_0-Bereich des männlichen Sprechers von 50 Hz bis 200 Hz auf den Wertebereich [0, 1] skaliert wird.

Für das Netzwerktraining wird das Korpus in 100 Sätze Lern- und 86 Sätze Testdaten unterteilt und das Standard-Backpropagation-Verfahren eingesetzt, das auf einem zu diesem Zeitpunkt verfügbaren Rechner (VAXstation 3200) zwei Tage in Anspruch nahm. Nach etwa 150 Trainingszyklen stellt sich der sogenannte Overlearning-Effekt ein, dass heißt, dass eine weitere Fehlerminimierung zu einer Anpassung an die konkreten Lerndatenmuster führt, die Generalisierbarkeit des verwendeten Netzwerkmodels erschöpft ist und der Fehler auf einer unabhängigen Teststichprobe wieder ansteigt. Mangels objektiver Qualitätskriterien für die vom Netz approximierte f_0-Kontur werden Distanzmaße wie der mittlere quadratische Fehler (engl. root mean square error, RMSE) sowie die mittlere absolute Distanz zwischen der originalen Referenzkontur und der Netzausgabe ausgewertet, wobei nur die stimmhaften Signalabschnitte (im Gegensatz zu interpolierten stimmlosen Abschnitten der stilisierten Kontur) verglichen werden. In der Lerndatenprobe wird ein RMSE von ca. 7 Hz, in der Teststichprobe von ca. 9 Hz erreicht. Bezüglich des Wertebereichs von ca. 75 bis 150 Hz und in Anbetracht der beschränkten Eingangsinformation ist dieses Resultat als exzellent einzuschätzen. Es sei jedoch angemerkt, dass die verwendete Sprachdatenbasis sowie Repräsentation inhaltlich sehr konsistent ist und die phonologische Repräsentation komplett manuell erstellt wird. Die Abbildung 4.2 zeigt ein typisches Satzbeispiel aus der Teststichprobe mit einem RMSE von 9 Hz.

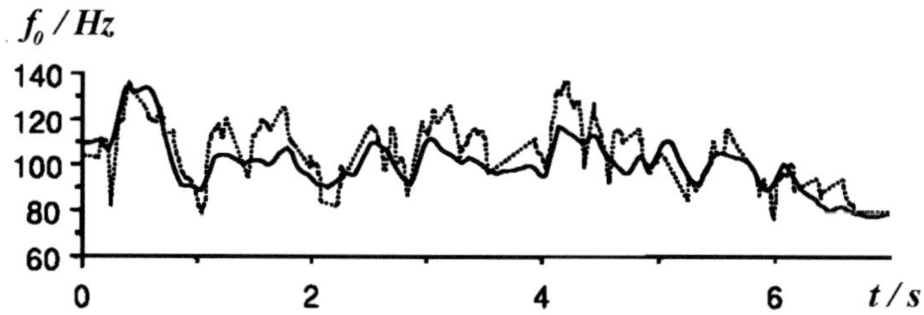

Abbildung 4.2. Neuronal geschätzte vs. gepunktete Original-f_0-Kontur (typisches Konturbeispiel mit RMSE: 9 Hz) nach [Tra92], S. 302.

Bei den Traberschen Satzbeispielen wird die originale Phrasenstruktur gut geschätzt. Die Variabilität der Akzentstärke ist jedoch deutlich geringer als in der Referenz. Auditiv werden f_0-Anstiege teils als zeitlich inkorrekt bzw. Pitch-Akzente auf der letzten Silbe finaler Phrasen als kaum realisiert wahr genommen. Insgesamt schneidet sein neuronaler Ansatz besser als sein vergleichend beschriebener Ansatz zur Verkettung natürlicher f_0-Teilkonturen aus einer Datenbank ab. Traber erläutert weiterhin das Potential des neuronalen Verfahrens: Die vergleichsweise einfache Eingangskodierung entspricht in etwa der Performanz einer linguistischen TTS-Vorverarbeitung und neue Sprachmodule oder andere Sprechstile können in Zukunft innerhalb kurzer Zeit etabliert werden. Die aufwendige Entwicklung entsprechender Sprachdatenbasen ist für die Entwicklung regelbasierter Methoden ebenfalls notwendig. Probleme liegen bei der Introspektion – der strukturinternen Beobachtung – einzelner Verarbeitungswege einschließlich auftretender Fehler, da die Wissensrepräsentation über viele primitive Verarbeitungseinheiten (Neuronen) verteilt vorliegt. Außerdem tendiert ein neuronales Netz zu schwer vorhersagbaren Ausgaben, sofern die Eingabe Muster enthält, die im Training nicht gesehen wurden.

4.2 *NeuRosy* – neuronale Generierung prosodischer Parameter

Das Akronym *NeuRosy* steht für das Systemkonzept „Neuronale Prosodie" (engl. **neu**ral p**ros**od**y**) [JP97a]. Ziel des NeuRosy-Ansatzes war eine neuronale Generierung prosodischer Parameterverläufe im Kontext des TTS-Systems DRESS [HHJ+99]. Basierend auf der Grundidee von Traber (vgl. Abschnitt 4.1) wurden die Ein- und Ausgabekodierung sowie die Netzwerktopologie an die DRESS-Architektur bzw. die von DRESS bereit gestellten linguistischen Informationen angepasst.

Seit Mitte der 1990er Jahre existieren leistungsfähige Simulationswerkzeuge für neuronale Netze, so dass eine eigene Programmierung von NN-Kernalgorithmen in der Regel nicht sinnvoll ist. Wichtigstes Hilfsmittel der Trainingsphase für die vorliegende Arbeit war der Stuttgarter NN-Simulator SNNS [Zel95], der insbesondere die automatische Generierung von C-Quellen für eine nachfolgende Kannphase unterstützt und einschließlich seiner Folgeversionen weltweit verwendet wird.

4.2.1 Das *NeuRosy*-Konzept

Die phonologische Transkription der Netzeingangsmerkmale auf Basis des Synthesetexts erfolgt im Gegensatz zur ursprünglich von Traber vorgestellten f_0-Approximation automatisch. Darüber hinaus ermöglicht der NeuRosy-Ansatz auch die Schätzung der Phonemdauer, Phonemintensität und weiterer prosodischer Merkmale. Der NeuRosy-Ansatz wird in Abbildung 4.3 veranschaulicht. Es werden nur Merkmale kodiert, die konsistent in den etikettierten Trainingsdaten sowie in der TTS-Kannphase zur Verfügung stehen (symbolisiert durch die Durchschnittsmenge). Das NeuRosy-System ermöglicht eine beliebige Zusammenstellung des Materials für Training, Test und Validation, ein semi-automatisches Training, visuelle Konturüberprüfung sowie eine Resynthese. Parallel kann das trainierte Prosodiemodul im DRESS-System getestet werden. NeuRosy enthält zusätzlich Glättungs-, Verstärkungs und Begrenzer-Operatoren, um Trainingskonturen vorzuverarbeiten sowie Netzausgabekonturen an die TTS-Randbedingungen (wie z. B. maximale

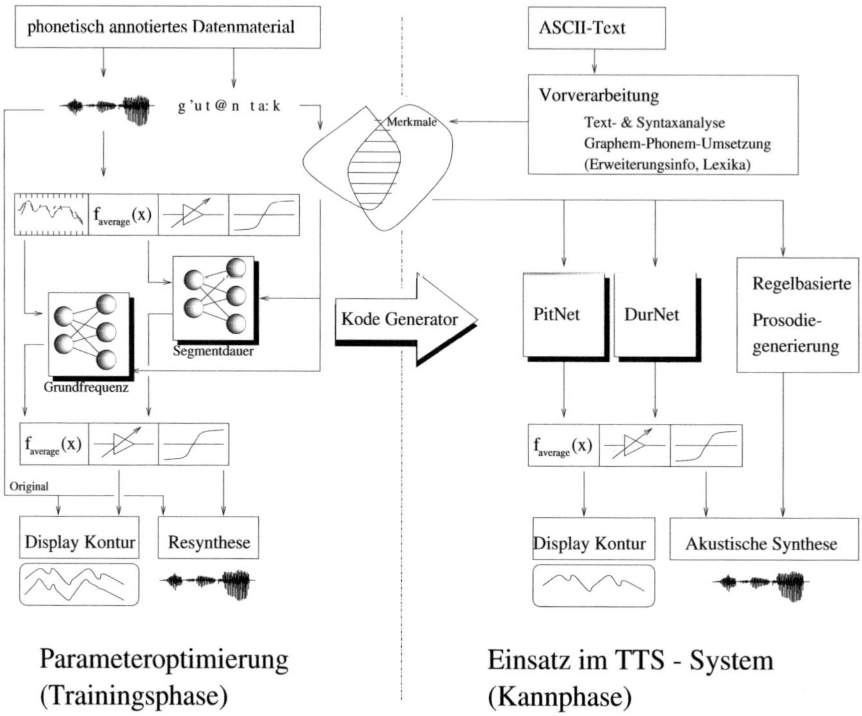

Abbildung 4.3. Neuronale Prosodiegenerierung *NeuRosy* bestehend aus einem NN-Simulationssystem und einer TTS-Kannphase.

TD-PSOLA-Manipulationsbandbreite) anzupassen. Die Abbildung 4.4 veranschaulicht die Verarbeitungskomponenten des TTS-Zielsystems, eine Vorstufe des Dresdner Sprachsynthesesystems DRESS. Die regelbasierten Komponenten zur Dauersteuerung („smp2dur") und f_0-Generierung („intona") werden durch die neuronalen Komponenten „DurNet" und „PitNet" gemäß Abbildung 4.5 ersetzt. Die Programmeinbindung in die TTS-Standardverarbeitung erfolgt an drei möglichen Interface-Ebenen mittels der Konverter „dur2pat -d/-p", „pat2dur" und „pat2ton" zwischen symbolischer Information des TTS-Systems und der Datenkodierung für die neuronalen Netze [Pes98]. Die Abbildung 4.6 zeigt die resultierende Programmstruktur der Trainingsphase. Der Konverter „phd2pat" bildet die Annotation der Trainingsdatenbasis PhonDat [Pho93] auf Muster (engl. pattern) zur Netzkodierung ab.

4.2.2 Lautbasiertes f_0-Modell mittels 1:1-Abbildung

Aus didaktischen Gründen wird an dieser Stelle ein Vorexperiment zur NeuRosy-Konzeption dargestellt [JK95], da sich wichtige Schlussfolgerungen für ein geeignetes Konzept zur neuronalen Prosodiegenerierung ableiten lassen. Die objektive Evaluierung (Messung der numerischen Abweichung von natürlichen

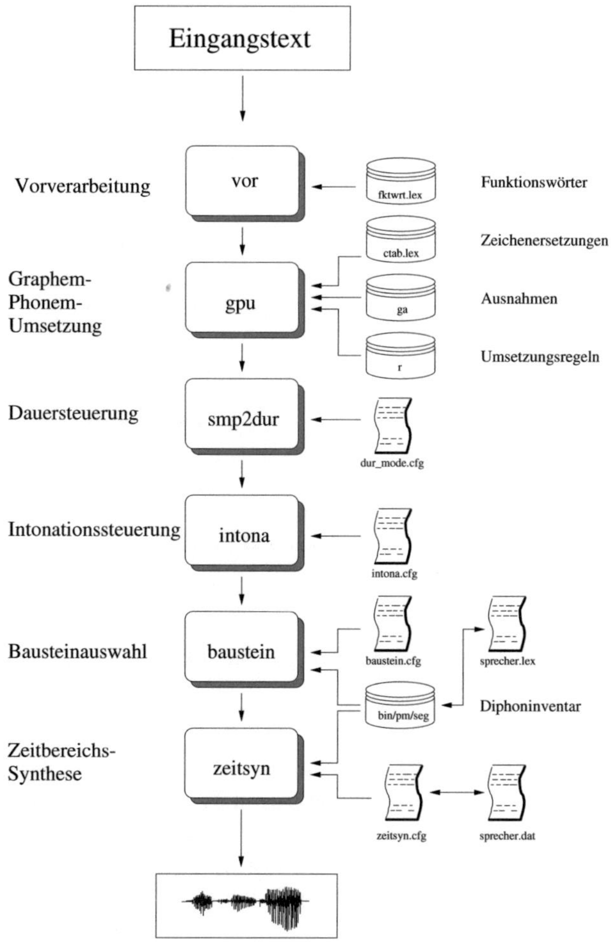

Abbildung 4.4. TTS-Zielsystem für die neuronale Kannphase.

Referenzkonturen) sowie die subjektiven Tests (Hörversuch) sind bei diesem Modellierungsbeispiel ernüchternd.

Entsprechend einer diphonbasierten Verarbeitungsstrategie bestand das Ziel in einer möglichst einfachen, lautsynchronen Schätzung der f_0-Kontur, das heißt, zu jedem kodierten Phonem der Sequenz am Netzeingang soll ein zugehöriger f_0-Konturwert am Netzausgang berechnet werden (1:1-Abbildung)[1]. Eine explizite Berücksichtigung des Satzkontexts, der Signalhistorie oder eine Informationsfensterung (vgl. Traber-Modell, Abschnitt 4.1) erfolgen nicht. Die Traberschen Netzrückkopplungen entfallen ebenfalls, so dass der Trainingsdatenbedarf erheblich geringer als bei Traber ist. Die nach den genannten Verein-

[1] Die Phonemkette der Äußerung wird komplett am Netzeingang angelegt und für jede Stützstelle (in Lautmitte) gleichzeitig ein f_0-Wert ausgegeben.

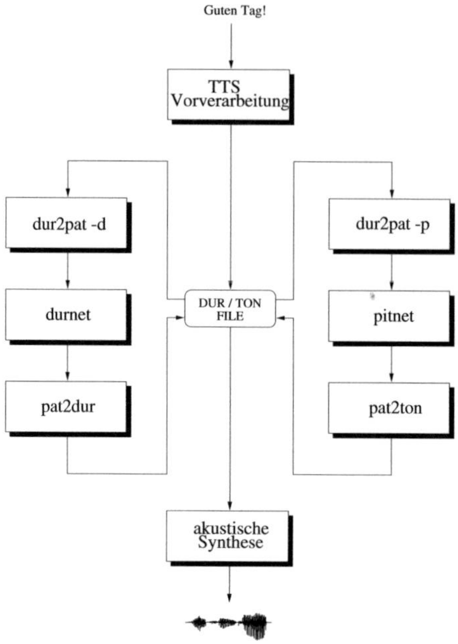

Abbildung 4.5. Substitution der regelbasierten Prosodiekomponenten des TTS-Systems mit PitNet und DurNet.

fachungen resultierende Repräsentation der Ein- und Ausgangsdaten konnte durch das zu diesem Zeitpunkt verfügbare TTS-System robust erzeugt werden. Um datenkonsistente Trainings- und Kannphasen zu erhalten, werden nur jene Symbole und Transkriptionen aus der Trainingsdatenbank [Pho93] verwendet, die durch die TTS-Vorverarbeitung in der Kannphase ebenfalls erzeugt werden.

Die Fragestellung der 1:1-Abbildung betraf einerseits die Leistungsfähigkeit einer nichtoptimalen neuronalen Struktur einschließlich des beschränkten Lerndatenumfangs. Im direkten Vergleich mit einer vorhandenen regelbasierten f_0-Modellierung stellte sich andererseits die Frage, ob der beschränkende Faktor für die Qualität der prosodischen Modellierung eher in der TTS-Vorverarbeitung oder in der unzureichenden neuronalen f_0-Modellierung liegt.

Die Abbildung 4.7 veranschaulicht das verwendete Multilayer Feedforward Neural Network (MFN). In dem dargestellten Vorexperiment waren die Eingangs- und Ausgangsschicht bezüglich der maximal verarbeiteten Lern- und Testvektoren nur 50 Neuronen breit, so dass nur kurze Sätze verarbeitet werden konnten. In der einzigen verdeckten Schicht wurde mit 30 bis 70 Neuronen experimentiert. Die Sigmoidfunktion fungierte als nichtlineare Übertragungsfunktion. Das Netz wird mit Error Backpropagation trainiert. Es erfolgte keine Längen- oder Zeitanpassung der Vektorfolgen. Das verwendete Netzwerkmodell wurde in einer institutseigenen FFNN-Simulationssoftware

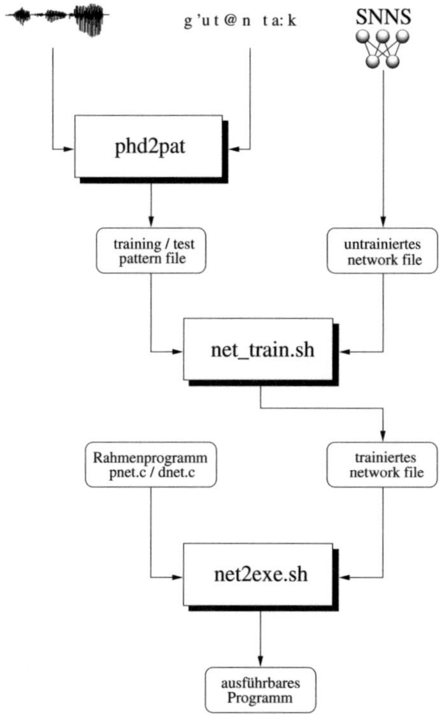

Abbildung 4.6. Komponenten der neuronalen Trainingsphase nach [Pes98].

implementiert [Sch95]. Die Abbildung 4.8 stellt das neuronale Lernkonzept mittels einer 1:1-Abbildung von der kodierten Phonemsymbolkette auf sequentielle f_0-Konturwerte dar. Die Kodierung der Lautsymbole für den Netzeingang erfolgt eindimensional linear in dem Wertebereich [0.10,1.03] – einschließlich einer Clusterung nach Lautklassen. Die Phrasierungssymbole werden analog zu den Phonemsymbolen kodiert. Die Kodierung für einen akzentuierten Vokal wird um 1.00 erhöht. Die Netzeingangsschicht wird von links beginnend belegt, verbleibende Neuronen werden mit 0.00 aufgefüllt.

Der Zielvektor in der Lernphase ergibt sich aus der natürlichen f_0-Kontur. Dazu wird jeweils ein absoluter f_0-Wert in kHz an der Phonemmitte bestimmt. Für stimmlose Signalabschnitte wird der f_0-Verlauf linear extrapoliert. Ohne diese Maßnahme würden die Nullstellen zu einer höheren Variabilität der Kontur führen und den Lernvorgang erschweren. Die Folge der f_0-Werte wird ebenfalls linksbündig am Netzausgang angelegt. Verbleibende Neuronen werden mit dem Wert des linken Nachbarn aufgefüllt. Für die Lern- und Testphase werden PhonDat-Sätze [Pho93] der Sprecherin AWE verwendet. Die bezüglich der Netztopologie passenden 43 Äußerungen mit einer Länge von 16 bis 50 Symbollabeln werden in 37 Lern- und 6 Testsätze aufgeteilt. Die beste geteste-te Netztopologie besitzt 50 Eingabe-, 30 verdeckte und 50 Ausgabeneuronen.

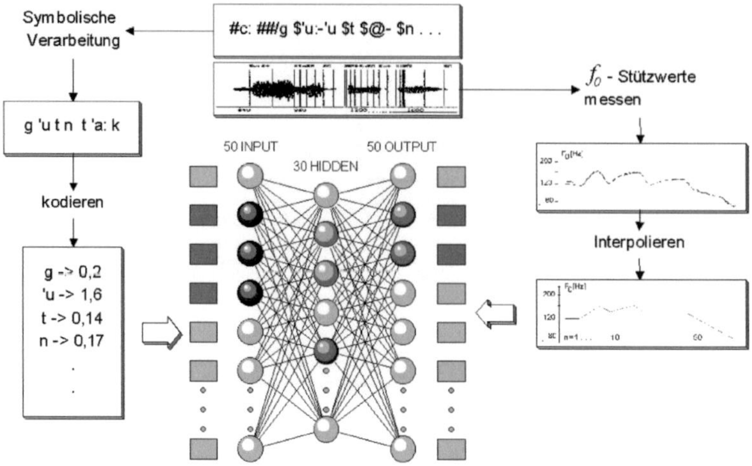

Abbildung 4.7. MFN-Struktur zur Approximation der f_0-Kontur (Lern- und Kannphase) nach [JK95].

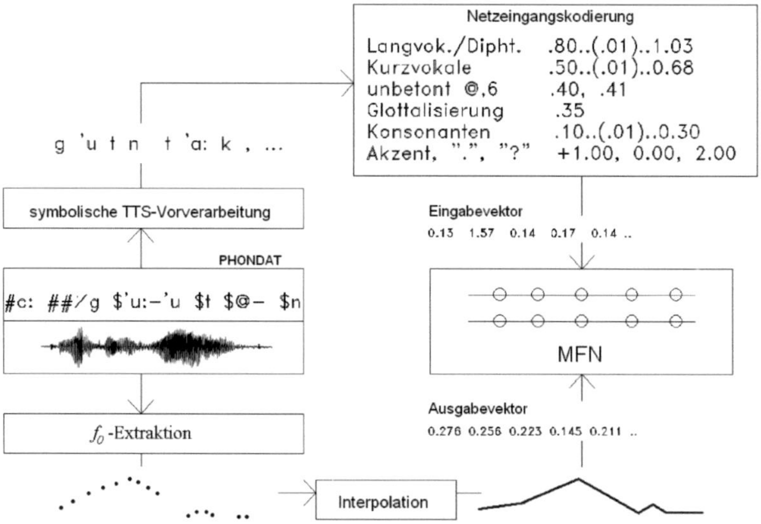

Abbildung 4.8. Lernphase: Datenkodierung mit einer 1:1-Abildung von der Phonemsymbolkette auf sequentielle f_0-Konturwerte nach [JK95].

Lerndatenumfang und Netztopologie lassen vermuten, dass eine Tendenz zur Adaptation an einzelne Trainingsmuster („Auswendiglernen") besteht. Deshalb wird die Backpropagation-Lernrate größer 0.5 gewählt. Nach ca. 2 700 Iterationen wird das Abbruchkriterium (Toleranz zur Vorgabekontur ± 1 Hz) erfüllt. Abbildung 4.9 stellt die Netzausgabe (jeweils vordere Kurve) nach vollzogenem Training für drei Beispielsätze aus der Lernprobe dar:

1. „Guten Tag, wann geht morgen Vormittag ein Zug nach Frankfurt?"
2. „Wann geht der nächste Zug nach Mannheim?"
3. „Ich möchte am ersten Feiertag nach Koblenz fahren."

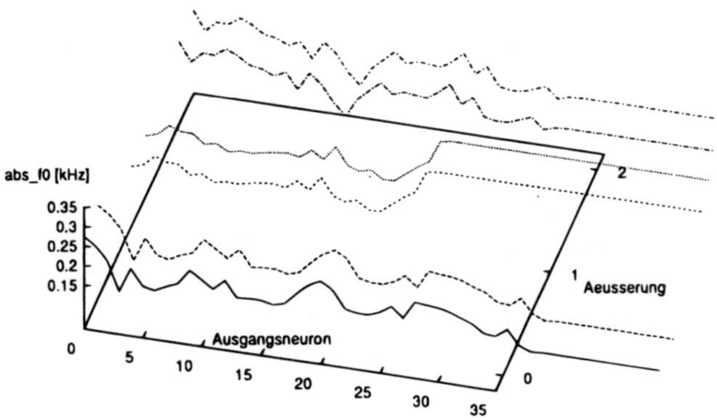

Abbildung 4.9. Netzausgabe (vordere Kurve) vs. Zielkontur (hintere Kurve) für Lernprobe.

Das MFN ist in der Lage, die Vorgabekonturen auf Basis der dargestellten, rudimentären syntaktisch-phonetischen Kodierung (auswendig) zu lernen. Die mittlere f_0-Abweichung in der Teststichprobe liegt jedoch bei ca. 10 % ($RMSE > 20$ Hz) und in Extremfällen sogar bei ca. 30 %. Verglichen mit der Traberschen Modellierung 4.1 sind dies unzureichende Ergebnisse. Bezüglich weiterer Details sei auf die Ausführungen in [JK95] verwiesen. Abbildung 4.9 veranschaulicht die Netzausgabe (jeweils vordere Kurve) für drei Beispielsätze aus der Teststichprobe:

1. „Ich muss über Hannover nach Hamburg fahren."
2. „Wie kann ich von Ulm nach Düsseldorf kommen?"
3. „Kann man heute noch von Ulm nach Koblenz kommen?"

Trainings- und Testkorpus weisen zahlreiche Wort- und Wortgruppenwiederholungen auf. Das Netzmodell ist anscheinend in der Lage, bereits gesehene Lernmuster sinnvoll aneinander zu setzen, obwohl eine Generalisierung allgemeiner Regeln nicht möglich ist. Probleme treten dann auf, wenn die

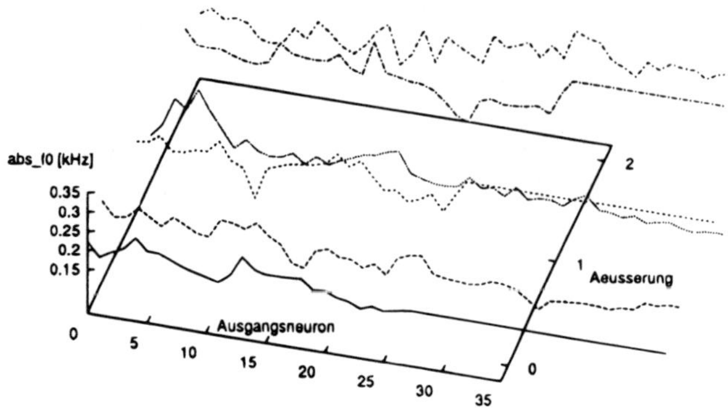

Abbildung 4.10. Netzausgabe (vordere Kurve) vs. Referenzkontur für Teststichprobe.

Testäußerungen keine oder geringe Korrelationen mit dem Traingskorpus aufweisen (Normalfall). Einige Hörer bestätigen, dass das Netz funktionell akzeptable f_0-Verläufe generiert und sie die entsprechende Intonationsvariante gegenüber dem regelbasierten Verfahren (Linearmodell nach Hirschfeld 3.6.2.2) bevorzugen, das als „monoton" eingestuft wird.

Neben den – im Bereich datengetriebener Verfahren – nahe liegenden Folgerungen wie z. B. die Notwendigkeit verbesserter Datenkodierungen und Netzparameteroptimierungen sind drei Schlussfolgerungen essenziell:

- Berücksichtigung von Kontext (z. B. durch Fensterung von Netzein- und ausgabe),
- Beachtung zeitlicher Aspekte bzw. „Gedächtnismodell" (z. B. durch Rückkopplung der Netzausgabe auf den Eingang),
- Entlastung des Netztrainings durch Berücksichtigung von Regelwissen.

Die beiden erstgenannten Punkte werden durch das Traber-Modell abgedeckt. Die letztgenannte Schlussfolgerung wird an späterer Stelle bei der Entwicklung eines hybriden datengetriebenen und regelbasierten Verfahrens berücksichtigt (vgl. Abschnitt 4.3).

4.2.3 Silbenbasierte f_0- und Dauermodellierung

In Umsetzung des NeuRosy-Ansatzes wurden die Kernmodule PitNet zur f_0-Approximation sowie DurNet zur Dauerschätzung entwickelt [JP97a, Pes97, Pes98]. Um die diskutierten Kodierungsschwächen des zuvor beschriebenen lautbezogenen Ansatzes zu umgehen, werden alle Merkmale silbenbasiert kodiert und darüber hinaus ein Kontext sowie Rückkopplungen eingeführt (Elman-Netz, vgl. Abschnitt 2.3.4). In analoger Weise funktioniert das DurNet zur Sibendauerapproximation. Die Abbbildung 4.11 stellt exemplarisch die Lernphase des PitNet-Modells zur silbenbasierten f_0-Approximation dar. Aus

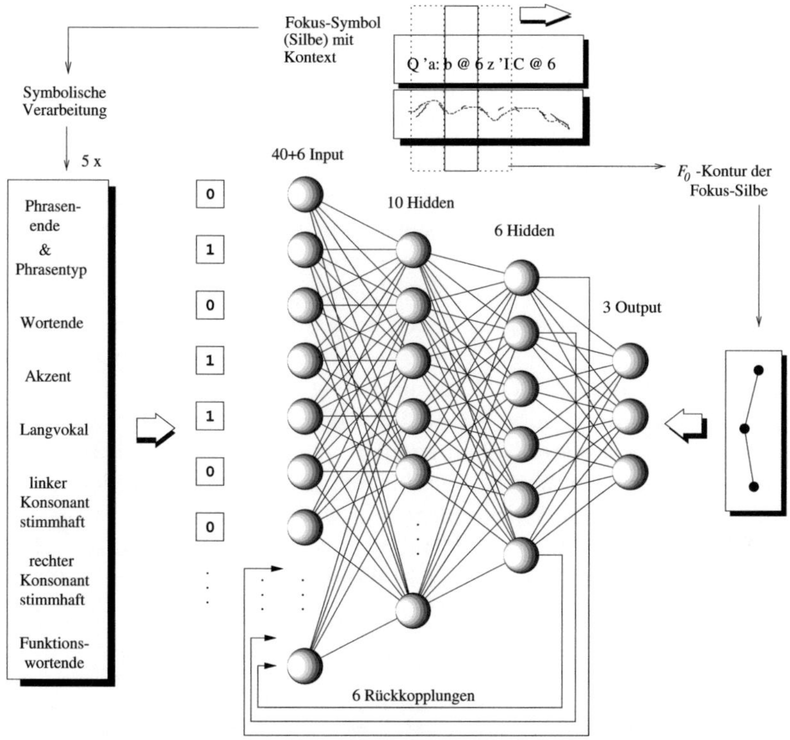

Abbildung 4.11. Lernphase des PitNet-Modells (Elman-Netz) zur silbenbasierten f_0-Approximation (Version 2.0) nach [JP97a].

der Phonemsequenz der Äußerung mit entsprechender Phrasen- und Akzentinformation werden Pseudosilben (NCO, vgl. Abschnitt 3.5) mit jeweils einem Silbenkern und konsonantischer Umgebung berechnet und folgende Attribute binär kodiert (acht Bits/Silbe):

- Phrasenende und -typ (2 Bits),
- letzte Wortsilbe,
- Silbe akzentuiert,
- langvokalischer Silbenkern,
- stimmhafter linker bzw. rechter Konsonant (2 Bits),
- letzte Funktionswortsilbe.

Die Eingangskodierung für das DurNet-Modell erfolgt analog zur PitNet-Kodierung und orientiert sich des Weiteren an etablierten Attributen regelbasierter Modelle des Deutschen wie z. B. [Koh88]:

- Langvokal,
- offene Tendenz,
- stimmhafter rechter Konsonant,

- letzte Silbe in der Phrase,
- letzte Wortsilbe,
- Silbe akzentuiert,
- Phonemanzahl der Silbe.

Das letzte Attribut berücksichtigt den Aspekt des Deutschen als „taktzählende Sprache“. Am Netzausgang wird mit verschiedenen Parametern experimentiert: Silben- bzw. Vokallänge sowie Länge einer folgenden Sprechpause.

Die silbenorientierte Sequenz von Attributvektoren wird schrittweise an den aus fünf Silben bestehenden Netzeingang (zwei Vorgänger, eine Fokussilbe, zwei Nachfolger) angelegt. Am Netzausgang werden synchron jeweils drei relative f_0-Werte (bezogen auf den f_0-Mittelwert des Sprechers) je Fokussilbe präsentiert und mit Fehlerminimierung (Error Backpropagation) trainiert. Die f_0-Trainingskontur entsteht aus dem natürlichen, interpolierten f_0-Verlauf und kann in erster Näherung als Kopiekontur nach [Adr91] aufgefasst werden. Die implementierten Teilrekurrenzen und Kontextzellen sollen die zeitlich-physiologischen Aspekte der f_0- bzw. Silbendauer-Kontur nachbilden (vergleichbar dem f_0-Modell von Traber in Abschnitt 4.1). Ein typisches Kodierungsbeispiel ist in Abbildung 4.12 dargestellt. Eine kodierte Silbe belegt

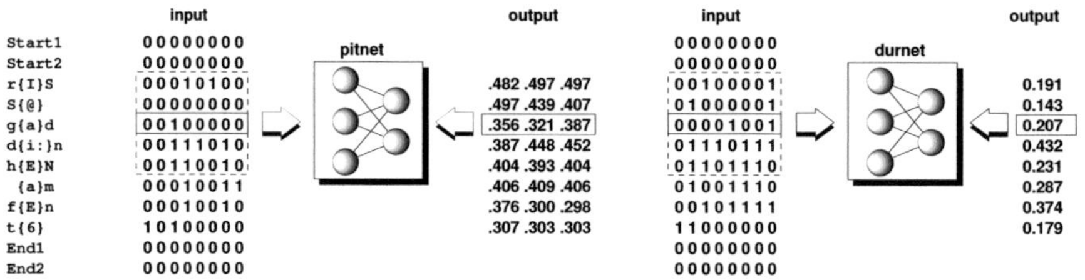

Abbildung 4.12. Datenkodierung PitNet2.0 / DurNet1.0 aus [Pes98].

hierbei je eine Zeile, wobei Netzeingang und Netzausgang getrennt aufgeführt werden und die jeweilige Netzausgabe mit einem Skalierungsfaktor behaftet ist, um den prosodischen Wertebereich an die Netzausgabefunktion anzupassen. Wie in den zuvor beschriebenen neuronalen Ansätzen wird eine sigmoide Aktivierungsfunktion verwendet und mit Standardverfahren wie Error Backpropagation auf Basis von [Zel95] trainiert.

In der Abbildung 4.13 wird im oberen Teil exemplarisch eine f_0-Ergebniskontur aus der Trainingsphase mit dem stilisierten Original für den Satz „Bei dieser Sachlage müssen wir die Hirschjagd aufschieben und uns kurz nach 9 Uhr zurück melden“ verglichen. Die Referenzkontur ergibt sich aus dem originalen f_0-Verlauf durch Stilisierung (drei Stützstellen je Silbe) sowie Interpolation stimmloser Abschnitte (siehe auch Abschnitt 4.2.2). Der untere Teil der Abbildung stellt die resultierende f_0-Kontur in der TTS-Kannphase dar und ein Indiz für die prinzipielle Funktionsfähigkeit des NeuRosy-Ansatzes.

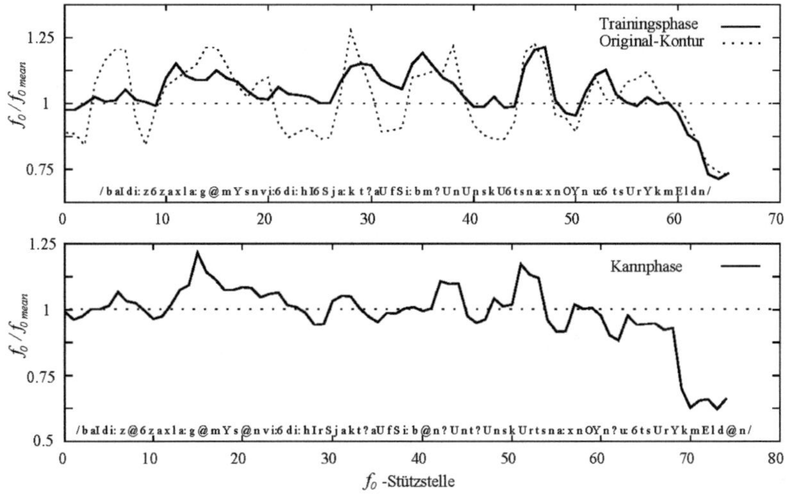

Abbildung 4.13. f_0-Ergebniskontur (PitNet) vs. stilisiertes Original in SNNS-Trainingsphase (oben) und TTS-Kannphase (unten).

Der Einfluss der Trainingsdaten und -strategie sowie die perzeptive Evaluation werden in den Folgeabschnitten behandelt.

4.2.4 Einfluss der Trainingsdaten und der Lernstrategie

Bei der Implementierung eines neuronalen Verfahrens werden aus pragmatischer Sicht häufig Netztopologie und Datenkodierung in den Vordergrund gestellt. Die notwendige iterative Verbesserung datengetriebener Methoden erfordert jedoch zunächst eine Auswahl geeigneter Trainingsdaten. Bei der Zusammenstellung des Trainingsmaterials sowie beim Trainingsverfahren werden verschiedene Strategien angewendet. Für das Training eignen sich Datensätze von ein- oder mehrphrasigen, phonetisch etikettierten Sprachsignalen zuzüglich Phrasierungsinformation und mindestens einer markierten Akzentstufe. Aus der Datenbasis wird neben der Datenkodierung für das neuronale Netz auch eine Lautdauerstatistik generiert, um die vom DurNet approximierte Silbenlänge auf die in der Silbe enthaltenen Laute zu verteilen.

Zum besseren Verständnis der Kontur-Trainingsdaten werden im Folgenden exemplarisch f_0-Ziel- und f_0-Ergebniskonturen aus dem PitNet-Modul veranschaulicht. Die Zielkontur ergibt sich aus dem originalen Verlauf durch die bereits beschriebene Stilisierung und wird nachfolgend als *Kopiekontur* bezeichnet, obwohl sie im strengen Sinne keine perzeptiv dem Original vergleichbare Kontur darstellt. Entsprechend den Ausführungen in [JP97a] zeigt Abbildung 4.14 einen Auszug des analysierten f_0-Verlaufs des PhonDat-Satzes "Guten Tag, wann geht morgen Vormittag ein Zug nach Frankfurt?" (Sprecherin AWE), während Abbildung 4.15 die daraus ermittelte Kopiekontur sowie die

Ausgabekontur eines trainierten Netzes zeigt. Die einerseits zeitproportionale und andererseits silbenbezogene Abszisse sowie zwei reduziert gesprochene Schwa-Laute bewirken Verschiebungen beider Konturen. Der finale

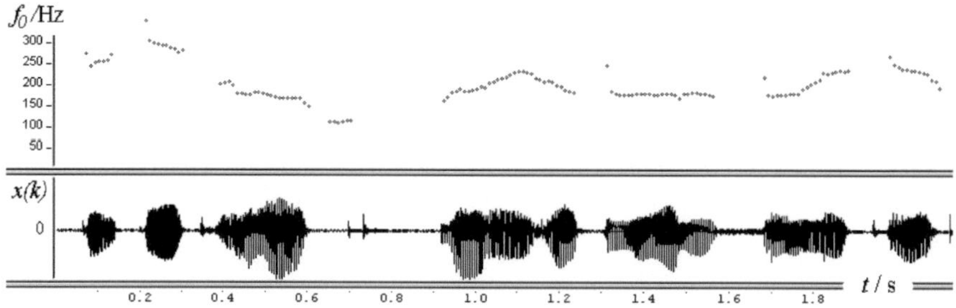

Abbildung 4.14. abgetastetes Zeitsignal (unten) und analysierter Original-f_0-Verlauf (oben).

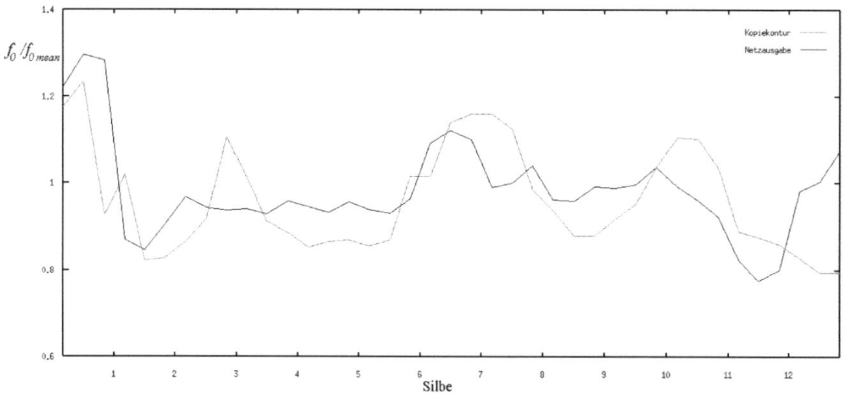

Abbildung 4.15. Aus Abbildung 4.14 abgeleitete f_0-Zielkontur (Kopiekontur) vs. Netzausgabe.

f_0-Anstieg in der Netzausgabe, der im Original nicht vorhanden ist, wurde durch das Netz korrekt aus den Trainingsdaten generalisiert und führt zu einer perzeptiv akzeptablen Äußerung. Die Abbildungen 4.16 und 4.17 veranschaulichen die Unterschiede zwischen der Konturausgabe für bereits im Training gesehene Äußerungen und für weitere Testäußerungen einer typischen, trainierten Netzvariante mit Tendenz zur Überadaptation. Die dargestellten Trainingssätze sind:

1. „Ich möchte ab Ulm mit dem Zug nach Aschaffenburg fahren."
2. „Kann ich heute noch mit einem Intercity nach Hamburg fahren?"

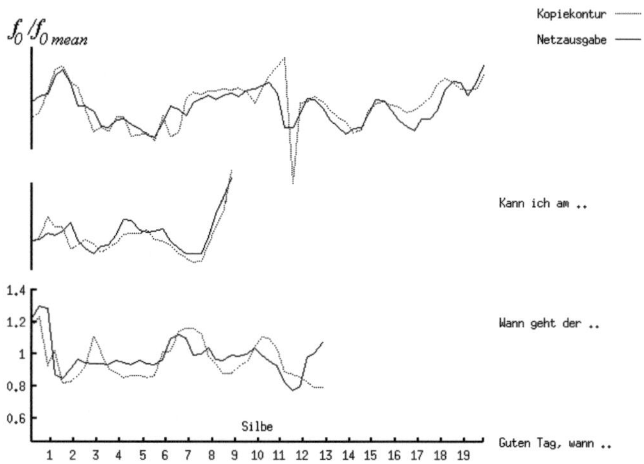

Abbildung 4.16. Konturbeispiele aus dem Trainings-Set.

3. „Wann kann ich morgen früh nach München fahren?“

Als Testbeispiele dienen die Sätze:

1. „Man braucht dann von Nürnberg nach Hamburg nicht mehr umzusteigen, nein?“
2. „Gibt es eine Zugverbindung heute Abend nach Frankfurt, und wenn ja, auf welchem Gleis fährt der Zug ab?“
3. „Und gibt es sonst noch Verbindungen im Laufe des Abends nach Frankfurt?“

Eine leichte Überadaptation an die Trainingsdaten bewirkt eine gute Akzentausprägung sowie eine lebendige Intonation. Dieses Vorgehen führt jedoch ggf. zu Fehlbetonungen für ungesehene Textmuster. Die in Abbildung 4.17 gezeigten Testbeispiele werden jedoch als perzeptiv akzeptabel eingeschätzt. Die Abbildungen 4.18 und 4.19 stellen die Netzresultate der Trainingsstrategien „Überadaptation“ und „Generalisierung“ für identische Äußerungen gegenüber. Die ersten beiden Sätze sind bereits aus dem Abschnitt 4.2.2 bekannt und ermöglichen einen Vergleich mit den vorherigen Ergebnissen:

1. „Guten Tag. wann geht morgen vormittag ein Zug nach Frankfurt?“
2. „Wann geht der nächste Zug nach Mannheim?“
3. „Kann ich am Samstagabend nach 22 Uhr noch von Frankfurt nach München kommen?“

Das Abbruchkriterium für das Training (Fehlerminimum der Testmuster) wird auf einer von den Trainingsdaten unabhängigen Teststichprobe überprüft.

Die für das zuvor beschriebene Experiment zu geringe Trainingsdatenmenge von 54 Sätzen sowie die beschränkte phonologische Kodierung der Ein-

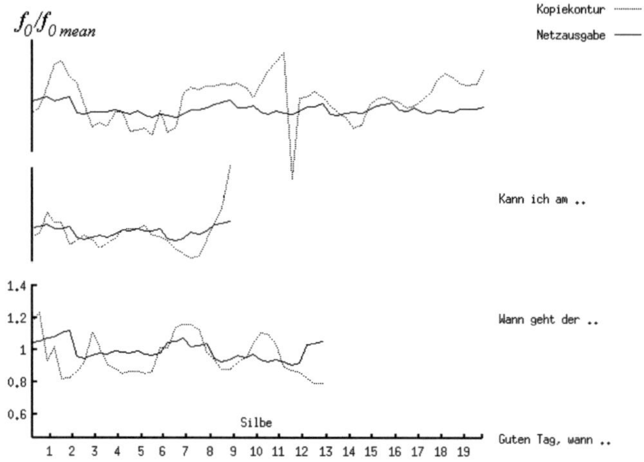

Abbildung 4.17. Konturbeispiele aus dem Test-Set.

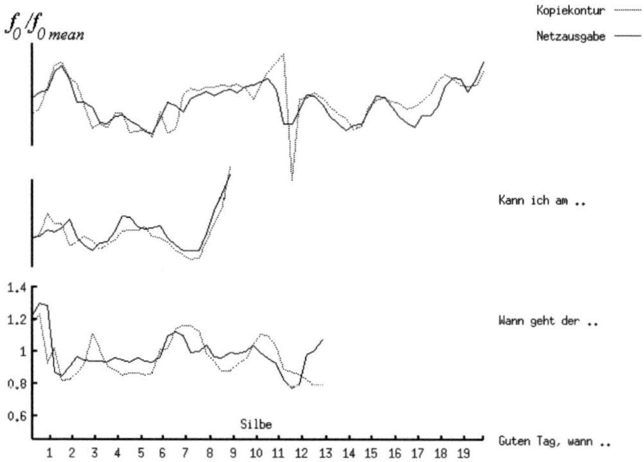

Abbildung 4.18. Fallbeispiel Überadaptation.

gangsdaten führt zu einer nur schwachen Konturierung und Welligkeit im Modus „Generalisierung“. Dieser Daten-Effekt kann im beschriebenen NeuRosy-System (vgl. Abschnitt 4.2) durch ein längenverstellbares Glättungsfilter teilweise kompensiert werden. Die auf dieser Basis im TTS-System erzeugte Phrasenkomponente ist akzeptabel, die Akzentuierung jedoch zu schwach.

In [JP98] wurde der untersuchte Datenumfang auf das Kiel-Korpus [Kie94] mit bis zu 400 etikettierten Sätzen je Sprecher und eine institutseigene Datenbasis mit gelesenen Texten von zwei Sprechern erweitert. Die PitNet/DurNet-

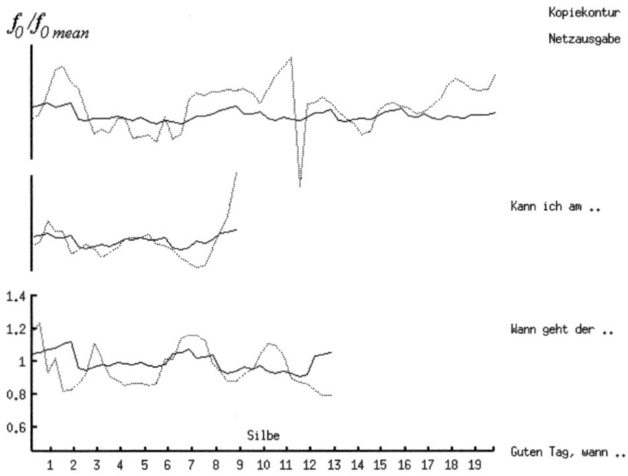

Abbildung 4.19. Fallbeispiel Generalisierung.

Trainingsstrategie sowie das Abbruchkriterium werden in folgenden Szenarien getestet:

- Auswahl und Training eines einzelnen Sprechers mit maximaler Anzahl etikettierter Sätze,
- Training bis zu einem MSE-Minimum auf einer unabhängigen Teststichprobe von mindestens 10 Sätzen,
- Training mehrerer Sprecher mit ähnlicher Sprechweise, wobei eine Klasseneinteilung schwer fällt,
- Training aller verfügbarer Sprecher, ungeachtet ihrer Sprechweises.

Die bereits beschriebenen Adaptationseffekte bleiben erhalten. Je nach Strategie tendieren die Modelle zur Überadaptation aufgrund der zu geringen Datenmenge und damit zu Fehlakzentuierungen in der Testphase oder zu einer zu starken Generalisierung, z. B. infolge der unterschiedlichen Akzentuierungen einzelner Sprecher, die im Intonationsergebnis zu einer Dominanz der Phrasenkomponente führt.

Tabelle 4.1 zeigt die untersuchten Datenkonfigurationen im Überblick: Das Training wird regulär bei Erreichen des Fehlerminimums (MSE) in einer unabhängigen Teststichprobe abgebrochen. Die untersuchten Datenproben von 54. . . 162 Äußerungen sind zu klein: Phrasenstruktur und Deklination werden ansatzweise gut gelernt. Akzentbedingte Intonationshübe sowie der so genannte „Final Fall“ am Äußerungsende sind unterrepräsentiert. Eine Sprechergruppierung bezüglich Stimmlage und Sprechtempo sowie verschiedene Sprechermix-Varianten erzielen keine verbesserten Trainingsergebnisse.

Das Trainingsverfahren erfordert eine angemessene Quantität an Lernmustern – für den vorgestellten Ansatz in Größenordnung von 300 etikettierten Äußerungen. In diesem Fall erweist sich das silbenorientierte Netzmodell als

Datenbasis	Sprecher	Satzanzahl Trn./Test	Bemerkung
PhonDat [Pho93]	1	54/11	weiblich
	3	162/33	weiblich
	3	162/33	männlich
Kieler Korpus [Kie94]	1	386/14	weiblich
	1	24	Interrogativsätze
	1	364	Deklarativsätze
IAS-Synthesekorpus 1998	2	diverse Texte	männl./weibl.

Tabelle 4.1. Netzwerk-Experimente zum Einfluss von Trainings- und Testdaten.

robust gegenüber den Variationen der Trainingsparameter (Zyklenzahl, Abbruchkriterium etc.). Falls die symbolische TTS-Komponente (linguistische Vorverarbeitung, Tagger) qualifizierte Informationen zur Phrasierung und zu Funktionswörtern (POS) erzeugt, erscheint ein gezieltes Training verschiedener Grundmuster (z. B. deklarativ versus interrogativ) als sinnvoll.

Die teilweise Skepsis gegenüber neuronalen Intonationsmodellen ist u. a. mit folgenden Fragestellungen verbunden:

- Wie kann die semantische Korrektheit von Äußerungen bei auftretenden „Fehlakzentuierungen“ objektiv bewertet werden?
- Ist es sinnvoll, ein Distanzmaß zwischen Netzausgabe und natürlicher Lernvorgabe zu definieren, wenn die in der Kannphase gewünschte Ausgabe relativ unscharf ist (Sprecherintention, individuelle Merkmale etc.)?
- Welche perzeptiven Toleranzen in der f_0-Kontur und damit Stilisierungen sind akzeptabel (vgl. [Adr91])?

Diese Sichtweise wird dem Vergleich mit (ausschließlich) regelbasierten prosodischen Verfahren nicht vollständig gerecht: Natürliche Intonationsdaten werden hierbei nicht zwingend benötigt, sondern liegen als abstraktes Expertenwissen vor. Im Sinne einer quasi-humanen Performanz sind aber die zuvor aufgeworfenen Fragen für regelbasierte Verfahren ebenso relevant und müssen deshalb im Kontext neuronaler *und* regelbasierter Intonationsmodelle untersucht werden. Zur Einordnung der beschriebenen Trainingsergebnisse wird im folgenden Abschnitt eine perzeptive Evaluierung durchgeführt.

4.2.5 Perzeptive Evaluation

Wie bereits diskutiert, können sowohl natürliche als auch neuronal erzeugte prosodische Konturen nur bedingt mittels objektiver Abstandsmaße und der Betrachtung natürlicher Referenzkonturen evaluiert werden. Abhängig von individuellen Einflussfaktoren, wie z. B. Dialekt oder Sprechstil, existieren verschiedene gültige Varianten. Deshalb werden im Folgenden die Ergebnisse von zwei perzeptiven Studien kurz zusammengefasst. In [JP97b] wird eine optimal trainierte PitNet-Variante mit der perzeptiven Performanz eines regelbasierten f_0-Modells [Sch94, Hir96] verglichen.

4.2.5.1 Testdaten

Der Hörtest bestand aus drei Teilen, wobei für die hier dargestellte Untersuchung nur die Teile A und B relevant sind. Im Teil A wurden zehn Satzpaare mit dem DRESS-System synthetisiert und den Hörern in zufälliger Reihenfolge präsentiert. Ein Satz wurde jeweils mittels linearer, regelbasierter Intonationsmodellierung (RG-Intonation), der andere mit der neuronalen Intonationsmodellierung (NN-Intonation) generiert. Die Bewertungsfrage lautete: „Welcher Satz gefiel Ihnen melodisch besser?“. Die zehn Satztexte beinhalteten eine kanonische Lautsequenz und stammten aus dem verwendeten neuronalen Datenmaterial (drei Sätze aus den Trainingsdaten, drei Sätze aus der Teststichprobe und vier Validationssätze). Sie enthielten je fünf Interrogativ- und fünf Deklarativsätze und waren aus zwei kurzen, sechs mittleren und zwei mehrphrasigen Sätzen zusammengesetzt. Die dargebotenen Satzpaar-Realisierungen wurden zufällig ausgewählt und repräsentieren einen Querschnitt der trainierten Zugauskunftsdomäne aus PhonDat. Drei Satzpaare (jeweils Training, Test und Validation) wurden wiederholt und dazu vertauscht präsentiert, um die Urteilszuverlässigkeit (Reproduzierbarkeit) zu messen. Exemplarisch wurde auch die stilisierte Original-f_0-Kontur (OR-Intonation) synthetisiert und für einen Satz in Kontrast zur RG-Intonation und für einen anderen Satz in Kontrast zur NN-Intonation dargeboten. Insgesamt hatte jeder Hörer 15 ungeordnete Satzpaare spontan zu bewerten (siehe Tabelle 4.2).

Hörtest-Teil B verglich die neuronale mit der regelbasierten Intonationsvariante des kurzen Textes: „Guten Tag, ich möchte eine Auskunft. Und zwar eine Verbindung von Regensburg nach Hamburg. Mir fehlt noch die Verbindung für Samstag früh – morgens zwischen Acht und Neun – also nach Acht.“ Im Gegensatz zu Teil A wurde hier die Verbmobil-Synthese eingesetzt [KW95]. Die Reihenfolge der RG/NN-Varianten wurde über verschiedene Hörer variiert, um positionelle Vorzugsentscheidungen auszuschließen. Die Frage lautete: „Welches Textbeispiel bevorzugen Sie melodisch?“

4.2.5.2 Probanden

Es nahmen 31 männliche und 9 weibliche Probanden mit einem mittleren Alter von 36.1 Jahren an dem Hörtest teil. Diese können in folgende Gruppen eingeteilt werden:

- GI: 19 Hörer (15 männlich, 4 weiblich), Erfahrungen im Bereich Sprachkommunikation,
- GII: 13 Hörer (11 männlich, 2 weiblich) mit Akustikvorkenntnissen,
- GIII: 8 Hörer (5 männlich, 3 weiblich) ohne spezielle Vorkenntnisse.

Von den insgesamt 40 Hörern trafen 14 Hörer (davon 10 aus Gruppe GI) eine identische Zweitentscheidung bei den drei wiederholt präsentierten Satzpaaren. Diese Hörer mit Urteilsreproduzierbarkeit werden im Folgenden als RpIII-Hörer bezeichnet.

Nr.	Quelle	Äußerung	Bemerkung
1 2	Training	„Geht heute noch ein Zug nach Hannover?“	NN vs. RG Wiederholung
3		„Ich möchte heute Abend nach Köln fahren.“	NN vs. RG
4		„Ah ja, am Vormittag, so um 8 Uhr vielleicht.“	NN vs. RG
5 6	Test	„Ich muss über Hannover nach Hamburg fahren.“	NN vs. RG Wiederholung
7		„Wie kann ich von Ulm nach Düsseldorf kommen?“	NN vs. RG
8		„Kann man heute noch von Ulm nach Koblenz kommen?“	NN vs. RG
9 10	Validation	„Ich muss nach München.“	NN vs. RG Wiederholung
11		„Aber sicher.“	NN vs. RG
12 13		„Kann ich am Samstagabend nach 22 Uhr noch von Frankfurt nach München kommen?“	NN vs. RG OR vs. RG
14 15		„Gibt es eine Zugverbindung heute Abend nach Frankfurt und wenn ja, auf welchem Gleis fährt der Zug ab?“	NN vs. RG OR vs. NN

Tabelle 4.2. Satzpaare aus dem Hörtest, Teil A (sortiert).

4.2.5.3 Ergebnisse des ersten Hörexperiments

In Teil A entfielen von insgesamt 400 Ersturteilen (ohne wiederholte Präsentation der Satzpaare) 284 auf die NN-Intonation, das entspricht einer Quote von 71.0%. Diese Entscheidungen verteilen sich über die Hörergruppen und Satzpaare relativ gleichmäßig, wie in Abbildung 4.20 dargestellt. Die signifikante

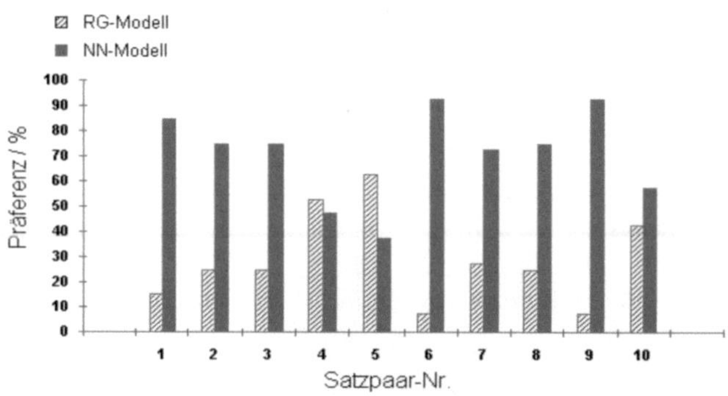

Abbildung 4.20. Hörtest - Teil A: präferierte Intonationsvariante (alle Hörer).

pro-neuronale Entscheidung überrascht insofern, als dass eine melodische Monotonie der RG-Intonation theoretisch vorrangig für Teil B (Textvergleich) zu erwarten war und einige GI-Expertenhörer verbal die RG-Intonation als korrekt empfanden, dagegen der NN-Intonation (bei Kenntnis einer neuronalen Generierung) Fehlakzentuierungen zuordneten. Ein weiterer verbaler Kritikpunkt von GI-Hörern war der schwache neuronale "Final Fall" bei deklarativen Sätzen. Auch diese Meinung wurde durch den Test nicht bestätigt. Die neuronalen Deklarativsätze schneiden mit einer Präferenz von 69.0 % nur unwesentlich schlechter als die neuronalen Interrogativsätze (73.0 %) ab. Wird die Urteilsreproduzierbarkeit berücksichtigt, verstärkt sich die Präferenz für die neuronale Variante. Die RpIII-Hörer favorisierten die NN-Varianten im Mittel mit 79.3 % über alle 140 Ersturteile. Abbildung 4.21 zeigt die Urteilsverteilung der RpIII-Hörer über die Satzpaare.

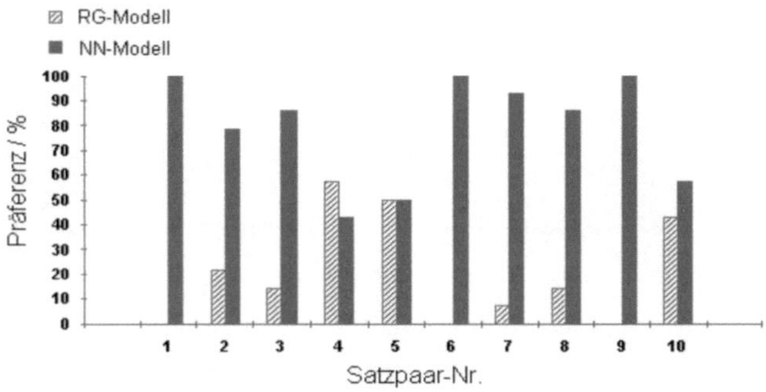

Abbildung 4.21. Hörtest - Teil A: präferierte Intonationsvariante (nur RpIII-Hörer).

Teil A sah primär den Vergleich der alternativen RG/NN-Intonationsmodelle für die Sprachsynthese vor, es fehlt ein ausführlicher Test gegen die stilisierten Original-f_0-Konturen (OR). Die beiden präsentierten Satzpaare dienen lediglich als Anhaltspunkt: In Satzpaar 13 (OR vs. RG) ergab für sich eine Präferenz von 92.9 % für die Originalkontur (identisches Ergebnis zu Satzpaar 12: NN vs. RG). Bei Satzpaar 15 (OR vs. NN) bevorzugten 57.5 % der Hörer die OR-Variante (ebenfalls identisch zu Satzpaar 14: NN vs. RG). Eine mögliche Interpretation dieser exemplarischen Testergebnisse: Die natürliche, stärker variierende Originalkontur wird bei der verwendeten TD-PSOLA-Sprachsynthese aufgrund von Signalartefakten nur bedingt besser als die neuronale Kontur eingeschätzt. Bei Verwendung resynthetisierter Äußerungen, abgeleitet von originalen Zeitsignalen ergibt sich eine signifikante Bevorzugung originaler f_0-Konturen, wie u. a. spätere Untersuchungen des Autors belegen [JMKK00].

Im Hörtest-Teil B entfielen 85.0 % aller Präferenzurteile auf die Textvariante mit neuronaler f_0-Kontur. Die RpIII-Hörer (aus Teil A) favorisierten die neuronale Variante mit 92.9 %. Unter Berücksichtigung der veränderten Sprachsynthese (u. a. anderer Sprecher) und der ebenfalls modifizierten RG-Intonationsvariante wird dies als Beleg für die Übertragbarkeit der Ergebnisse aus Teil A gewertet. Die den getesteten RG-Modellen innewohnende melodische Monotonie fällt bei Satzsequenzen anscheinend stärker auf. Die Signifikanz der Hörurteile steht in Kontrast zu der häufig in den Versuchsprotokollen verbalisierten Meinung, dass nur geringe Hörunterschiede vorhanden seien. Die Gesamturteile für die Teile A und B des Hörtests werden in der Abbildung 4.22 zusammengefasst. Das vorgestellte Perzeptionsexperiment stellte eine Momentaufnahme des Sprachsynthesesystems einschließlich der implementierten regelbasierten bzw. datengetriebenen Intonationsmodelle dar.

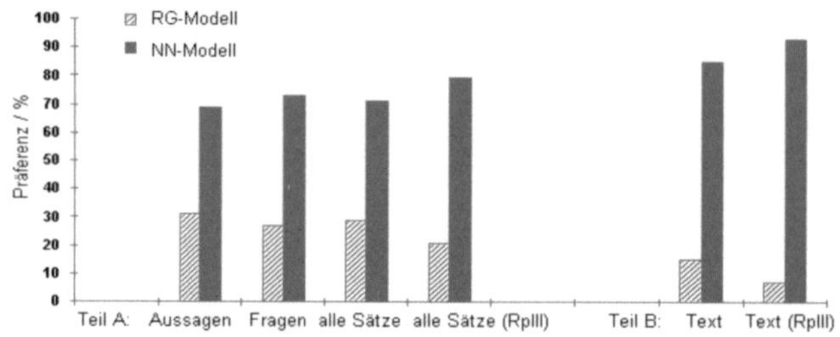

Abbildung 4.22. Hörtest - Teile A und B: präferierte Intonationsvariante.

4.2.5.4 Weitere Hörexperimente

Die Ergänzung und Weiterentwicklung der symbolischen TTS-Vorverarbeitung sowie eine verbesserte quantitative Intonationsmodellierung durch Integration der deutschen Adaptation des Fujisaki-Modells (MFGI [Mix98]) stärkte die Performanz der regelbasierten Komponente und führte zu veränderten Testbedingungen. RG* bezeichnet die optimierte Version des bereits getesteten, regelbasierten Linearmodells. Die neuronalen Varianten NN1 und NN2 basieren auf dem vorgestellten PitNet 2.0 und unterscheiden sich lediglich im Trainingsdatendesign und -umfang (386 vs. 54 Sätze eines Sprechers).

In [MM98a] bzw. [HHJ^{+}99] wurden die weiter entwickelten Intonationsmodelle auf Basis synthetisch erzeugter Äußerungen getestet. Bewertungskriterien waren u. a. die Perzeption intendierter Akzente sowie die Natürlichkeit der synthetischen Äußerungen. Vergleichbar dem zuvor beschriebenen Experiment wurden verschiedene Satzintonationstypen präsentiert. Das Textmaterial stammte aus dem Stuttgarter Nachrichtenkorpus [Rap98]. Insgesamt nahmen 53 Probanden an den Experimenten teil, unter ihnen 21 Hörer mit Vorkenntnissen in Phonetik oder Sprachsynthese.

In einem Teilexperiment wurden mittels DRESS synthetisierte Sätze beurteilt. Die Hörer bewerteten die Natürlichkeit im A/B-Paarvergleich. Die gemittelten Punktbewertungen führen zu einer Skala mit dem Maximalwert 4. Die Abbildung 4.23 stellt die resultierenden Natürlichkeitsbewertungen der Intonationsmodelle MFGI, RG* und NN1 dar. Die neuronale Modellvariante NN1 wurde schlechter als beide regelbasierte Modelle bewertet.

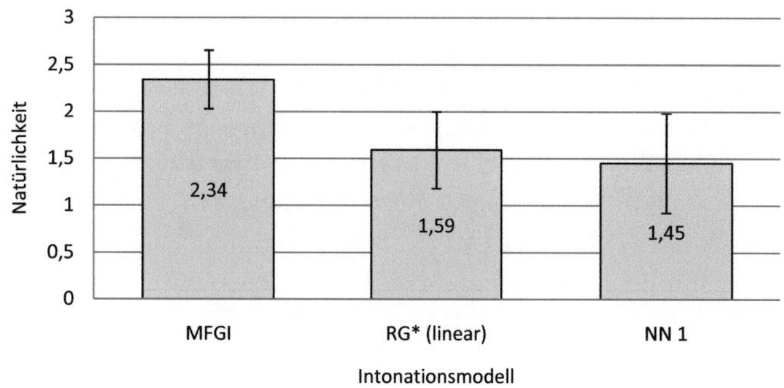

Abbildung 4.23. Natürlichkeitsbewertung der Intonationsmodelle auf Basis von DRESS-Bsp. – gemittelte Punktbewertungen der Paarvergleiche, Wertebereich [0,4].

Neben der Natürlichkeit der Sprachsynthesebeispiele wurden Aspekte der Funktionalität untersucht. Dazu markierten die Hörer alle Positionen wahrgenommener Akzente, die mit den intendierten Akzenten – markiert durch Experten – verglichen wurden. Die Abbildung 4.24 zeigt die durchschnittliche, korrekte Akzent-Perzeption für die MFGI-Beispiele, die RG-Intonation sowie beide Netzvarianten NN1 und NN2. Bei der Generierung korrekter Akzente

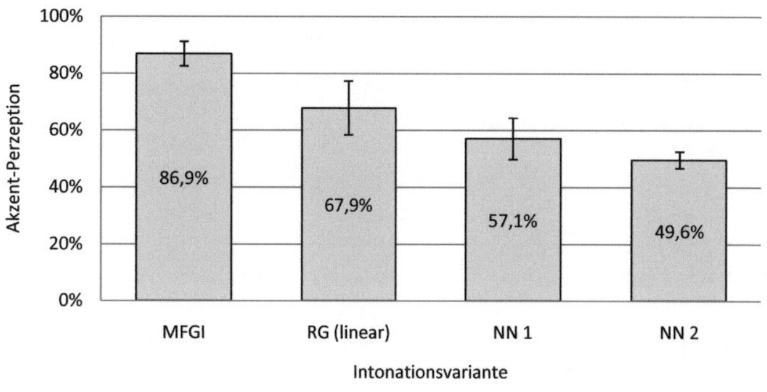

Abbildung 4.24. Perzeption intendierter Akzente.

schneiden beide neuronale Varianten signifikant schlechter als die regelbasierten Verfahren ab. Ungeachtet der Defizite bei der Akzentperzeption lag die Satzverständlichkeit bei allen getesteten Methoden zwischen 92 % und 100 %.

In einem weiteren Teilexperiment wurden Synthesebeispiele auf Basis des MFGI-Modells sowie eines leicht verbesserten NN*-Modells[2] im Kontext natürlicher Sprache sowie anderer Sprachsynthesesysteme dargeboten. Die Bewertung erfolgte nach einer Ranking-Methode auf einer Skala mit dem Maximalwert 10. Die Abbildung 4.25 veranschaulicht die Bewertungen für natürliche Sprache, für MFGI-Beispiele unter Verwendung natürlicher Lautdauern, für MFGI-Beispiele mit regelbasierter Lautdauermodellierung, für NN*-Beispiele sowie für die drei TTS-Vergleichssysteme A, B und C. Im System-Ranking wurde die verbesserte neuronale Variante NN* mit 4.70 schlechter als das regelbasierte MFGI-Modell (5.35) bewertet, wobei die Unterschiede im Kontext zur Bewertung natürlicher Sprache (10.0) gering ausfallen, und der Vergleich zu anderen Sprachsynthesen eine durchschnittliche Performanz zeigt. Die signifikant höhere Bewertung einer MFGI-Variante bei Verwendung originaler Lautdauern (6.57) zeigt, dass die Natürlichkeitsbewertung nur teilweise von der Güte der f_0-Generierung abhängt. Die neuronale Lautdauersteuerung wurde in den dargestellten Experimenten nicht untersucht.

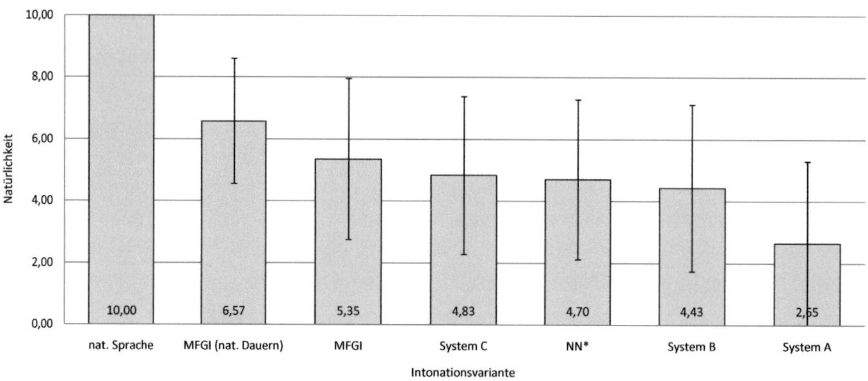

Abbildung 4.25. Natürlichkeitsbewertung der Intonationsvarianten im Vergleich zu natürlicher Sprache bzw. anderen TTS-Systemen.

4.2.6 Optimierungansätze bei der silbenbasierten f_0-Modellierung

Auf Basis der perzeptiven Evaluation sowie unter Berücksichtigung von Erkenntnissen aus der regelbasierten Modellierung wurde das silbenbasierte f_0-Modell mittels einer „ökonomischen Kontur-Repräsentation" optimiert (PitNet 3.0). Das entsprechende Konzept wird in Anlehnung an [MKJH00] im

[2] Die Optimierung erfolgte u. a. durch eine veränderte Trainingsdatenzusammenstellung mit konsistenten Satzbeispielen und reduziertem Umfang (vgl. PitNet 3.0 in Tabelle 4.3)

Folgenden kurz dargestellt. Es unterstellt, dass die ökonomische und korrekte Repräsentation der f_0-Konturen eine fundamentale Rolle bei der automatischen Generierung von Intonationsverläufen besitzt. Den f_0-Verlauf aus der Superposition markierter Akzente sowie deren lokaler Ausprägung – gewichtet mit einer Funktion der Phrasenstruktur (als globales Merkmal) – zu bilden, ist bei vielen Modellen einheitlich. Ausgehend von der Güte der Ergebniskonturen, lassen sich allerdings verschiedene Gruppen von Intonationsmodellen klassifizieren:

1. Modellierung humaner Intonation ähnelnder f_0-Konturen (z. B. nichtlineares, regelbasiertes Modelle von Fujisaki [FH84]: Die funktionale Abbildung ist artikulatorisch motiviert. Eine nachträgliche f_0-Glättung ist unnötig.)
2. Modellierung von f_0-Konturen, die perzeptiv identisch zu human produzierten Originalverläufen sind (z. B. „Kopiekontur" nach Adriaens [Adr91]). Keine nachträgliche f_0-Glättung.
3. Modellierung beinhaltet streuende f_0-Werte sowie artikulatorisch unmotivierte Ausreißer (typisch für statistische oder datengetriebene Modelle, z. B. PitNet 2.0 [JP98], mit unzureichenden Trainingsdaten). Die f_0-Kontur muss nachträglich geglättet werden.
4. Modell gewährleistet geglättete f_0-Ergebniskonturen, da bereits die zugrunde liegenden f_0-Trainingsdaten entsprechende Eigenschaften besitzen.

Ansätze gemäß Punkt 3 erzielen eine variable Intonation, bedingen aber eine aufwendigere Netztopologie (z. B. für die Stimmhaft-stimmlos-Behandlung) sowie umfangreiche Trainingsdatenbasen (Größenordnung mehrere hundert bis tausend Phrasen). Eine nachträgliche Glättung zerstört eventuell beabsichtigte, mikroprosodische Effekte. Der Ansatz gemäß Punkt 4 stellt eine Brücke zwischen regelbasierten Ansätzen (vgl. Punkte 1 und 2) und datengetriebenen Ansätzen dar. Avisierte Eigenschaften der f_0-Kontur und Regelwissen werden bereits in intelligent zusammenstellten Trainingsdaten modelliert. Der Approximationsaufwand des datengetriebenen Modells (z. B. neuronales Netzwerk) reduziert sich. Tabelle 4.3 vergleicht das gemäß Punkt 4 modifizierte PitNet-Modell mit der Vorgängerversion (vgl. Punkt 3).

Das verwendete PitNet-Modell wird in den Abschnitten 2.3.4 (vgl. Elman-Netz) und 4.2.3 (Version 2.0) erläutert.

4.2.7 Schlussfolgerungen aus den NeuRosy-Experimenten

Die Frage nach der Performanz der beschriebenen neuronalen Verfahren zur Prosodiegenerierung, insbesondere im Vergleich zu regelbasierten Methoden, kann an dieser Stelle nicht entschieden werden.

Die bisher präsentierten NN-Modelle waren gegenüber der jeweils besten regelbasierten Lösung unterlegen. Die experimentellen Ergebnisse hängen von verschiedenen Einflussfaktoren ab:

Attribut	**PitNet 2.0**	**PitNet 3.0**
Netztyp	Elman (rekurrentes Netzwerk)	Elman (rekurrentes Netzwerk)
f_0-Ausgabe-Neuronen	1 bis 3 pro Silbe	6 pro Silbe
Abtastintervall	$\approx$ 30-300 ms (Mittelwert 70 ms)	$\approx$ 15-50 ms (Mittelwert 30 ms)
Trainingsmenge	$\approx$ 300-400 Sätze	$\geq$ 200 Sätze
Bewertung	schlechte Modellierung großer f_0-Anstiege	Trainingsdaten konsistent; Trainingsumfang reduziert
	starke zeitliche Verzerrung der f_0-Kontur	zeitliche Verzerrung der f_0-Kontur reduziert
	keine mikroprosodische Modellierung	mikroprosodische Effekte berücksichtigt

Tabelle 4.3. Einfluss der Kontur-Repräsentation auf die PitNet-Performanz (nach [MKJH00]).

1. Einsatzdomäne,
2. Implementierungsqualität der regelbasierten und neuronalen Verfahren,
3. Merkmalsumfang der symbolischen TTS-Vorverarbeitung,
4. Trainingskonzept und -datenumfang,
5. Konsistenz von symbolischer TTS-Vorverarbeitung und Trainingsvektoren usw.

Wird beispielsweise die symbolische Vorverarbeitung erweitert, um einer regelbasierten Methode Zusatzinformation zuzuführen, muss die komplette Trainingsdatenbasis der neuronalen Methode entsprechend ergänzt und ein Neutraining durchgeführt werden, denn im Normalfall lässt sich die zusätzliche Information nicht aus der bereits bekannten Eingangsinformation ableiten. Unterstellt man ein sinnvolles Modell- und Testdesign, ergibt sich die Arbeitsthese, dass regelbasierte und datengetriebene Modelle bei gleichen Eingangsdaten eine ähnliche Approximationsgüte erreichen.

Gesichertes Expertenwissen, wie die Modellierung eines Silbenakzents, kann in Regeln abstrahiert und ggf. mit einer statistischen Verteilung kombiniert werden. Eine neuronale Methode benötigt ebenfalls explizite Wissensquellen (z. B. eine Akzentmarkierung). Werden Modell-Adaptationen (z. B. unterschiedlicher Sprechertyp) benötigt oder sind bestimmte Merkmalsrelationen a-priori unbekannt, kann ein datengetriebenes Verfahren eingesetzt werden. Im Sinne eines effizienten und qualitiv hochwertigen Gesamtsystems sind Kombinationen regelbasierter oder datengetriebener Teilsysteme bis hin zu hybriden Systemen denkbar, welche die Vor- und Nachteile der jeweiligen Verfahren berücksichtigen. In der Konsequenz besitzt die Gesamtperformanz Priorität gegenüber der Leistung einzelner Teilsysteme.

In einem in der Regel sequentiell aufgebauten TTS-System (z. B. Dresdner Sprachsynthesesystem DRESS) können die einzelnen Verarbeitungsebenen gut separiert und Kombinationen regelbasierter und datengetriebener Methoden getestet werden. Je nach Einsatzdomäne können daraus verschiedene Systemvarianten abgeleitet werden (Baukastenprinzip).

4.3 Hybride datengetriebene und regelbasierte Modellierung

4.3.1 Hybride datengetriebene und regelbasierte Architektur (HYDRA)

Die Prosodiegenerierung in Sprachsynthesesystemen muss sowohl die korrekte Funktion, z. B. Akzentuierung, als auch die natürliche Variabilität von Sprache, z. B. verschiedene Sprecher oder Sprechstile, abbilden. Diese Aspekte sind bezüglich Verständlichkeit und wahrgenommener Natürlichkeit nicht trennbar. Bezüglich der f_0-Kontur und der segmentellen Dauern kann eine prosodische Struktur mittels etablierter regelbasiert-quantitativer Modelle parametrisiert werden. Datengetriebene Modelle ermöglichen eine einfache Anpassung prosodischer Parameter durch Training und damit variablere Konturen. Allerdings neigt die Ausgabe streng datengetriebener Modelle aufgrund mangelhafter Trainingsdaten zu einzelnen Streuwerten („Ausreißern“) in der Zielkontur sowie zu weiteren Unregelmäßigkeiten. Da quantitative Prosodiemodelle im Regelfall auf umfangreichen Beobachtungen und langjährigen Optimierungen basieren, schneiden sie im direkten Vergleich oft besser als streng datengetriebene Modelle ab. In [HHJ+99] bevorzugen die Hörer Intonationskonturen des Fujisaki-Modells gegenüber den neuronalen Vergleichsvarianten.

Die Schlussfolgerungen aus den NeuRosy-Experimenten (vgl. Abschnitt 4.2.7) führen zu einem hybriden neuronal-regelbasierten Ansatz, der die Vorteile etablierter quantitativer Modelle mit einem flexiblen Training von abgeleiteten Modellparametern kombiniert. Die Abbildung 4.26 veranschaulicht die entworfene *hybride datengetriebene und regelbasierte Architektur (HYDRA)* zur Prosodiegenerierung in einem TTS-System.

HYDRA beinhaltet als Kernkomponenten ein regelbasiert-quantitatives Prosodiemodell, einen automatischen Extraktor für die Modellparameter der Referenzsprache (als „teaching input“), einen datengetriebenen Algorithmus zum Training des Parameter-Prädiktors zur Modellansteuerung sowie ein Interface zu den verfügbaren Datenbasen in der Trainingsphase bzw. zum TTS-Textprozessor in der Kannphase. Während der Trainingsphase wird ein linguistisch-phonetischer Merkmalsvektor am Eingang des datengetriebenen Moduls angelegt und am Ausgang ein Parametervektor – basierend auf Referenzbeispielen – für den Eingang des regelbasierten Modells geschätzt. Dieser Vorgang entspricht einem sogenannten „überwachten Lernen“ (engl. supervised learning). Der Parametervektor enthält z. B. Synchronisationszeitpunkte, Mittelwerte, den Dynamikbereich oder ähnliche Signalparameter.

Im Gegensatz zu einer konventionell datengetriebenen Prosodiegenerierung, die hauptsächlich auf die Lernprozedur – ggf. unter Berücksichtigung

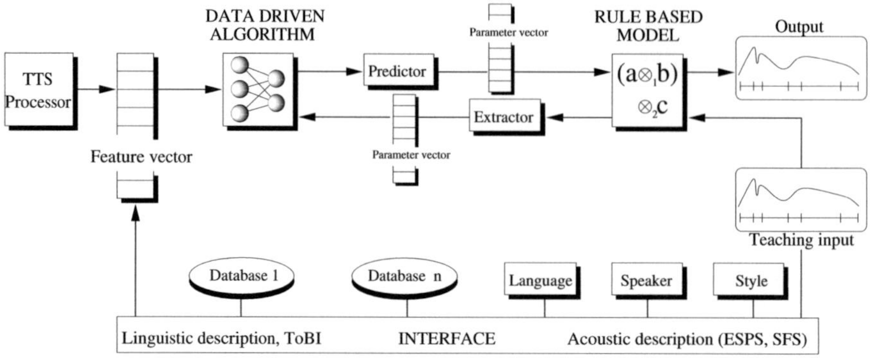

Abbildung 4.26. Hybride datengetriebene und regelbasierte Architektur (HYDRA) zur Prosodiegenerierung in einem TTS-System (aus [JMKK00]).

eines rudimentären Ausgabemodells – zielt, stellt HYDRA das Ausgabemodell in den Mittelpunkt und erweitert dieses um eine Lernprozedur. Der Ansatz unterstreicht die Bedeutung eines ausgewogenen, regelbasierten Modells und beschränkt die Variabilität möglicher Ausgaben der datengetriebenen Modellkomponente. Das datengetriebene Modell agiert als Ansteuermodul und ermöglicht außerdem die automatische Justierung von Mittelwerten, Amplituden, etc. für neue Sprachressourcen, andere Sprecher oder variierende Sprechstile. Der automatische Modellparameter-Extraktor kann ebenfalls einer Lernprozedur unterliegen. In den folgenden Abschnitten werden HYDRA-basierte Modelle für die silbenbasierte f_0-Generierung und Rhythmussteuerung beschrieben.

4.3.2 Neuronaler Prädiktor für Parameter eines quantitativen f_0-Modells

Auf Basis der in Abschnitt 4.3.1 beschriebenen hybriden Architektur wird ein neuronaler Prädiktor für die Parameter des Mixdorff-Fujisaki-Modells der deutschen Intonation (MFGI [Mix98]) auf Basis eines Fully-connected Feedforward Neural Network (FFNN) [JMKK00, JK00] vorgeschlagen, wobei die Implementation mehrere Phasen beinhaltet:

- automatische Extraktion exemplarischer MFGI-Modellparameter (inverse Fujisaki-Modellierung),
- Training und Prädiktion der Modellparameter mittels FFNN,
- Test der neuronal approximierten Modellparameter in einer TTS-Kannphase,
- Evaluation der resultierenden f_0-Konturen des kombinierten FFNN-MFGI-Modells.

4.3.2.1 Extraktion der Fujisaki-Modellparameter

Für die automatische Extraktion der Fujisaki-Modellparameter aus einer f_0-Kontur (als inverse Fujisaki-Modellierung) wurden verschiedene Extraktionsverfahren beschrieben (u. a. in [Mix00]). Eine unmittelbare Berechnung der Fujisaki-Modellparameter aus der beobachteten f_0-Kontur ist aufgrund der Mehrdeutigkeit des Modells nicht möglich. Die Ausgabefunktion basiert auf einer Superposition der Impulsantworten von linearen Systemen 2. Ordnung [FOT96]. Deshalb wird bei der Berechnung der Modellparameter eine Analyse-durch-Synthese-Methode angewendet, die den Fehler zwischen gemessener und modellgenerierter f_0-Kontur in einer schrittweisen Näherung minimiert. Nach der Bestimmung einer ersten Näherung der Modellparameter erfolgt eine rekursive Optimierung. In [FOT96] wird die Parameterausgabe einer TTS-Intonationssteuerung als erste Näherung vorgeschlagen. Sofern ToBI-Markierungen existieren, kann die erste Approximation aus dieser Annotation extrahiert werden [MF97]. Im FFNN-MFGI-Beispiel werden die tiefen und höheren Frequenzkomponenten der Phrasen- bzw. Akzentkommandos mittels Filterung separiert [Mix00]. Die Basisfrequenz f_b wird mit dem Minimum der tieffrequenten Komponente initialisiert. Mittels lokaler Extremwertsuche werden die Modellparameter T_0, A_p, T_1, T_2 und A_a initialisiert. Der rekursive Optimierungsschritt basiert üblicherweise auf einem Hill Climb Search [Mix00, Möb93]. Ein Verfahren zur Extraktion und Optimierung der Fujisaki-Parameter mittels einer Evolutionsstrategie wird in [JK00] sowie detailliert in [Kru07] beschrieben.

4.3.2.2 Training und Prädiktion der Fujisaki-Modellparameter

Die Abbildung 4.27 veranschaulicht die neuronale Prädiktion der MFGI-Parameter. Die extrahierten Modellparameter dienen als Eingabe für zwei Fully-connected Feedforward Neural Networks (FFNNs). Das erste FFNN schätzt das Akzentkommando (T_1, T_2, A_a) der Silbe. Ein zweites FFNN realisiert ein mögliches Phrasenkommando (T_0, A_p) auf der gleichen Silbe. Bei jeweils aktiven Akzent- oder Phrasenstart-Kommandos wird ein Vektor aus 14 Merkmalskomponenten, die den linguistischen Silbenkontext abbilden, an die FFNN-Eingangsschicht angelegt. Die silbenbasierte Sequenz der Ausgabevektoren (T_1, T_2, A_a) bzw. (T_0, A_p) stellt die Eingabe für das MFGI-Modell dar. Ist das Akzent- oder Phrasenkommando nicht aktiv, wird der MFGI-Eingang mit Nullvektoren belegt. Die Einstellparameter α, β und f_b werden in dieser Modellierung als konstant angenommen und über einen separaten Eingang eingestellt.

Die Trainings- und Testdaten stammen aus einem deutschen Sprachkorpus des Instituts für Maschinelle Sprachverarbeitung (IMS) der Universität Stuttgart [Rap98]. Der verwendete Teil der Datenbank umfasst 72 deutsche Nachrichtentexte eines männlichen Sprechers. Die Aufnahmezeit beträgt 48 min., wobei 13 151 etikettierte Silben vorliegen. Das Korpus enthält Laut-,

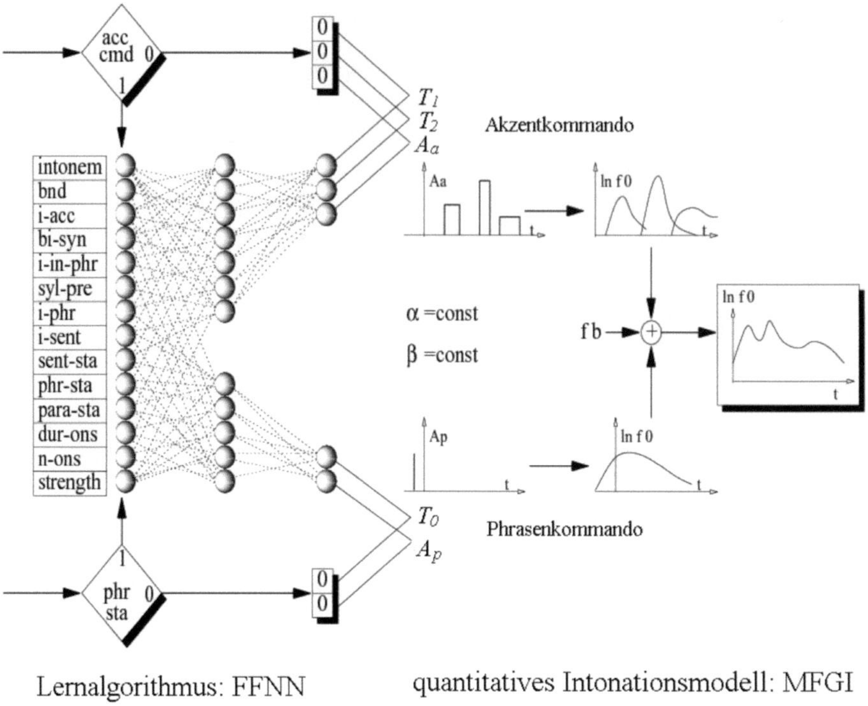

Abbildung 4.27. FFNN-MFGI-Prädiktor: Neuronale Prädiktion der Parameter des regelbasierten f_0-Modells (aus [JMKK00]).

Silben- und Wortmarkierungen sowie ToBI-Etiketten gemäß dem Stuttgarter Annotationssystem [May95]. Die Daten wurden teilweise automatisch etikettiert, aber manuell an kritischen Stellen korrigiert. Das Korpus wird in drei Teile zerlegt:

1. Trainingsdaten (5 000 Silben),
2. Testdaten (5 000 Silben),
3. Validationsdaten (3 152 Silben).

Die für das eigentliche Training und Testen verfügbaren, silbenbasierten Merkmalsvektoren bilden allerdings Sub-Datensätze, da nur ein kleiner Teil der Silben akzentuiert ist bzw. an Phrasengrenzen liegt (z. B. Trainingsdaten: 1 165 Akzent- und 522 Phrasenkommados). Die Merkmalsvektoren werden mit Error-Backpropagation trainiert, wobei der Root Mean Square Error (RMSE) zwischen der Lernvorgabe des MFGI-Extraktors (T_1, T_2, A_a bzw. T_0, A_p) und dem realisierten Ausgabemuster des FFNN-Prädiktors minimiert wird. Das Training erfolgt auf den beschriebenen Trainingsdaten und ein stagnierender RMSE-Trend auf den gleichzeitig beobachteten Testdaten dient als Abbruchkriterium, um eine Über-Adaptation zu vermeiden. Die Validationsdaten ermöglichen eine unabhängige Bewertung der Prädiktionsgüte.

4.3.2.3 Test und Evaluation

Der beschriebene FFNN-MFGI-Prädiktor wird zunächst nur auf dem beschrieben Korpus getestet, um etwaige Einflussfaktoren aus einer ggf. unvollständigen oder fehlerhaften TTS-Vorverarbeitung auszuschließen. Die Abbildung 4.28 stellt automatisch extrahierte MFGI-Parameter (potentielle Lernvorgabe) und deren neuronal approximierte Variante des trainierten Netzes für ein Beispiel aus den Testdaten („Darin sind unter anderem kürzere Arbeitszeiten, flexiblere Tarifverträge und längere Maschinenlaufzeiten vorgesehen.“) gegenüber. Das Netz scheint in der Lage zu sein, grundlegende Abbildungen aus dem linguistisch-prosodischen Teil des MFGI-Models zu lernen. Es entstehen jedoch teils größere Differenzen zu den extrahierten MFGI-Referenzparametern (Variante „parameterized“), wie die falsche Startzeit bzw. Amplitude des 2. Phrasenkommandos belegen. Auffällig ist die geringe Varianz der approximierten Akzentamplituden. Dies wird als Indiz für eine diesen Parameter betreffende Mittlungstendenz des Netzes gewertet, wobei potentiell verschiedene Gründe oder deren Kombination infrage kommen:

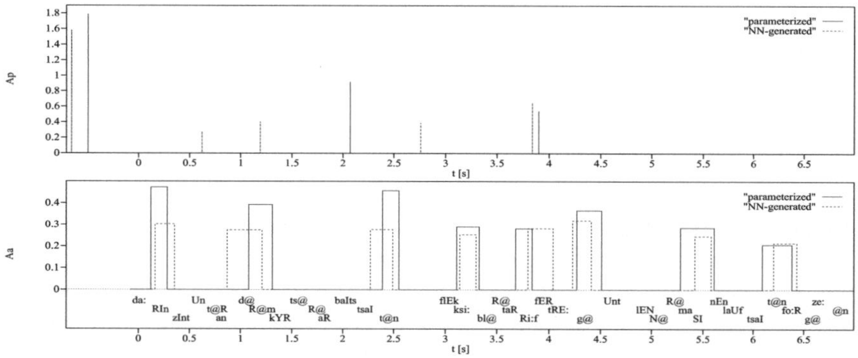

Abbildung 4.28. Extrahierte vs. NN-approximierte MFGI-Modellparameter: Phrasenkommando (oben) und Akzentkommando (unten). Satzbeispiel: „Darin sind unter anderem kürzere Arbeitszeiten, flexiblere Tarifverträge und längere Maschinenlaufzeiten vorgesehen.“ (aus [JMKK00]).

- Eingangsbeschreibung korreliert nicht ausreichend mit diesem Ausgabeparameter.
- Trainingsvektoren sind widersprüchlich (z. B. Etikettierungsfehler).
- Extraktor liefert inkonsistente Lernvorgaben.
- Trainingsdatenmenge zu gering; Fehlerminimierung bevorzugt andere Parameter.

Aufgrund der intra- und interindividuellen Varianz von Sprachäußerungen sowie der Toleranz durch die bereits diskutierte Mehrdeutigkeit des inversen

Fujisaki-Modells (vgl. Abschnitt 4.3.2.1) kann ein modifiziertes Parameter-Set dennoch akzeptable oder zumindest perzeptiv ähnliche f_0-Konturen erzeugen. Die Abbildung 4.29 zeigt eine typische Konstellation für den bereits bekannten Satz aus den Testdaten. Die neuronal approximierte f_0-Konturvariante

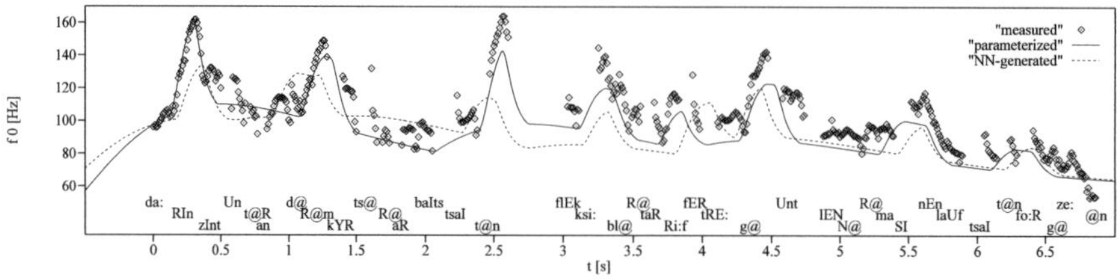

Abbildung 4.29. Vergleich der f_0-Konturen: gemessen (Original), extrahiert (MFGI-parametrisiert) und NN-generiert. Satzbeispiel: „Darin sind unter anderem kürzere Arbeitszeiten, flexiblere Tarifverträge und längere Maschinenlaufzeiten vorgesehen." (aus [JMKK00]).

stimmt mit dem Original bzw. mit der mittels MFGI rekonstruierten Kontur (Variante „parameterized") global gut überein. Die Begriffe Rekonstruktion und Parametrisierung beziehen sich auf die Tatsache, dass die entsprechende Variante aus der Kombination von MFGI-Parameterextraktion (inverse Modellierung) und Kontur-Resynthese mittels MFGI entsteht. Lokale Differenzen enstehen bei stärkeren Pitch-Akzenten. Die Testergebnisse auf den verschiedenen Datensätzen (Training, Test und Validation) sind ähnlich.

Ungeachtet der perzeptiven Güte einer Fujisaki-Modellierung führt auch das extrahierte MFGI-Parameter-Set (als Lernvorgabe für das neuronale Netz) zu sichtbaren f_0-Konturabweichungen zu dem f_0-Originalverlauf, so dass die Abweichungen der neuronalen Approximation relativiert werden. Die Tabelle 4.4 stellt die mittleren Abweichungen der MFGI-parametrisierten f_0-Kontur und der neuronalen Approximation (FFNN-MFGI) zum Originalverlauf sowie untereinander dar.

f_0-Signalquelle	**Training** (RMSE/Hz)	**Test** (RMSE/Hz)	**Validation** (RMSE/Hz)
MFGI vs. Original	16.7	14.2	12.8
FFNN-MFGI vs. Original	20.3	17.8	18.6
FFNN-MFGI vs. MFGI	21.3	19.2	20.7

Tabelle 4.4. f_0-Konturabweichungen (RMSE gemittelt) nach [JMKK00].

Offensichtlich besitzt die lediglich parametrisierte f_0-Variante als Trainingsreferenz eine geringere Originalabweichung als die neuronal approximierte (und dennoch parametrisierte) Variante – für Testdaten beispielsweise:

14.2 Hz versus 17.8 Hz. Interessant ist jedoch die Tatsache, dass die neuronal approximierten f_0-Konturen für alle Datensätze eine geringere, mittlere Abweichung gegenüber dem Original aufweisen, als zu den MFGI-rekonstruierten Varianten, welche die Lernvorgabe für das Netz charakterisieren (für das Beispiel Testdaten: 17.8 Hz versus 19.2 Hz). Die Interpretation dieser Tatsache ist nicht trivial. Hier wird der Nachteil einer neuronalen Modellierung sichtbar, die bereits diskutierte schlechte Introspektion von Netzentscheidungen. Vermutlich detektiert das Netz Inkonsistenz bzw. Widersprüche in der Extraktionsmethode oder in der etikettierten Datenbank und generalisiert in solchen Fällen. Insgesamt ist zu beachten, dass der in der Datenbasis vorherrschende akzentuierte Sprechstil einen gewissen Dynamikumfang (vgl. Satzbeispiel in Abbildung 4.29: ca. ± 50 %) besitzt, so dass RMS-Fehler in der Größenordnung von (methodenabhängig) 12... 21 Hz als normal eingestuft werden.

Abschließend erfolgt die perzeptive Evaluation von Satzbeispielen einer Testdatenstichprobe (siehe auch [JK00]). In einer allgemeinen Qualitätsbewertung nach Kategorien (ACR – Absolute Category Rating) von 1 („schlecht") bis 5 („ausgezeichnet") beurteilten 27 Hörer 36 Äußerungen aus dem Stuttgarter Korpus. Dabei wurden die bereits beschriebenen MFGI- bzw. FFNN-MFGI-Varianten sowie Originaläußerungen präsentiert. Die Ergebnisse des Mean Opinion Score (MOS) sowie die Standardabweichungen werden in Abbildung 4.30 dargestellt. Die Originaläußerungen erreichen den erwarteten MOS

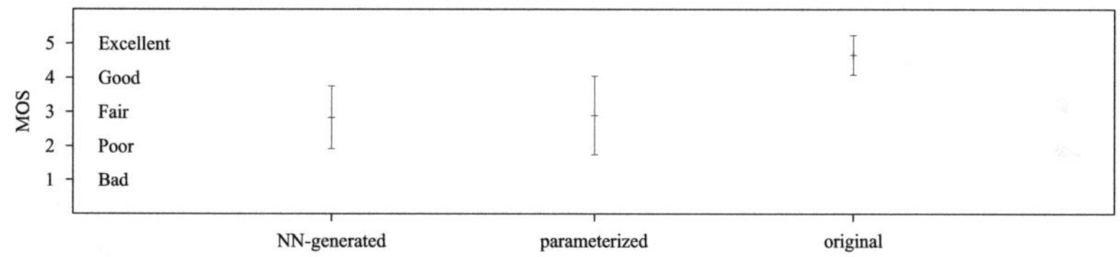

Abbildung 4.30. Perzeptive Evaluation der Satzbeispiele: Original, f_0 extrahiert (MFGI-parametrisiert, resynthetisiert) und f_0 NN-generiert (resynthetisiert) aus [JK00].

von ca. 4.7, und die beiden parametrisierten Varianten liegen bei MOS-Werten knapp unter 3, ohne signifikanten Unterschied. Der große Abstand zum Original kann teilweise dem Einfluss von Signalartefakten bei der Resynthese-Manipulation (TD-PSOLA-Verfahren) zugeschrieben werden.[3]

[3] Bei der Bewertung von TTS-Synthese erreichen gute korpusbasierte Verfahren MOS-Werte zwischen 3 und 4 [GJH08, KKCM08]. Konventionelle PSOLA-Diphonsynthesen liegen bei MOS $\approx$ 2.

4.3.3 Mehrebenen-Rhythmussteuerung für die Sprachsynthese

Das Kapitel zur datengetriebenen Prosodiegenerierung zielt hauptsächlich auf die Intonationssteuerung von TTS-Systemen. Dies entspricht einerseits dem Fokus der Forschung es Autors und trägt der Tatsache Rechnung, dass bezüglich der Definition und des Approximationsziels bei einer f_0-Kontur – multilingual – große Übereinstimmung besteht.

Diese Situation stellt sich im Bereich der Sprechgeschwindigkeits- bzw. Dauersteuerung deutlich anders dar. Bereits im Kapitel 3 wurden konventionelle laut- und silbenbezogene Verfahren vorgestellt. Sofern ein Konsens beim Modellierungsziel besteht, können die Prinzipien der Intonations- auf die Dauermodellierung weitgehend übertragen werden, wie bereits im Abschnitt 4.2.3 für die Beispiele PitNet und DurNet vorgeschlagen.

4.3.3.1 Modellkonzept

Um die prinzipielle Eignung neuronaler Verfahren auf Basis der hybriden Architektur HYDRA in der Dauersteuerung nachzuweisen, wird der Mehrebenen-Ansatz aus [JHEH98c, JHEH98a, HJEK98] in diesem Abschnitt vorgestellt. Dieses Verfahren wurde als internationales Patent registriert [JHEH98b] und ist Bestandteil des DRESS-Systems.

Zum fehlenden Konsens bei der Definition der Sprechgeschwindigkeit äußert sich Hartmut Pfitzinger in zahlreichen Beiträgen und schlägt u. a. in [Pfi98] einen kombinierten laut- und silbenbezogenen Ansatz vor. In [Pfi01] ab Seite 123 illustriert er das Problem wie folgt:

> „In der bisherigen Forschung gehen die Ansichten darüber auseinander, was unter dem Begriff der Sprechgeschwindigkeit zu verstehen sei. Die Geschwindigkeit eines Kraftfahrzeugs besagt, wieviele Kilometer pro Stunde zurückgelegt werden. Welche Ereignisse pro Zeiteinheit werden aber bei der Sprechgeschwindigkeit gemessen? Zweifellos werden hohe Sprechgeschwindigkeiten vorwiegend von überdurchschnittlichen Wort-, Silben- und Phonraten begleitet und niedrige Sprechgeschwindigkeiten eher von unterdurchschnittlichen Raten. Diese oft beobachtete Kovariation führte in der phonetischen Forschung zu der weit verbreiteten Praxis, Sprechgeschwindigkeit durch eine beliebige dieser drei Raten zu kennzeichnen.“

Für die deutsche Sprache führt Pfitzinger im Folgenden aus:

> „Im Deutschen korrelieren Silben- und Phonrate aber nur mäßig, wenn sie *lokal*, d. h. über vergleichsweise kurze Äußerungsausschitte von etwa 500 ms bis 800 ms Dauer ermittelt werden ($\rho \approx 0.6$ bei 625 ms Dauer). Sogar bei drei Sekunden langen Ausschnitten, die wohl nicht mehr lokal genannt werden können, bleibt der Korrelationskoeffizient unter 0.74.“

Die Vorbemerkungen des Autors sowie die Ausführungen von Pfitzinger und anderen Kollegen führen zu der Grundidee, das Sprechgeschwindigkeitsproblem in Teilebenen der Sprache (Phrasen, Wörter, Silben und Laute) zu zerlegen und das zu entwickelnde Verfahren in Anlehnung an die Partitur von Musikkompositionen mit dem Begriff „Rhythmussteuerung" zu bezeichnen – ohne den Begriff Sprechrhythmus an dieser Stelle definieren zu wollen. Dies würde unweigerlich zu einer weiteren Konsensdebatte führen, da eine Rhythmik u. a. eine Sprechpausensetzung beinhaltet.

Die Abbildung 4.31 stellt das sequentielle Mehrebenen-Modell zur Rhythmussteuerung in der Sprachsynthese dar. Eingangsschnittstelle ist die Textanalyse (TTS-Vorverarbeitung). Nach Durchlaufen der untersten Modellierungsebene (Lautdauer) wird eine entsprechende Steuersequenz mit Zieldauern an die Bausteinauswahl der Synthese (akustischer Modul) ausgegeben. Das Konzept gestattet den Einsatz alternativer regelbasierter, statistischer

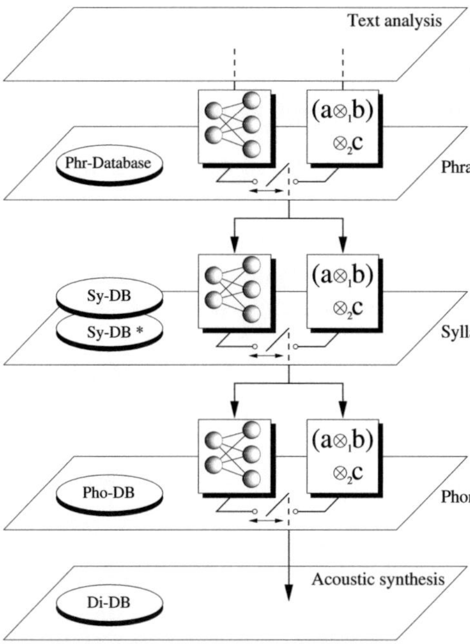

Abbildung 4.31. Mehrebenen-Modell zur Rhythmussteuerung in der Sprachsynthese (aus [JHEH98c]).

oder streng datengetriebener Verfahren auf den jeweiligen Ebenen Phrase[4], Silbe oder Laut. Dies ermöglicht den umschaltbaren bzw. gleichzeitigen Einsatz von datengetriebenen Modellen (z. B. DurNet, siehe Abschnitt 4.2.3)

[4] Sowohl Sätze, Wortgruppen als auch Einzelwörter werden in diesem Konzept als Phrase betrachtet.

sowie von regelbasierten oder statistischen Modellen (z. B. Elastizitätsmodell nach Campbell [CI91] – vgl. auch Abschnitt 3.7.2.2) in einem System. In diesem Beispiel würde das DurNet-Modell Silbendauern approximieren, die dann mit dem Elastizitätsmodell auf die Lautebene verteilt werden. Datengetriebene Verfahren werden in Abbildung 4.31 mit einem Netzwerk-Icon und regelbasierte Methoden mit einer Symbol-Relation angedeutet. Es sind beliebige Signalwege möglich.

Die jeweils höhere Hierarchieebene modelliert einen Zeitrahmen, der die nachfolgenden Stufen beeinflusst (Top-Down-Strategie). Sofern separat etikettierte Trainingsdaten für jede Ebene vorliegen, kann das Mehrebenen-Modell global wie lokal flexibel an neue Einsatzdomänen, Sprecher oder Stile angepasst werden. Gleichzeitig wird die Beschränkung etablierter Verfahren (z. B. Lautdauermodelle nach Klatt [Kla79] und Kohler [Koh88]) aufgehoben, die eine inhärente Basisdauer entsprechend linguistisch-phonetischer Einflussfaktoren zwar weitgehend korrekt modifizieren, aber für eine Modifikation der globalen Sprechrate oder prominente lokale Akzentuierung ungeeignet sind und im Ergebnis zu Monotonieeffekten neigen.

4.3.3.2 Modell-Konfiguration und Experimente

Die Mehrebenen-Modellierung geht von folgenden Annahmen und Vereinfachungen aus:

- Globale und lokale Einflussfaktoren sind wenig korreliert und können auf den verschiedenen Ebenen separat modelliert werden.
- Geeignete Daten bezüglich des intendierten Sprechers oder Sprechstils sind verfügbar.
- Regelbasierte und datengetriebene Methoden sind beliebig kombinierbar.

Die Lerndaten enthalten Texte sowie Einzeläußerungen und werden in Datensätze entsprechend den Ebenen Phrase, Silbe und Laut unterteilt. Sie ermöglichen sowohl das Training von neuronalen Netzwerken als auch die Ableitung von Parametern statistischer oder regelbasiert-quantitativer Modelle.

Im DRESS-System sind verschiedene regelbasierte Modelle implementiert. Neben zwei deutschen Adaptationen der bereits beschriebenen Klatt- und Campbell-Modelle wurden regelbasierte Modelle für die Phrasen- und Silbenebene entworfen, wobei die Einstellparameter aus der Datenbankstatistik abgeleitet werden. Die Phrasendauer dur_{phr} ergibt sich dabei aus der Gleichung

$$dur_{phr}(n) = k_i n + c_i \tag{4.1}$$

mit:

n	Silbenanzahl
i	Phrasentyp-Index
k_i	Faktor, abhängig von i
c_i	Konstante, abhängig von i.

Die Silbendauer wird durch verschiedene Faktoren beeinflusst und mittels iterativer Anwendung der Gleichung

$$dur_{syl}(n) = \begin{cases} \overline{dur_{syl}} k_{initial} & \text{für Anfangssilbe} \\ \overline{dur_{syl}} + c_{acc} & \text{für akzentuierte Silbe} \\ \ldots & \ldots \end{cases} \quad (4.2)$$

durch Modifikation der mittleren Silbendauer ermittelt. Mittels (linearer) Streckung bzw. Stauchung erfolgt des Weiteren die Anpassung an die beabsichtigte Phrasendauer.

Als datengetriebenes Modell wird das in Abschnitt 4.2.3 beschriebene Dur-Net verwendet. Aufgrund der insbesondere in deutschen Sprachdaten teils fehlerhaften Markierung von Silbengrenzen[5] wird neben der üblichen phonologischen ONC-Silbe (Onset-Nucleus-Coda) alternativ eine *NCO-Pseudosilbe* definiert, die den Abstand zwischen zwei Silbenkernen und damit die Komponenten Nucleus, Coda und Onset charakterisiert. Die Tabelle 4.5 veranschaulicht die getesteten Modell-Konfigurationen.

Konfiguration	**Modellauswahl**		
	Phrasenebene	Silbenebene	Lautebene
Single-level rule (SLR)	-	-	Klatt
Multi-level rule (MLR1)	RB	RB (ONC)	Campbell
Multi-level rule (MLR2)	RB	RB (NCO)	Campbell
Multi-level net (MLN)	NN	NN (NCO)	NN
Hybrid rule/net (HRN)	RB	NN (NCO)	Campbell
Hybrid net/rule (HNR)	NN	RB (ONC)	Campbell
Legende	RB: regelbasiert NN: neuronales Netz ONC: onset-nucleus-coda (phonologische Silbe) NCO: nucleus-coda-onset (Pseudo-Silbe)		

Tabelle 4.5. Überblick: Test-Konfigurationen des Mehrebenen-Modells.

Aufgrund der guten Erfahrungen mit dem Elastizitätsmodell (z-Wert) nach Campbell, wird auf Lautebene in der Regel dieses Modell verwendet (Konfigurationen MLR1, MLR2, HRN und HNR).

4.3.3.3 Test und Evaluation

In [JHEH98a] wird die Zielstellung formuliert, auf Basis geeigneter Trainingsdaten einen individuell anpassbaren Sprechrhythmus zu generieren. Die entsprechenden Testergebnisse werden im Folgenden nur kurz diskutiert, da das

[5] Das Problem wird bei Segmentierungsverfahren durch eine ggf. falsche Zerlegung der Phonemcluster aus Coda und Onset hervorgerufen.

Mehrebenen-Modell didaktisch einen Zwischenschritt darstellt und im DRESS-System durch das *Integrierte Prosodiemodell* (vgl. Abschnitt 6.1) ersetzt wurde. Die Tabelle 4.6 zeigt exemplarisch die mittlere Distanz und den mittleren RMS-Fehler zwischen neuronal approximierten und originalen Referenz-Silbendauern über eine unabhängige Validationsstichprobe von 27 Phrasen, wobei alle Angaben auf die mittlere Silbendauer normiert sind. Zum Vergleich werden die mittleren Abweichungen der Hypothese „konstante Silbenlänge" mit $dur_{syl} = \overline{dur_{syl}} = 217$ ms (Mittelwert des Korpus) zum Original ebenfalls angegeben.

Modell/Referenz	$\overline{\Delta dur_{syl}}/\overline{dur_{syl}}$ [%]	$RMSE(dur_{syl})/\overline{dur_{syl}}$ [%]
NN (untrainiert)	73.5	93.2
$dur_{syl} = \overline{dur_{syl}} = 217$ ms	52.0	84.3
NN	33.3	52.5

Tabelle 4.6. NN-Approximationsgüte auf Silbenebene (ONC-Silbe, Validationsstichprobe mit 27 Phrasen).

Die erheblichen Silbendauerabweichungen von ca. 33 % sind ein Indiz für eine unzureichende Kodierung am Netzeingang (z. B. fehlende linguistische Merkmale). Außerdem ist die automatische Extraktion der ONC-Silben bei dem verwendeten Korpus fehlerhaft. Eine manuelle Korrektur ist aufwändig. Die beschriebenen NCO-Pseudosilben lassen sich hingegen konsistent markieren und führen zu reduzierten Silbendauerabweichungen von ca. 24...26 %. Außerdem sind auch die originalen Silbendauern im Korpus intraindividuellen Schwankungen unterworfen. Dennoch bleibt anzumerken, dass konventionelle Dauermodelle oft besser abschneiden.

Die resultierenden Fehler in der Dauersteuerung sind hörbar. Dennoch werden überwiegend akzeptable und subjektiv lebendige Rhythmusvarianten erzeugt. Das in [JP98] vorgestellte NeuRosy-Tool ermöglicht die Visualisierung verschiedener Modellkonfigurationen sowie die synchronisierte Darstellung von f_0- und Dauerkonturen. Die Abbildung 4.32 veranschaulicht die entsprechende Korrelation der prosodischen Konturen und belegt visuell, dass das Gesamtmodell trotz Defiziten auf den einzelnen Modellebenen strukturell gute Hypothesen erzeugt. Offensichtliche Streuwerte der NN-Variante lassen sich lediglich an zwei Silben klar erkennen (hohe Sprünge des z-Wertes bei /ha6/ in „Haar" bzw. /rYk/ in „rücksichtslos"). Das vorgestellte neuronale Beispiel stammt aus der MLN-Konfiguration (vgl. Tabelle 4.5). Die MLR1-Variante führt zu visuell ähnlichen Dauerstrukturen.

Tabelle 4.33 verdeutlicht den Einfluss der Silbenlängen-Vorgabe auf die Lautebenen-Modellierung mittels der bereits erläuterten normierten Abweichungen (analog Tabelle 4.6), wobei die regelbasierten Modelle besser als die NN-Variante abschneiden.

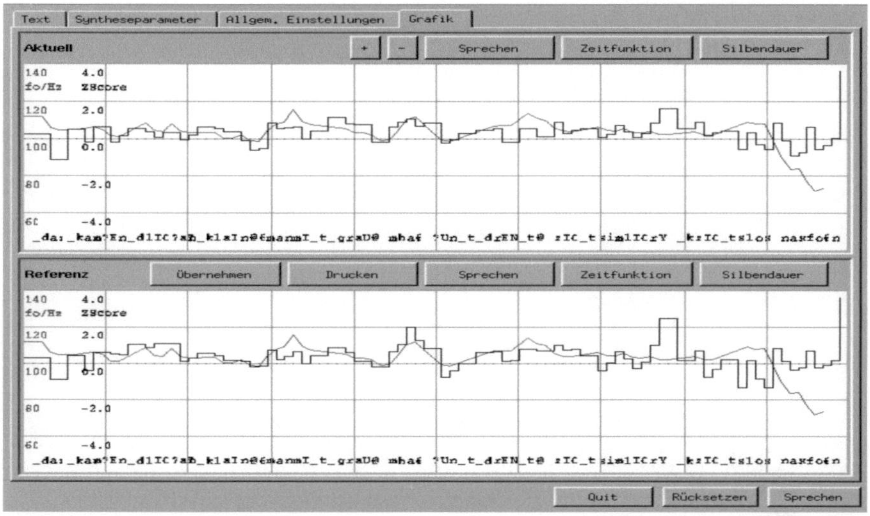

Abbildung 4.32. Korrelation zwischen z-Wert-basierter Lautdauer (gestufte Funktion) und NN-generierter f_0 aus [JHEH98a]. Silbendauervorgabe original (oben) versus NN-generiert (unten). Beispieläußerung: „Da kam endlich ein kleiner Mann mit grauem Haar und drängte sich ziemlich rücksichtslos nach vorn.“; Visualisierung mittels NeuRosy-Tool [JP98].

Modell/Referenz	$\overline{\Delta dur_{pho}}/\overline{dur_{pho}}$ [%]	$RMSE(dur_{pho})/\overline{dur_{pho}}$ [%]
$dur_{pho} = \overline{dur_{pho}} = 67.5$ ms	52.7	93.6
NN	40.6	52.0
Klatt	38.4	50.6
MLR1	32.7	43.1
$dur_{syl,orig}$	30.6	41.7

Tabelle 4.7. Einfluss des Silbendauermodells auf die Lautlängen-Approximation (Validationsstichprobe).

Interessant ist die veritable Lautdauerabweichung von 30.6 % bei Verwendung originaler Silbendauern. Zum Vergleich wird der Fehler der Hypothese „konstante Lautdauer“ angegeben. Die Abbildung 4.33 stellt die resultierenden Lautdauerabweichungen dar. Dabei verhält sich die MLR1-Konfiguration ähnlich dem Einfluss der originalen Silbendauer-Vorgabe.

4.3.4 Schlussfolgerungen aus der hybriden Modellierung

Die neuronale Prädiktion der Fujisaki-Parameter als eine Anwendung der hybriden Architektur HYDRA ist eine praktikable Lösung, um die gute Performanz eines etablierten, quantitativ-regelbasierten f_0-Modells mit einer

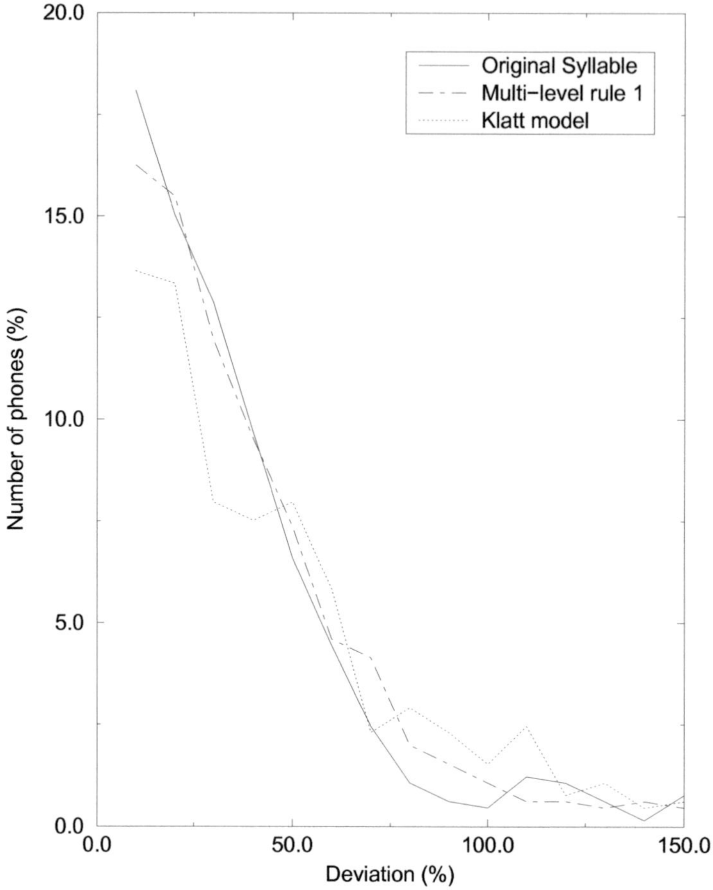

Abbildung 4.33. Einfluss des Silbendauermodells auf die Lautlängen-Approximation aus [JHEH98a].

Selbstlernkomponente zu kombinieren. Verbesserungspotentiale bestehen u. a. bezüglich:

- der Parameter-Extraktionsmethode,
- der Netztopologie und des Lernalgorithmus (z. B. rekurrentes Netz und Kontext),
- der Datenbasis sowie des linguistisch-phonetischen Merkmalsvektors (nur 14 Komponenten).

Anwendungen und Optimierungen des dargestellten f_0-Modells werden im Kapitel 6, insbesondere in den Abschnitten 6.1 und 6.2, dargestellt.

Das ebenfalls HYDRA-basierte Mehrebenen-Modell zur Dauersteuerung mit den – zum Zeitpunkt der Experimente – auf den einzelnen Ebenen verfügbaren Modellen ist funktionstüchtig, erlaubt eine ausreichende Flexibilität bezüglich der Einsatzdomäne und der entsprechenden Trainingsdaten, bewirkt aber kaum objektiv messbare bzw. auditive Qualitätsvorteile gegenüber etablierten regelbasierten Verfahren.

5

Prosodische Analyse und Korpusannotation mit neuronalen Netzen

5.1 Regelbasierte und datengetriebene Modelle

Die vorliegende Arbeit zielt darauf, die breite Anwendbarkeit neuronaler bzw. hybrider Modelle mit neuronalen Modellanteilen bei der Bearbeitung prosodischer Problemstellungen in der Analyse und bei der Generierung entsprechender Merkmalsparameter aufzuzeigen. Im vorhergehenden Kapitel 4 wurde die Generierung prosodischer Parameter mit dem Fokus auf Sprachsynthese ausführlich dargestellt, weil hier der Schwerpunkt der Forschung des Autors lag. Dabei wurde bereits kurz auf die Analyseseite eingegangen, beispielsweise auf die notwendige Extraktion der Fujisaki-Modellparameter (inverse Modellierung) [Mix00, JK00, Kru07] in Abschnitt 4.3.2.1. In [JK00] wurde außerdem ein datengetriebener, evolutionärer Analyseansatz vorgestellt.

Modellbildungen in Syntheserichtung bedingen üblicherweise die Anwendung von Analysemethoden, um z. B. Trainingsdaten für das Synthesemodell zu generieren oder das Modell zu kalibrieren. Es werden sowohl regelbasierte als auch datengetriebene Verfahren zur Sprachanalyse eingesetzt, wobei nahe der Zeitsignalebene statistische bzw. regelbasierte Verfahren, auf höheren Sprachebenen datengetriebene Verfahren (z. B. hidden Markov models oder finite-state machines in der Spracherkennung) dominieren.

Im Bereich der prosodischen Analyse wurden datengetriebene Verfahren bis Ende der 1990er Jahre selten beschrieben. Niemann, Kießling und Strom setzten neuronale Netze im Kontext des Forschungsprojekts VERBMOBIL ein und verwendeten die Netze u. a. für die Satzmodus-, Phrasen- und Akzenterkennung [NDK+94, Kie96, Str98]. Es darf erwartet werden, dass sich diese Situation aufgrund der wachsenden Sprachkorpora sowie der Lokalisationsanforderungen (personifizierte Sprachtechnologie, wechselnde Einsatzszenarien usw.) ändern wird. In diesem Zusammenhang sei auch auf die erfolgreiche Anwendung neuronaler Netze auf der linguistischen Ebene, z. B. bei der netzwerkbasierten Graphem-Phonem-Konvertierung (G2P), verwiesen, die bis Ende der 1990er Jahre umstritten war und mittlerweile vielfach angewendet wird – z. B. in [RPH03].

Eigene Arbeiten zur prosodischen Analyse betreffen die Annotation von Sprachkorpora [JWC+07, HJ06, WJ10], die Stimmenanalyse mittels prosodischer Korrelate [JGH09, HJC09, CHJB09] sowie die vorwiegend statistische, prosodische Analyse eines fremdsprachlichen Akzents (z. B. [DJH06, HMD+10]). Die genannten Gebiete besitzen aus Sicht des Autors Potential für eine datengetriebene Modellierung, wobei folgende Gründe relevant sind:

- die bereits erwähnte Datenmenge,
- wechselnde, heterogene Datenstrukturen,
- Notwendigkeit von sprachenunabhängiger Modellierung,
- divergente Lernergruppen (Modellvariation).

Auf der Zeitsignalebene wurden Analyseverfahren zur robusten Grundperiodenmarkierung – u. a. auf Basis von Elektroglottograph (EGG)-Signalen – untersucht [HWJ+07, HWJ+08]. In [HWJ+08] wurde ein Trainingsalgorithmus mittels finite-state machine diskutiert. Im Folgenden soll exemplarisch das zeitsignalbasierte, neuronale Verfahren zur Phrasen-Prädiktion [HJ06] vorgestellt werden, das in Zusammenarbeit mit Michael Hofmann entstand. Ein gleichartiges Verfahren zur signalbasierten Akzent-Prädiktion wird in [Hof06] beschrieben. Die prosodischen Markierungsverfahren wurden im Anschluss weiter optimiert [Hus07, HWJ+07].

5.2 Zeitsignalbasierte Phrasen-Prädiktion für Britisches Englisch

5.2.1 MFN-Prädiktor

Bei der zeitsignalbasierten Phrasen-Prädiktion in [HJ06] stand die automatische Verarbeitung im Vordergrund. Die analysierten Daten stammen von zwei Korpora-Stimmen für Britisches Englisch (Kate und Rob) in Lesesprache. Dabei wurden für den Sprecher Rob 158 Sätze mit 2 344 Wörtern und 3 596 Silben ausgewählt. Die untersuchten Phrasengrenzen wurden auf zwei Ebenen markiert: *minor* (intermediate intonational phrase) und *major breaks* (full intonational phrase). Neben den hier betrachteten Phrasengrenzen wurden auch zweistufige Wortakzente markiert (*normal* und *emphatic*).

Es wurden unterschiedliche linguistische Eingangsbeschreibungen für einen MFN-Prädiktor (ohne Rekurrenz) getestet, die sich aus der Vorverarbeitung vorhandener Module extrahieren lassen (z. B. Fujisaki-Analyse des Zeitsignals, Wortart aus dem Festival HMM Tagger usw.). Der Merkmalsvektor wird in [HJ06] diskutiert und stützt sich auf wort- bzw. silbenbasierte Merkmale:

- Absolute und normalisierte Wortdauer,
- Wortart (POS) und abgeleitete Wahrscheinlichkeit für eine Phrasengrenze,
- f_0- und RMS-Konturparameter,
- Fujisaki-Parameter,

- Strukturinformation (Silbenanzahl, -position etc.).

Die Abbildung 5.1 zeigt ein typisches Analysebeispiel aus dem Rob-Korpus (Satz: „As regards nitrogen levels, we would need reliable statistics and data from the various member states.“). Dabei werden die automatisch extrahierten Fujisaki-Kommandos sowie die f_0-Rekonstruktion aus der Phrasen- und Akzentkomponente dargestellt. Die für die Phrasenprädiktion getesteten

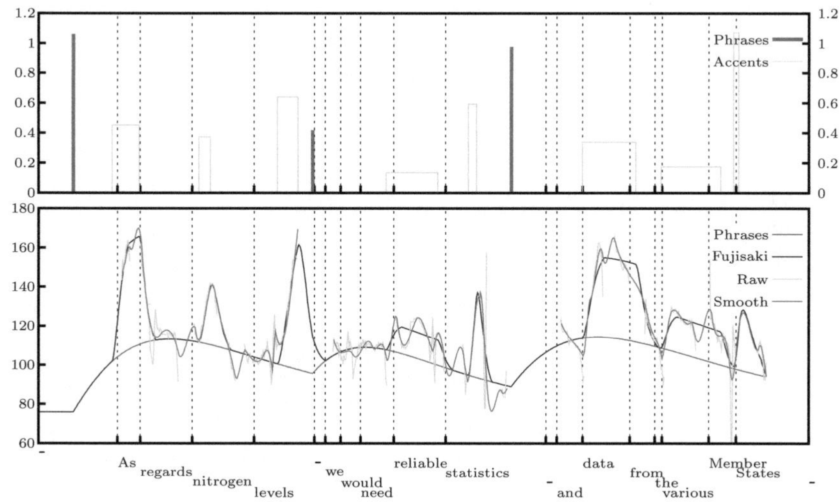

Abbildung 5.1. Beispielsatz aus dem Rob200-Korpus mit markierten Fujisakikommandos und f_0-Rekonstruktion (aus [HJ06]).

MFN-Varianten hatten eine variierende Anzahl von Eingangs- und verdeckten Neuronen sowie unterschiedliche Kontextlängen (0...2 Wörter) und sind in Abbildung 5.2 schematisch dargestellt.

Die erzielten Phrasen-Erkennungsraten sind abhängig von der Netz- bzw. Kontextkonfiguration sowie von der Größe des Trainings-Set und werden in Tabelle 5.1 dargestellt. RR definiert die *Gesamterkennungsrate* (engl. overall recognition rate) unabhängig von der Phrasen-Kategorie (minor vs. major phrase break), $\overline{RR}$ das arithmetische Mittel aller RR für eine einzelne Klasse.

Um die Sprecherabhängigkeit der trainierten MFN-Prädiktoren zu analysieren, wurde eine weitere Datenbasis zum Vergleich heran gezogen. Das Kate-Korpus bestand aus 1 197 kurzen Phrasen – hauptsächlich Namen, Daten, Zahlen und Webadressen. Tabelle 5.2 fasst die Erkennungsraten auf dem Kate-Korpus für verschiedene Trainings-Sets zusammen. Die Indizes (RR_S vs. RR_M) drücken verschiedene Trainingskonstellationen („split“ vs. „merged“)

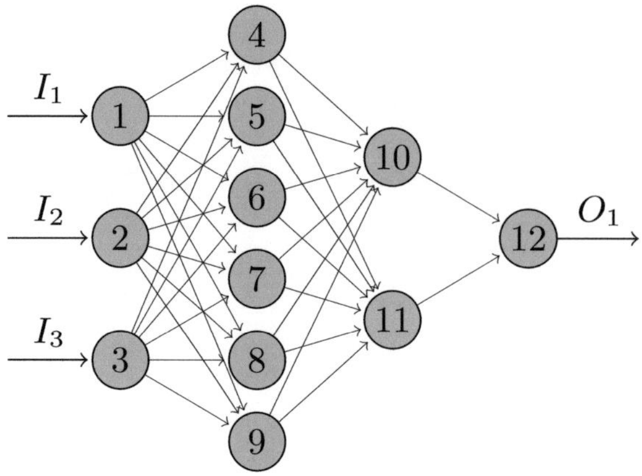

Abbildung 5.2. MFN-Struktur mit 3 Eingabe- und 1 Ausgabeneuron; 2 verdeckte Schichten (aus [HJ06]).

			RR		$\overline{RR}$	
C	N_1	N_2	75 %	25 %	75 %	25 %
0	15	10	93.3	92.6	88.3	89.3
1	15	10	94.6	93.0	91.4	88.0
2	10	6	92.8	92.3	86.9	86.1
2	15	10	93.7	92.9	86.6	85.7

Tabelle 5.1. Erkennungsraten mit 75 % bzw. 25 % Trainings-Set und zusammengefassten Phrasengrenzen-Klassen (intermediate and major break). C: Kontextlänge, N_1, N_2: Anzahl der verdeckten Neuronen, aus [HJ06].

Korpus	RR_S	RR_M	$\overline{RR_S}$	$\overline{RR_M}$
*Kate*75%	80.3	78.6	83.8	83.2
*Kate*25%	79.2	77.2	80.8	80.2
*Rob*100%	71.1	70.0	77.7	75.1

Tabelle 5.2. Erkennungsraten auf dem Kate-Korpus für ein MFN mit 15 + 10 verdeckten Neuronen und einem Kontext von ± 2 Wörtern. Variierende Trainings-Sets (Kate/Rob). Testmuster unabhängig von Trainingsdaten (aus [HJ06]).

aus, wobei entweder mit einzelnen phrase break-Klassen (minor bzw. major) oder gemischten Klassen (minor + major) trainiert und getestet wurde.

Die MFN-Methode kann leicht an die Eigenschaften unterschiedlicher Datenbasen angepasst werden. Die Sprecherabhängigkeit ist vergleichsweise gering. Die Erkennungsrate reduziert sich nur um ca. 3...6 % ($\overline{RR}$), sofern auf dem ersten Korpus trainiert und auf dem zweiten erkannt wird. In realistischen Anwendungen können Phrasengrenzen-Erkennungsraten von ca. 79 % bis 97 % erwartet werden.

5.2.2 Annotationsystem

Die Abbildung 5.3 stellt die Einbettung der beschriebenen Phrasenmarkierung in das TC-STAR-Annotationssystem (vgl. [JWC+07]) dar. Der Eingangsvektor für den neuronalen Pfad benötigt u. a. eine robuste Pitchmarkierung sowie eine inverse Fujisaki-Analyse. Außerdem ist eine manuelle Korrektur der Ergebnisse („human expert“) vorgesehen. Die gesamte Annotationsmethode wird deshalb als semi-automatisch bezeichnet. Mit dem Annotationsystem wurden u. a. die zwei TC-STAR-Korpora Laura und Ian (jeweils über 10 Stunden Netto-Sprache) phonetisch und prosodisch annotiert.

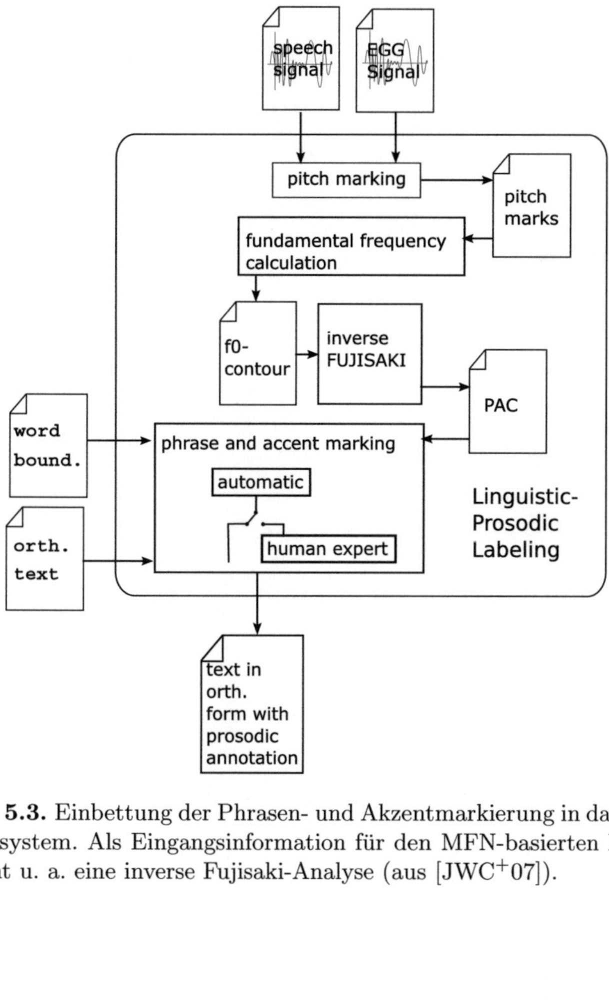

Abbildung 5.3. Einbettung der Phrasen- und Akzentmarkierung in das TC-STAR-Annotationssystem. Als Eingangsinformation für den MFN-basierten Pfad („automatic“) dient u. a. eine inverse Fujisaki-Analyse (aus [JWC+07]).

6

Anwendung und Optimierung konnektionistischer Prosodiemodelle

Dieses Kapitel baut auf den experimentellen Ergebnissen und der Modellbildung zur Prosodiegenerierung in Kapitel 4 und auf den exemplarischen Arbeiten zur prosodischen Analyse von Datenbanken in Kapitel 5 auf und fasst einige Anwendungen der dort vorgeschlagenen datengetriebenen bzw. hybriden datengetriebenen und regelbasierten Modelle zusammen.

Der erste vorgestellte Ansatz betrifft das integrierte prosodische Modell des Deutschen (IGM) [MJ03], dessen neuronaler Prädiktorkern auf Basis der HYDRA-Architektur abgeleitet wird. In einem weiteren Abschnitt werden der IGM-Prädiktorkern bzw. die Eingangskodierung evolutionär optimiert und die resultierende Performanz bewertet. Sofern möglich, werden bei den weiteren Anwendungen in diesem Kapitel ebenfalls mögliche Optimierungsschritte der jeweiligen Modelle diskutiert, wobei gemäß der Ausrichtung der Arbeit der datengetriebene Modellanteil im Vordergrund steht.

In zwei Fällen, der Entwicklung eines Intensitätsmodells für das Deutsche [JK03] sowie bezüglich einer verbesserten Parametrisierung des Fujisaki-Modells [SJH10], werden jedoch die statistischen bzw. regelbasierten Modellanteile untersucht, um Lücken in der hybriden Modellierungskette zu schließen.

Insgesamt werden die Darstellungen kurz gehalten, da die jeweiligen Modellanwendungen in Kooperation mit Fachkollegen entstanden. Es geht in diesem Kapitel darum, die Anwendbarkeit der vorgeschlagenen datengetriebenen bzw. hybriden datengetrieben und regelbasierten Modelle exemplarisch zu belegen sowie die Verbindung zu anderen Arbeiten herzustellen.

6.1 Integriertes Prosodiemodell des Deutschen (IGM)

6.1.1 Vorarbeiten

Das silbenbasierte, trainierbare *integrierte Prosodiemodell des Deutschen* (engl. Integrated Model of German Prosody, IGM) wurde gemeinsam mit Hansjörg

Mixdorff (Beuth Hochschule für Technik Berlin) entwickelt und publiziert, so dass an dieser Stelle nur eine kurzer Abriss erfolgt. Das linguistische Konzept des IGM basiert auf Vorarbeiten von Mixdorff zur Fujisaki-Modellierung (MFGI, u. a. in [MF94, MF97, Mix98]) und wird in seiner Habilitationsschrift ausführlich dargestellt [Mix02]. Die neuronale Kernkomponente zum Training des IGM ist eine Weiterentwicklung des hybriden Konzepts des Autors für einen NN-MFGI-Prädiktor [JMKK00, JK00]. Das IGM und seine Komponenten wurden erstmals in [MJ01a] publiziert. In [MJ01c] werden Modelltraining sowie Evaluierungskonzept etwas detaillierter beschrieben. Weitere Evaluationsergebnisse werden in [MJ01b] dargestellt. Eine revidierte, zusammenfassende Modellbeschreibung erfolgt in [MJ03].

6.1.2 Modell und Trainingsdaten

Das IGM berücksichtigt Wechselwirkungen zwischen melodischen und rhythmischen Eigenschaften der Sprache. Grundfrequenz (im Modell die entsprechenden Ansteuerparameter des Fujisaki-Modells), Silben- und Pausendauer sowie die Intensität der Silbe werden parallel in einem Schritt geschätzt, wobei die Silbe als rhythmische Basiseinheit betrachtet wird. Das IGM approximiert hierbei für akzentuierte Silben drei Fujisaki-Modellparameter (siehe auch Abschnitt 3.6.2.1): Akzentkommando-Amplitude A_a (engl. accent command amplitude), Startzeit T_1 (engl. onset time) und Endzeit T_2 (engl. offset time). Für die erste Silbe einer prosodischen Phrase werden zusätzlich die zwei Parameter Phrasenkommando-Amplitude A_p (engl. phrase command magnitude) und Startzeit T_0 berechnet. Die sprecherabhängige asymptotische Basisfrequenz f_b (engl. base frequency) sowie die Dämpfungsfaktoren α und β werden in Näherung als konstant angenommen. Die Lautdauern werden, sofern in einem Synthesesystem benötigt, aus der vom IGM ausgegeben Silbendauer mittels geeigneter statistischer Verteilung ermittelt (siehe auch Elastizitätsmodell nach Campbell [CI91]).

Um die unterstellte Interaktion von Intonation und Rhythmus zu realisieren, werden die genannten acht prosodischen Parameter (A_a, T_1, T_2, A_p, T_0, d_{syl}, d_{pau} und $RMS(syl)$) mit einem einzelnen multi-layer feed-forward neural network (MFN) verarbeitet, wobei 24 linguistisch-phonetische Eingangsmerkmale genutzt werden (vgl. Abbildung 6.1). Die Tabelle 6.1 fasst die Eingabeparameter des IGM, bezogen auf ihre Beschreibungsebene, zusammen. Aus Gründen der Konsistenz mit den vorherigen Veröffentlichungen, Abbildung 6.1 sowie den entwickelten Softwarequellen werden die Parameter in ihrer englischen Variante angegeben. Begriffe wie *part of speech* (dt. Wortart) bzw. die entsprechende Abkürzung POS sind für das Fachgebiet ohnehin feststehend.

Die analysierten Daten sind Teil des im Rahmen der Arbeit mehrfach genutzten deutschen Nachrichtenkorpus [Rap98, May95] und beinhalten 48 Minuten etikettierte Daten eines männlichen Sprechers (Deutschlandfunk) von zwei unterschiedlichen Aufnahmetagen. Die Datenbank enthält 356 Sätze einschließlich 5 726 Wörtern, 13 151 Silben bzw. 29 362 Lauten. Die Nachrich-

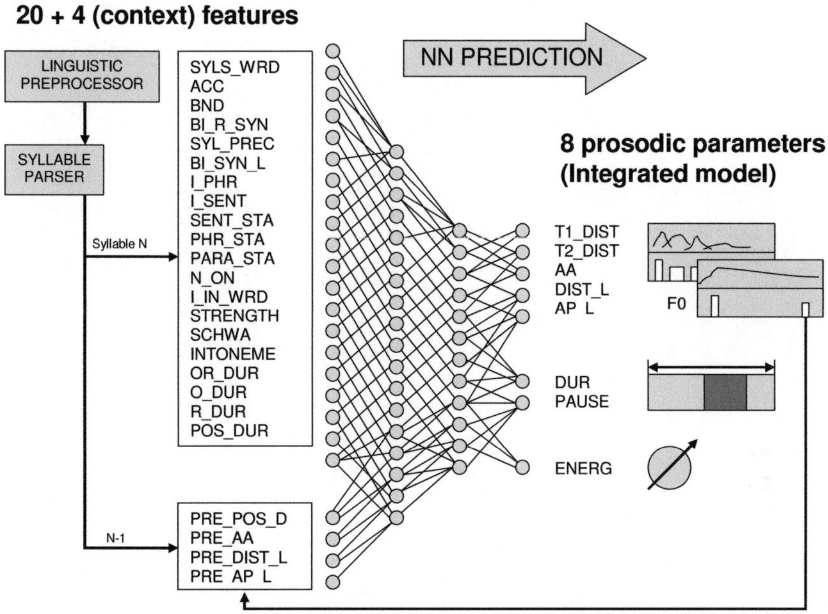

Abbildung 6.1. MFN als neuronaler Kern des IGM (aus [JH04a]).

ten wurden teilweise im Abstand von 30 min. wiederholt: Abgesehen von geringfügigen Wortersetzungen gibt es viele identische Textphrasen in der Datenbasis, die ebenfalls untersucht wurden. Der Sprechstil ist konsistent. Es sind keine spontansprachlichen Äußerungen enthalten, so dass dieses Korpus für das Zielmodell geeignet ist.

In Vorexperimenten wurde eine geeignete MFN-Struktur ausgetestet und für die erste IGM-Variante mit vier Schichten (inkl. Eingangs- und Ausgangsschicht) definiert (24 + 18 + 12 + 8 Neuronen). Abhängig von ihren Wertebereichen, wurden Ein- und Ausgabeparameter linear skaliert. Es wurden ausschließlich sigmoide Aktivierungen mittels logistischer Funktion $f_{log}(x)$ (Gleichung 2.4) und Tangens-Hyperbolicus-Funktion $f_{tanh}(x)$ (Gleichung 2.5) verwendet. Das MFN wird mittels Lernvorgabe und Error-Backpropagation (Fehler-Rückverfolgung) trainiert, wobei der mittlere quadratische Fehler (MSE) zwischen Lernvorgabe-Vektor und Netzausgabe-Vektor minimiert wird. Aufgrund der beschränkten Lerndatenmenge (im vorliegenden Fall 10 000 Silben) und der relativ großen Netzstruktur sind potentiell Überanpassungen an die Lerndaten möglich, so dass die Generalisierungfähigkeit des MFN gefährdet ist. Deshalb wird der MSE gleichzeitig in der unabhängigen Teststichprobe (3 152 Silben) beobachtet und bei Stagnation abgebrochen. Je nach Anfangsbedingung und Trainingsstrategie tritt dieses Abbruchkriterium nach ca. 500. . . 1 500 Trainingszyklen ein.

Ebene	Index	Parameter	Abk.
Silbe N	1	sum of mean durations of phones in syllable	OR_DUR
	2	sum of mean durations of phones in onset	O_DUR
	3	sum of mean durations of phones in rhyme	R_DUR
	4	nuclear vowel schwa/non-schwa	SCHWA
	5	number of phones in onset	N_ON
Wort	6	index of syllable in word	I_IN_WRD
	7	part-of-speech of word (38 duration classes)	POS_DUR
	8	number of syllables in word	SYLS_WRD
	9	lexical word accent (0/1)	ACC
Phrase und höher	10	syllables in preceding phrase	SYL_PREC
	11	boundary tone (0/1, before phrase boundaries)	BND
	12	break index to the left (0-4)	BI_SYN_L
	13	break index to the right (0-4)	BI_SYN_R
	14	index of phrase in sentence	I_PHR
	15	index of sentence in paragraph	I_SENT
	16	start of phrase (0/1)	PHR_STA
	17	start of paragraph (0/1)	PARA_STA
	18	start of sentence (0/1)	SENT_STA
	19	type of accent ('intoneme', three classes)	INTONEME
	20	syllable strength (0-2)	STRENGTH
Kontext Silbe N-1	21	part-of-speech of word (vorherige Netzeingabe)	PRE_POS_D
	22	A_a (Netzausgabe N-1)	PRE_AA
	23	T_0 (Netzausgabe N-1)	PRE_DIST_L
	24	A_p (Netzausgabe N-1)	PRE_AP_L

Tabelle 6.1. Eingangskodierung des IGM inkl. Kontextmodellierung.

6.1.3 Ergebnisse

Das IGM wurde in verschiedenen Konstellationen getestet, optimiert und evaluiert, siehe auch Abschnitte 6.2 bzw. 6.4. Die numerischen und perzeptiven Ergebnisse der Modellierung wurden u. a. in [MJ01b, MJ03, JDK02, JH04a] publiziert. Deshalb soll an dieser Stelle nur ein Untersuchungsergebnis exemplarisch dargestellt werden [MJ01b, JDK02]. Die Fehler des trainierten IGM inkl. Fujisaki-Modellierung (Modellausgabe vs. Originalwerte) auf einem unabhängigen Testdatensatz betrugen dabei für die Parameter:

- Grundfrequenz: $RMSE(f_0) = 17.8$ Hz,
- Silbendauer: $RMSE(d_{syl}) = 46$ ms,
- Pausendauer: $RMSE(d_{pau}) = 69$ ms.

Der RMSE-Wert gewichtet größere Abweichungen stärker, so dass dennoch für viele Silbeninstanzen akzeptable Approximationsergebnisse vorliegen. Die IGM-basierten Ausgaben wurden zur Modifikation natürlicher Stimuli (TD-PSOLA-Resynthese mittels PRAAT) sowie für eine MBROLA-Diphonsynthese verwendet. Der Gesamteindruck von 192 Stimuli wurde durch 21 deutsche Muttersprachler auf einer ACR-Skala von 1 („schlecht“) bis 5 („ausgezeichnet“) bewertet. Die Evaluationsergebnisse werden in Abbildung 6.2 veranschaulicht. Originale Stimuli erreichen erwartungsgemäß die beste Bewer-

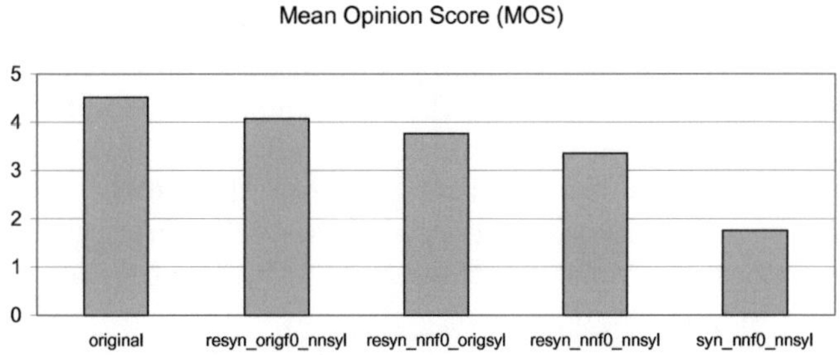

Abbildung 6.2. IGM-Evaluation für Deutsch. Resynthese und Synthese vs. Original (aus [JDK02]).

tung („original“, MOS = 4.51). Die Resynthese-Stimuli, bei welchen entweder die Silbendauer oder die f_0-Kontur mittels IGM-Ausgabe manipuliert werden („resyn_origf0_nnsyl“ bzw. „resyn_nnf0_origsyl“), erzielen ebenfalls gute Urteile (MOS = 4.08 bzw. MOS = 3.76). Werden beide Parameter manipuliert und resynthetisiert („resyn_nnf0_nnsyl“), erfolgt eine – aus Sicht des Autors – noch akzeptable Qualitätsbewertung (MOS = 3.36), wobei die dazu korrespondierenden synthetisierten Stimuli („syn_nnf0_nnsyl“) durch die schlechte akustische Qualität erheblich degradiert werden (MOS = 1.75).

Die Synthesequalität unterliegt vielen Faktoren, die durch das IGM nicht beeinflussbar sind (z. B. linguistische Vorverarbeitung, Bausteininventar, beschränkte Signalmanipulation etc.). Außerdem neigen Probanden dazu, ihre Bewertung auf den schlechtesten Stimulus zu kalibrieren.[1] Das Zusammenspiel der Einflussfaktoren bezüglich der perzeptiven Gesamtqualität von Sprachsynthese wird anhand des DRESS-Systems ausführlich in [JHE+03] diskutiert.

6.2 Optimierung des IGM

6.2.1 Einordnung

Die Untersuchungen zur Optimierung des IGM erfolgten mit Unterstützung von Michael Hofmann sowie Friedrich Kossebau und werden ausführlich in

[1] Dieser mögliche „Verzerrungseffekt“ kann durch zusätzliche noch schlechtere Stimuli mit MOS ≈ 1 teilweise kompensiert werden. Die möglichen Schwankungen von MOS-Ergebnissen für den gleichen Stimulus betragen nach Testerfahrung des Autors $\approx \pm 0.2$ MOS-Kategorien.

[JH04a, JH04b, Hof04, Kos02] beschrieben. An dieser Stelle werden Grundgedanken und Ergebnisse zur Optimierung zusammengefasst, weil sie das Verständnis für datengetriebene oder hybride datengetriebene und regelbasierte Prosodiemodelle erhöhen und damit zukünftige Modellbildungen erleichtern. Die erreichte Verbesserung des IGM ist, gemessen am Optimierungsaufwand, eher bescheiden.

Ein – aus Sicht des Autors – häufiges Missverständnis konnektionistischer Strukturen ist die Annahme, dass die Systemperformanz erheblich von der gewählten Topologie, v. a. der Strukturgröße, abhängt, die deshalb aufwendig optimiert werden sollte. Die Praxis zeigt jedoch, dass dieser Ansatz bei neuronalen Netzen selten zu qualitativ relevanten Verbesserungen führt, solange das Ursprungsdesign problemangepasst erfolgte, z. B. bezüglich der Kriterien

- geeigneter Netztyp (Rekurrenz notwendig?),
- etwaige Kontextmodellierung,
- ausreichende Neuronenanzahl zur Wissensrepräsentation.

Die Trainingsstrategie kann insbesondere für ein MFN so gewählt werden, dass trotz einer ggf. überdimensionierten Struktur Modellvarianten mit einer sehr ähnlichen Performanz erzeugt werden und eine Generalisierung von Wissen ermöglicht wird. Der Erzeugungsprozess ist weitgehend reproduzierbar, so dass sich auch die quantitative Approximationsleistung verschiedener Netzvarianten ähnelt.

Die beiden Achillesfersen konnektionistischer Verfahren sind die geeignete Beschreibung bzw. Kodierung problemrelevanter Datensätze sowie oftmals die Lerndatenmenge. In diesem Sinne muss jede neuronale Modellierung kritisch hinterfragt werden. Exemplarisch sei auf den häufig kolportierten Wettereinfluss bei der Panzerbild-Erkennung hingewiesen[2]. Es werden folgende, mögliche Optimierungsziele des IGM identifiziert:

- Revision bzw. Korrektur des vorhandenen Trainingskorpus,
- Berücksichtigung zusätzlicher Eingangsinformation. Das IGM berücksichtigt keine semantischen Elemente (z. B. semantischer Fokus) oder daraus abgeleitete Merkmale.
- Strukturoptimierung des IGM: Ein evolutionärer Algorithmus soll Redundanzen in der Topologie reduzieren und damit ggf. die Signifikanz verbleibender Neuronen, Eingangsmerkmale usw. in weiteren Trainingszyklen erhöhen.
- Verringerung der Rechenkomplexität und des Speicherverbrauchs, z. B. für einen Einsatz in Embedded-Anwendungen.

6.2.2 Systematische Untersuchung der Trainingsdaten

Die manuelle Überprüfung des originalen Trainingskorpus ergibt eine teils hohe Streuung der Ausgabeparameter, die größtenteils auf Labelfehler zurück-

[2] vgl. Neil Fraser: „Neural Network Follies“, Stand: Sept. 1998. http://neil.fraser.name/writing/tank/ (abgerufen am 30. April 2011).

zuführen ist. Deshalb wird in [JH04b] getestet, welchen Einfluss die automatische Markierung von extremen Werten für das Netztraining hat. Dazu werden unterschiedliche Trainingsläufe durchgeführt, in welchen die Menge der zu markierenden Datensätze variiert wird. Für jeden Ausgabeparameter wird ein separates Netz trainiert. Dabei werden je Parameter vier Konfigurationen untersucht:

1. Verwendung des ursprünglichen MFN ohne Änderungen (MFN),
2. Eliminierung aller Datensätze aus Trainings- und Testmenge, bei denen der Parameter außerhalb eines Vielfachen n der Standardabweichung S liegt (Elimination $> |nS|$),
3. Ein zusätzlicher Eingang, ob der Parameter außerhalb eines bestimmten Vielfachen n der Standardabweichung liegt (ein Eingang $> |nS|$),
4. Zwei zusätzliche Eingänge, ob der Parameter positiv oder negativ außerhalb eines bestimmten Vielfachen der Standardabweichung liegt (zwei Eingänge, $> +nS$ / $< -nS$).

Das Training wird mit Markierungen für die ein- bis dreifache Standardabweichung durchgeführt (nur Trainingsdaten des zweiten Aufnahmetages). Abbildung 6.3 zeigt die Ergebnisse für die automatische Markierung von Extremwert-Datensätzen oberhalb der dreifachen Standardabweichung. Mit

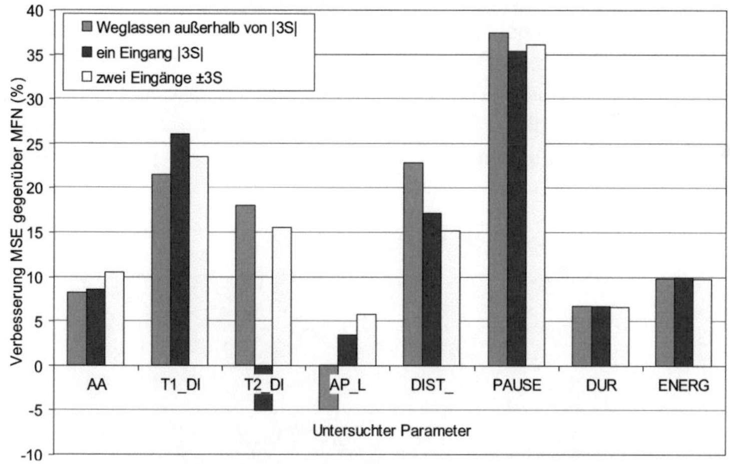

Abbildung 6.3. Reduktion des MSE durch automatische Markierung von Extremwert-Datensätzen oberhalb der dreifachen Standardabweichung (aus [JH04b]).

wenigen Ausnahmen bewirken alle drei Konfigurationen eine ähnliche Verbesserung der Prädiktion. Diese fällt besonders markant für die zeitlichen Parameter T_1, T_2, T_0 („DIST_") bzw. PAUSE aus, wo sich der Fehler (MSE) um $\approx 20\ldots30\%$ reduziert.

Eine semantische Erweiterung der IGM-Eingangsmerkmale wurde nicht durchgeführt, da die entsprechenden Informationen einerseits im Trainingskorpus zuverlässig (im Wesentlichen manuell) markiert werden müssen und auch im TTS-Zielsystem vorliegen sollten.

6.2.3 Evolutionäre Strukturoptimierung mittels SPEA

6.2.3.1 Methoden

Evolutionäre Algorithmen (EA) sind Methoden zur stochastischen Optimierung, die den in der realen Welt auftretenden Prozess von Evolution, Selektion und Variation simulieren sollen. Die Selektion basiert auf dem „Überleben des Tüchtigsten". Einzelne Lösungen kämpfen um Ressourcen und Vermehrung. Die Rekombination und Mutation von Genomen nennt man Variation. Entsprechend [JH04a, JH04b] fällt die IGM-Optimierung in den Bereich der *multikriteriellen Optimierungsprobleme (MOP)*, da sie mehr als einen Zielparameter besitzt. Die Optimierung mehrerer (kontinuierlicher) Parameter verursacht eine unendliche Anzahl von optimalen Problemlösungen, die so genannten Pareto-optimalen Lösungen. Diese Menge an Lösungen wird auch *Pareto-optimale Front* genannt. Das Konzept der *Pareto-Dominanz* beschreibt die Beziehung zwischen einzelnen Lösungen. Eine Lösung dominiert eine andere Lösung, falls sie diese in mindestens einem Parameter übertrifft, während kein anderer Parameter schlechter ist. In Abbildung 6.4 werden alle Lösungen im Rechteck unten links von B dominiert. B selbst wird aber von jeder Lösung im Rechteck rechts oben dominiert. Die Lösungen F und C sind weder von B dominiert noch dominieren sie B, obwohl sie genauso wenig optimal sind. Lösungen wie A, die auf der Pareto-optimalen Front liegen, sind optimal.

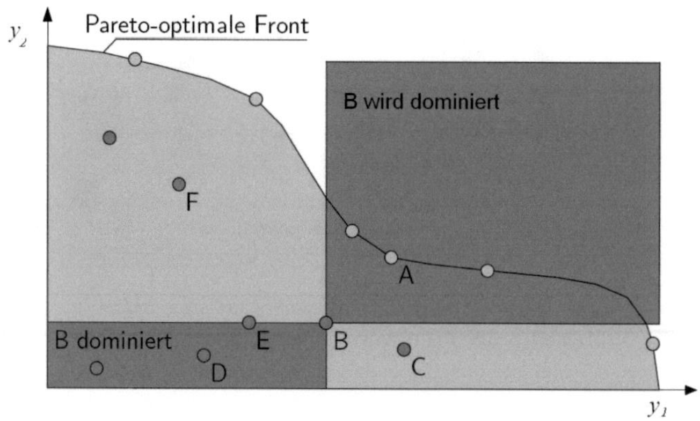

Abbildung 6.4. Prinzip der Pareto-optimalen Front. y_1 und y_2 sind Zielfunktionen von zwei einzelkriteriellen Optimierungsproblemen (engl. SOP), aus [JH04a] in Anlehnung an [Zit99].

Um die Pareto-optimale Front zu finden, existieren verschiedene Lösungsansätze. Unter Berücksichtigung der Topologie des IGM wurde der *Strength Pareto Evolutionary Algorithm (SPEA)* [Zit99] ausgewählt. Dabei werden alle bisher gefundenen nichtdominierten Lösungen extern als Elite gespeichert. Die Fitness einer neuen Lösung wird dann nur unter Beachtung der Beziehungen zu Mitgliedern dieser Elite betrachtet. Die Anzahl der Lösungen in der Elite wird möglichst klein gehalten. Dominierte Lösungen werden entfernt.

Die Struktur eines neuronalen Netzes ist durch zwei extreme Arbeitspunkte begrenzt: Einerseits kann das Netz so klein sein, dass es unfähig ist, alle Trainingsmuster und die darin liegenden Zusammenhänge vollständig zu lernen, auf der anderen Seite kann es zu groß sein, um die angebotenen Daten zu generalisieren und wird ggf. jeden Datensatz einzeln lernen. Es gibt drei Methoden für die Optimierung des beschriebenen MFN:

1. die Topologie des Netzwerks,
2. die Verringerung der Anzahl der Eingänge,
3. sowie die Vergrößerung der Anzahl der Eingänge.

Die dritte Methode würde einen Neuentwurf des gesamten Modells erfordern und wird daher nicht weiter verfolgt. Durch die Nutzung von EA sollten folgenden Optimierungsziele erreicht werden:

- Minimierung des quadratischen Fehlers (MSE),
- Minimierung der Anzahl der Verbindungen,
- Minimierung der Anzahl der Eingänge,
- Minimierung der Anzahl der verdeckten Knoten.

Um das beschriebene multikriterielle Optimierungsproblem zu lösen, wird das Konzept der Pareto-Dominanz genutzt.

6.2.3.2 Ergebnisse

Das ursprüngliche MFN besitzt 24 Eingänge, 744 Verbindungen, 30 verdeckte Knoten und 8 Ausgänge. Der minimal beobachtete mittlere quadratische Fehler über alle Daten nach optimalem Training beträgt RMSE = 0.139. Eine Vergrößerung der MFN-Struktur (vgl. Methode 1) zeigt nur wenig signifikante Ergebnisse. Zwei größere Konfigurationen (mit 40 bzw. 50 verdeckten Knoten) verhalten sich ähnlich wie das ursprüngliche Netz. Die Verwendung von SPEA zur Reduktion der Strukturgröße mittels Löschen von Knoten und Verbindungen (wobei jeder Durchlauf ein neues NN-Training nach sich zieht) zeigt keine signifikante Änderung des resultierenden Fehlers. Unter Berücksichtigung des Zeitaufwands von einigen Stunden pro Evolutionslauf wurde das Experiment nach einigen hundert Iterationen beendet. Die zweite Methode, eine Reduktion der Eingangsanzahl, zeigt signifikante Ergebnisse (vgl. Abbildung 6.5). Ein MFN*-Modell mit nur sechs Eingängen erreicht einen RMSE von ca. 0.145. Diese Performanz liegt nur 4.4 % unter der Leistung des originalen MFN. Der Netzausgabefehler sinkt als Resultat der evolutionären Opti-

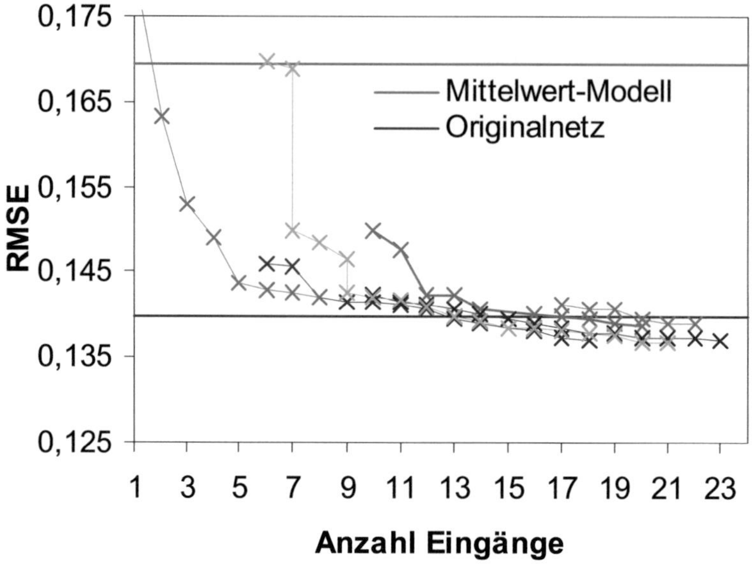

Abbildung 6.5. Netzausgabefehler abhängig von exemplarischen Optimierungsläufen zur Reduktion der Eingangsanzahl mit SPEA. Untere Horizontale markiert die Originalnetz-Performanz. Obere Linie entspricht der Approximationsleistung bei Mittelwertausgabe zum Vergleich (aus [JH04a] – Experimente aus [Kos02]).

mierung (verbunden mit sukzessivem Neutraining des Netzes) zunächst minimal, solange die Eingangsanzahl nicht verändert wird. In der Folge steigt der Fehler nur leicht an. Erst, wenn die Anzahl von fünf bis sechs signifikanten Eingängen unterschritten wird, bricht die Approximationsleistung des Netzwerkes zusammen. Die nach der Optimierung verbleibenden sechs Eingänge sind: BI_SYN_R (Break-Index rechts), SYL_PREC (Silben-Anzahl in der vorhergehenden Phrase), BI_SYN_L (Break-Index links), SCHWA (Schwa-Laut), INTONEME (Intonem-Typ) und O_DUR (Summe der durchschnittlichen Lautdauern im Silben-Onset). Korrelationsanalysen in [MJ03] bestätigen, dass die IGM-Performanz im Wesentlichen von fünf bis acht Eingabeparametern bestimmt wird.

Informelle Hörtests zeigen, dass keine signifikanten, hörbaren Unterschiede zwischen den mittels einer evolutionär optimierten Variante und den ursprünglich approximierten f_0- und Dauerkonturen existieren.

6.2.4 Evolutionäre Detektion inkonsistenter Trainingsdaten

Ein weiteres evolutionäres Experiment zielte auf eine verbesserte Zusammenstellung von Trainings- und Testmustern. Hintergrund dieses Experiments war die ursprüngliche Annahme, der beschriebene Teil des Stuttgarter Nachrichtenkorpus sei an beiden Aufnahmetagen bei akustisch weitgehend konstanten Bedingungen aufgezeichnet worden. Der EA entwickelte jedoch eine spezifische Vorliebe für bestimmte Trainings- und Testdatensatz-Kombinationen. Auf dieser Basis wurden Inkonsistenzen in den Eingabedaten detektiert. Die Analyse der Daten zeigt, dass die Signale des ersten Tages anscheinend auf die Spitzenamplitude normiert wurden, was zu einem durchschnittlichen RMS-Wert von -17 dB führt. Die Signale des zweiten Tages wurden nicht oder auf eine andere Art manipuliert und haben einen durchschnittlichen RMS-Wert von -21 dB. Im Frequenzbereich ergeben sich ebenfalls Unterschiede. Die beobachteten Differenzen können z. B. auch durch unterschiedliche Sprecher (mit ähnlicher Charakteristik) oder einen veränderten Sprechstil an beiden Tagen verursacht worden sein.

6.3 Ein Intensitätsmodell des Deutschen

6.3.1 Vorarbeiten

Insbesondere Aspekte der Intonations-, aber auch der Dauermodellierung für die Sprachsynthese werden seit den 1990er Jahren weltweit erforscht, und viele Nationalsprachen sind bereits durch etablierte mono- oder multilinguale Modelle erfasst. Die Sprechintensitätsmodellierung wurde zwar weithin als relevant eingestuft (vgl. [Mon02]), jedoch abgesehen von wenigen Publikationen, z. B. bezüglich der Sprachen Französisch, Dänisch, Englisch, Griechisch und Koreanisch [BHL93, Bro97, Bag98, TTFK97, LKKS98], bis in die 2000er Jahre kaum untersucht. Interessanterweise basieren zwei dieser fünf genannten Arbeiten auf datengetriebenen Verfahren [Bag98, LKKS98]. TTS-Systeme dieser Ära, z. B. DRESS, ermöglichen zwar in der Regel einen steuerbaren Intensitätsverlauf (z. B. ein Stützwert je Laut), der jedoch nicht angesteuert wird (Verwendung inhärenter Lautintensitäten aus der Bausteindatenbank). Der neuronale Prädiktor des IGM ist in der Lage, die Intensität auf Silbenebene direkt zu approximieren.

Aufgrund der wenigen Vorarbeiten (v. a. für die deutsche Sprache) und der ohnehin schwierigen Introspektion neuronaler Modelle, lassen jedoch regelbasierte, statistische oder ggf. hybride Verfahren zunächst bessere Ergebnisse erwarten, weil bekannte Sachverhalte explizit modelliert werden und leicht überprüfbar sind. Dafür wurden zusammen mit Marco Kühne (vormals TU Dresden) auf dem bereits beschriebenen Stuttgarter Korpus Einflussfaktoren bezüglich der Sprechintensität auf Phonemebene untersucht und ein elementares, lineares Intensitätsmodell für das Deutsche entworfen [JK03, Küh03].

6.3.2 Korpus und Analysemethode

Die verwendeten Deutschlandfunk-Nachrichten stammen von einem männlichen Sprecher und enthalten 356 Sätze mit 5 726 Wörtern und 13 152 Silben.

Teilweise wurden verbal identische Nachrichten mit einer Zeitverzögerung von 30 min. aufgezeichnet, so dass intra-individuelle Schwankungen analysiert werden können. Für die Untersuchung standen 29 362 Laute zur Verfügung. Es wurden die Parameter Kurzzeitamplitude (Gleichung 3.8) und RMS (Gleichung 3.7) über den kompletten Laut bzw. RMS an unterschiedlichen Lautpositionen (Start, Mitte, Ende) analysiert.

6.3.3 Ausgewählte Analyseergebnisse

In Anlehnung an die erwähnten Modelle, insbesondere des Französischen [BHL93] und Griechischen [TTFK97], wurde ähnliche Einflussfaktoren im deutschen Datenmaterial gesucht. Die Analyseergebnisse lassen sich wie folgt einteilen:

1. intra-individuelle Streuungen,
2. Phonemposition,
3. Kontexteinflüsse,
4. Wechselwirkung mit anderen prosodischen Parametern.

Abbildung 6.6 stellt die intra-individuelle Intensitätsvariation für vier Realisierungen eines typischen Satzes aus dem Korpus bei Nachrichtenwiederholung dar (aufgezeichnet im 30-Minuten-Abstand). Die erstaunlich hohe Reproduk-

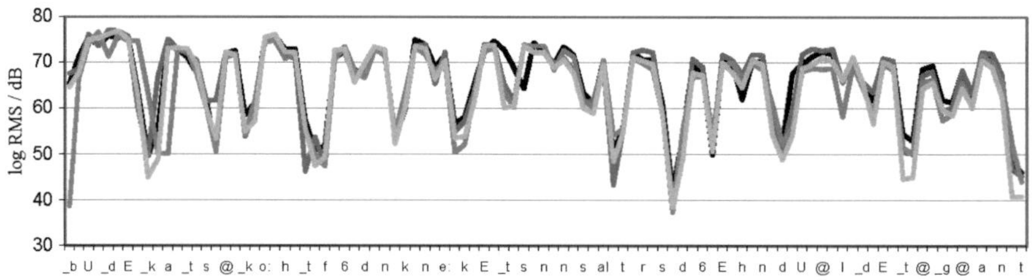

Abbildung 6.6. Intra-individuelle Intensitätsschwankung bei Nachrichtenwiederholung (4 Realisierungen des Satzes: „Bundeskanzler Kohl hat vor den Konsequenzen eines Scheiterns der Verhandlungen in Dayton gewarnt.“, aus [JK03]).

tion der RMS-Kontur ist jedoch teilweise domänenspezifisch bedingt und kann nicht ohne weitere Untersuchungen auf ein anderes deutsches Sprachkorpus verallgemeinert werden:

- professioneller Sprecher,
- klare Intention (Nachrichtenstil),
- kurzfristige Wiederholung.

Die Abbildung 6.7 stellt die mittlere Lautintensität in Abhängigkeit von der Lautposition innerhalb einer Silbe und in einem Satz (Anfangs- und Endstellung) dar und entspricht weitgehend den phonetischen Annahmen. Interessant erscheint die signifikant höhere Intensität der Coda- gegenüber den

Onset-Lauten. Sie lässt sich aber vermutlich auf Basis der spezifischen Konsonantenverteilung in Onset und Coda erklären.

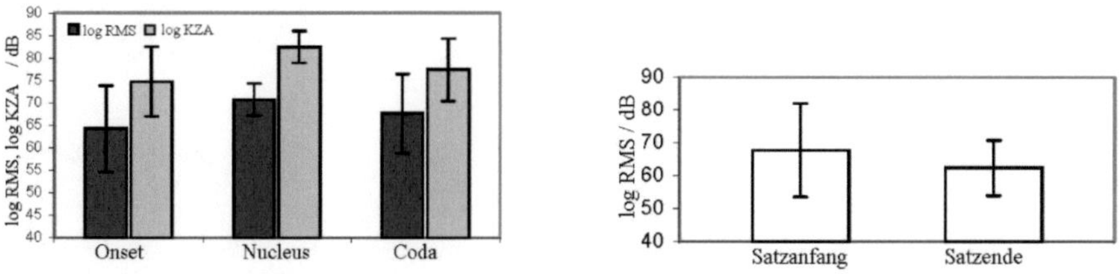

Abbildung 6.7. RMS und Kurzzeitamplitude (KZA), abhängig von der Lautposition: innerhalb einer Silbe (links) und Satzanfang vs. -ende (rechts); aus [JK03].

Die Abbildung 6.8 stellt die positions- und kontextabhängige Intensität einzelner Laute bzw. Lautklassen dar. Der Schwa-Laut besitzt z. B. am Satzende einen gegenüber seinem Mittelwert um ≈ 5 dB reduzierten RMS-Wert, und der RMS-Wert eines Langvokals mit Plosiv- oder Frikativkontext reduziert sich ebenso deutlich.

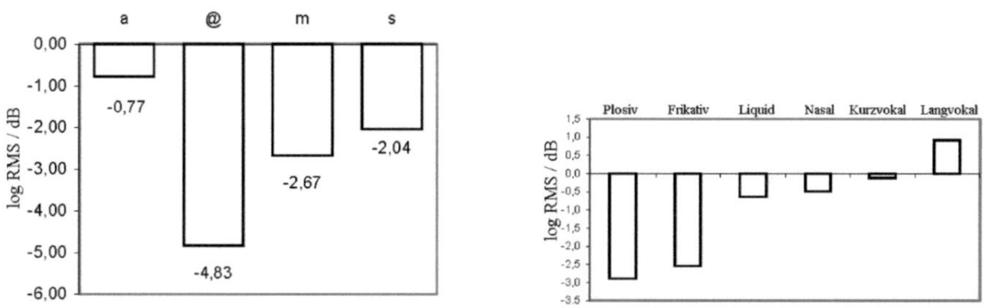

Abbildung 6.8. RMS am Satzende (normiert auf lautbezogenen Mittelwert – links) und RMS von Langvokalen (abhängig vom Folgelaut – rechts); aus [JK03].

Besonders signifikant ist die Wechselwirkung der Intensität mit der Grundfrequenz f_0 (vgl. Abbildung 6.9). Brondsted nutzte diese Erkenntnis für einen RMS-basierten Indikator für fehlerhaft bestimmte f_0-Werte [Bro97] im Dänischen. Das über alle stimmhaften Laute der Datenbasis berechnete Scatterplot in Abbildung 6.10 legt einen – im Mittel – proportionalen Zusammenhang zwischen Kurzzeitamplitude (siehe Gleichung 3.8) und f_0 nahe.

Die über alle Laute des Korpus ermittelten Pearson-Korrelationskoeffizienten zwischen Intensität und f_0 betragen $\rho_A = 0.69$ bzw. $\rho_{RMS} = 0.72$ [Küh03].

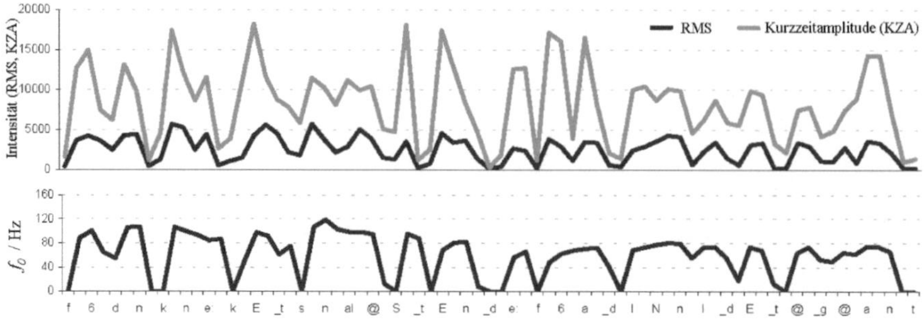

Abbildung 6.9. Wechselwirkung zwischen f_0- und Intensitätsverlauf. Textausschnitt: „... vor den Konsequenzen eines Scheiterns der Verhandlungen in Dayton gewarnt.“ (aus [JK03]).

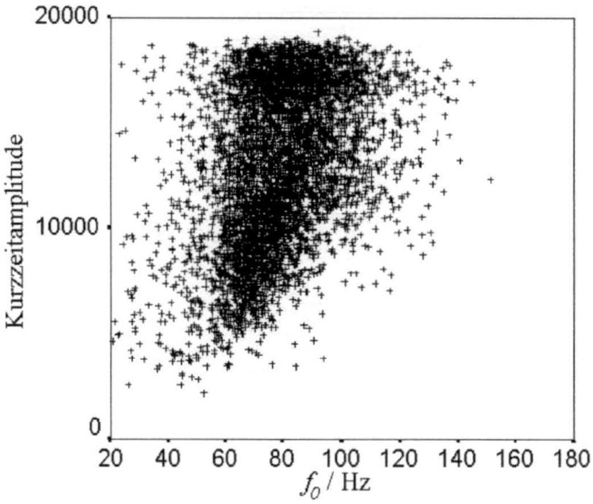

Abbildung 6.10. Scatterplot für alle stimmhaften Laute: Kurzzeitamplitude vs. f_0 aus [JK03].

6.3.4 Modellbildung und Evaluation

Um die perzeptive Relevanz der Intensitäts-f_0-Korrelation zu testen, wurde eine einfache, lineare Intensitätsmodifikation gemäß

$$RMS = af_0 + b \qquad \text{für} \qquad f_0 \geq 60 \text{ Hz} \tag{6.1}$$

eingeführt. Die Koeffizienten a und b wurden durch lineare Regression aus dem Korpus extrahiert. In stimmlosen Phasen wurde die Kontur interpoliert und geglättet. In einem Hörtest wurden 20 Stimuli von 32 Probanden mit einem ACR-Test von 1 („schlecht“) bis 5 („ausgezeichnet“) bewertet (vgl. Abbildung 6.11):

1. Originaläußerung (ORG),
2. Originaläußerung – RMS gemäß Gleichung 6.1 modifiziert (ORGMOD),

3. DRESS-Synthese mit prosodischen Originalkonturen (MAP),
4. DRESS-Synthese mit prosodischen Originalkonturen – RMS gemäß Gleichung 6.1 modifiziert (MAPMOD),
5. DRESS-Standardsynthese (SYN).

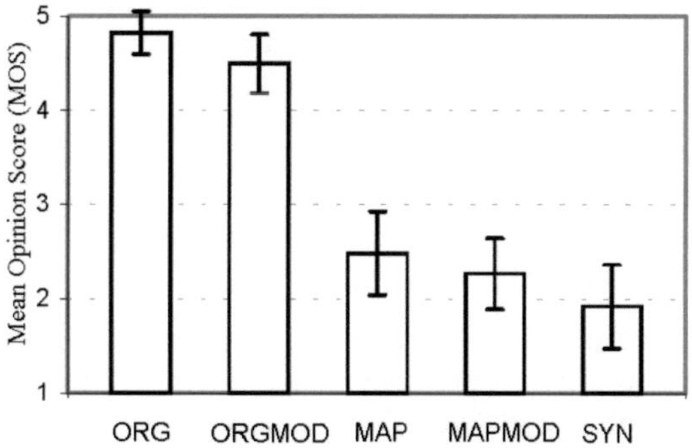

Abbildung 6.11. Perzeptive Evaluation der modifizierten Intensitätskonturen von 1 („schlecht") bis 5 („ausgezeichnet") aus [JK03]).

Ungeachtet der schlechteren Performanz der Synthese, ist für die Bewertung der Intensitätsmodifikation nur der Vergleich zwischen den Varianten 1 und 2 (ORG vs. ORGMOD) sowie zwischen den Varianten 3 und 4 (MAP vs. MAPMOD) relevant. In beiden Fälle reduziert sich der MOS nach der Modifikation um etwa 0.3 Kategorien. Diese nur geringe Differenz zur originalen Intensitätsvariante wird als Indiz für die Anwendbarkeit des vorgeschlagenen, linearen Modells gewertet. Auf der anderen Seite kann im Rahmen dieser Untersuchung nicht geklärt werden, ob die geringen Hörunterschiede nicht eventuell auf eine geringe Relevanz des Intensitätsparameters hinweisen, da keine Gegenprobe mit anderen Modifikationsvarianten erfolgte.

6.4 Multilinguale Adaptation des IGM

Einige regelbasierte Intonationsmodelle (z. B. Fujisakimodell [FH84], ToBI [SBP$^+$92, Mag98] oder Momel/INTSINT [HE93]) werden aufgrund ihrer universellen Funktionsweise sprachübergreifend untersucht und angewendet. Es ist daher nahe liegend, datengetriebene oder hybride Verfahren ebenfalls auf eine multilinguale Eignung zu überprüfen.

6.4.1 Silbenbasiertes f_0- und Dauermodell für Mandarin-Chinesisch

Basierend auf dem NN-Prädiktorkern des IGM wurde in Zusammenarbeit mit Hongwei Ding (vormals TU Dresden, derzeit Tongji University Shanghai) ein silbenbasiertes f_0- und Dauermodell für Chinesisch entwickelt und im DRESS-System erprobt [JDK02, JDKS02, DJK02].

6.4.1.1 Vorarbeiten

Mandarin-Chinesisch ist eine silbenbasierte, tonale Sprache und je nach Betonung ändert sich der Sinn der Silbe (lexikalischer Ton). Als das klassische Beispiel für die Bedeutungsunterscheidung wird die Silbe „ma“ angeführt:

- *mā* (1. Ton): Mutter,
- *má* (2. Ton): Hanf,
- *mǎ* (3. Ton): Pferd,
- *mà* (4. Ton): schimpfen.

Repräsentiert durch den f_0-Verlauf, startet der erste Ton hoch und wird auf gleich bleibender Tonhöhe gesprochen, der zweite Ton steigt an, der dritte Ton fällt zunächst und steigt anschließend wieder an. Der vierte Ton wird fallend und knapp betont. Diese Tonstruktur wird durch Koartikulationsregeln (Tonsandhi) überlagert. Hinzu kommen die aus anderen Sprachen bekannten Intonationsmechanismen wie z. B. die Phrasendeklination. Ein makroprosodisches Modell für die Sprachsynthese muss diese besonderen Zusammenhänge der Tonsprache berücksichtigen und darf insbesondere die mikroprosodische Struktur gespeicherter Inventarbausteine (z. B. Silben) nicht zerstören. In [DH97] wird deshalb ein f_0-Synchronisationspunkt pro Silbe vorgeschlagen, der von einer makroprosdischen Modellkomponente variiert wird (vgl. Abbildung 6.12).

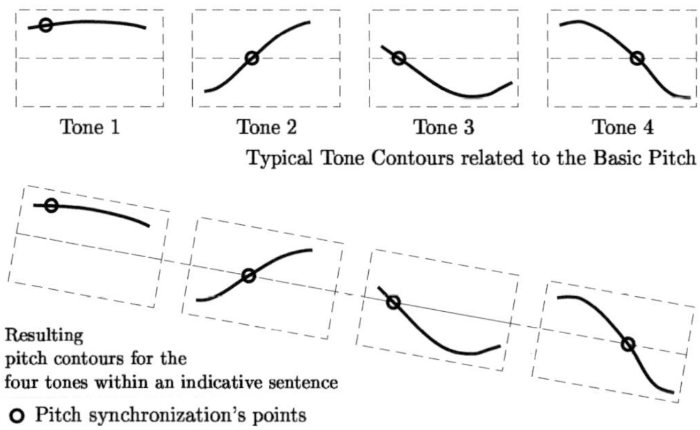

Abbildung 6.12. Mandarin-Chinesisches Ton-Modell aus [DH97].

6.4.1.2 Netzkodierung und Training

Die Netzeingangsrepräsentation basiert auf 17 linguistisch-phonetischen Attributen wie Satz- und Silbentyp, lexikalischer Ton sowie Positions- und Kontextparameter (z. B. vorheriger/nachfolgender Ton). Dies entspricht in etwa der Komplexität der IGM-Modellierung (24 Attribute). Für eine geeignete neuronale Approximation wurde mit verschiedenen silbenbezogenen Ausgabevektor-Kodierungen experimentiert, wobei hier auf die spezifischen Vor- und Nachteile nicht näher eingegangen wird. Die Ausgabekodierungen unterscheiden sich lediglich nach Anzahl und Lage der f_0-Stützstellen in der Silbe bzw. im initialen Konsonanten (Index c) oder Vokal (Index v):

1. Vektor mit drei Komponenten [JDKS02]: $f_{0,modelpoint}$, Silbendauer d_{syl} und Pausendauer d_{pau}. Die Lage der f_0-Stützstelle variiert je nach Ton und synchronisiert den f_0-Verlauf silbenweise (vgl. Abbildung 6.12).
2. Vektor mit fünf Komponenten [JDK02]: $f_{0,left}$, $f_{0,cent}$, $f_{0,right}$, Silbendauer d_{syl} und Pausendauer d_{pau} – drei f_0-Stützstellen je Silbe.
3. Vektor mit sechs Komponenten [DJK02]: $f_{0,c,begin}$,$f_{0,v,begin}$ $f_{0,v,middle}$, $f_{0,v,end}$, Silbendauer d_{syl} und Pausendauer d_{pau} – eine f_0-Stützstelle im Konsonant und drei Stützstellen im Vokal.

Die prinzipielle Eignung der f_0-Kodierung, insbesondere der dritten Variante (f_0-Stilisierung mittels vier f_0-Stützstellen pro Silbe), wurde in einem Resynthese-Experiment nachgewiesen (siehe auch Konturvisualisierung in Abbildung 6.13).

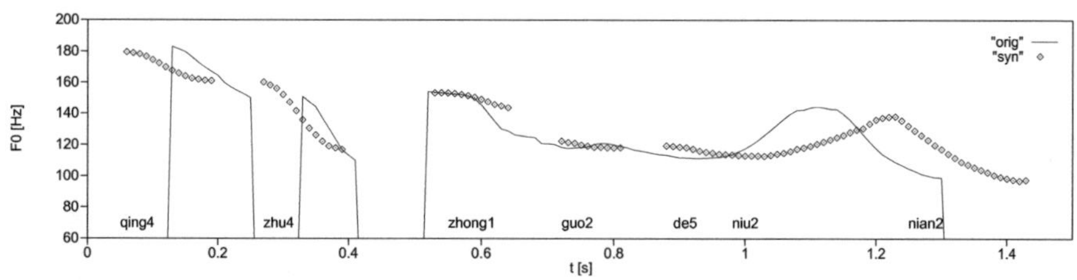

Abbildung 6.13. f_0-Stilisierung für das Chinesische mittels 4 Stützstellen pro Silbe. Resynthesekontur vs. Original (aus [DJK02]).

Die verwendete Netzstruktur bestand aus drei Ebenen (17 + 10 + N) und variierte bezüglich der Anzahl der Ausgabeneuronen. Es wurden sowohl Einzelnetze zur separaten Schätzung von f_0 und Silben- bzw. Pausendauer als auch ein integriertes Netz getestet, wobei die Topologie keinen signifikanten Einfluss hatte. Im Gegensatz zum IGM für das Deutsche wurden jedoch keine Ausgabewerte auf den Netzeingang rückgekoppelt, dem Modell fehlt also ein Gedächtnis für den vorherigen f_0-Signalverlauf. Der Silbenkontext wird lediglich über die Eingangskodierung berücksichtigt. Die Abbildung 6.14 stellt ein typisches Kodierungsbeispiel aus der Silbendatenbank dar.

syl	syltyp	isyltyp	tone	syl/wrd	nsyl/w	wrd/phr	wrd/sen	phr/sen	syl/phr	wstress	pstress	prvtone	nxttone	nwrd	nsyl	nphr	snttype	sumdur	syldur	paudur	f0-c-begin	f0-v-begin	F0-v-middle	f0-v-end
zhong1	CVNN	7	1	1	2	1	1	1	1	1	0	0	2	15	28	4	1	306	159	0	241	237	232	200
guo2	CVV	10	2	2	2	1	1	1	2	0	0	1	4	15	28	4	1	192	142	0	187	179	128	119
guo2	CVV	10	4	1	3	2	2	1	3	0	0	2	4	15	28	4	1	192	167	0	133	194	198	187
wu4	V	2	4	2	3	2	2	1	4	0	0	4	4	15	28	4	1	99	85	0	0	172	151	141
yuan4	VVN	11	4	3	3	2	2	1	5	0	1	4	0	15	28	4	1	178	248	0	0	142	140	93
pause	pause	1	0	0	0	0	0	1	0	0	0	4	4	15	28	4	1	485	0	247	0	0	0	0

Abbildung 6.14. Kodierungsbeispiel aus der Silbendatenbank. Netzeingabe (Spalten 3...19) und Netzausgabe (Spalten 20...25) [DJK02].

Das chinesische Prosodiekorpus besteht aus 63 Sätzen mit 2 385 Silben und wurde in Trainingsdaten (50 Sätze, 1 854 Silben) und Testdaten (13 Sätze, 531 Silben) unterteilt. Die Satzlängen variierten von 15 bis 86 Silben. Es wurde mit Backpropagation trainiert. Überadaptation wurde durch gleichzeitige Beobachtung der Testdaten vermieden.

6.4.1.3 Ergebnisse

Trotz der vergleichsweise einfachen hybriden[3] Modellierung und der geringen Trainingsdatenmenge werden sinnvolle prosodische Konturen erzeugt, wie das Testdaten-Beispiel in der Abbildung 6.15 und ein nachfolgender Hörtest zeigen. Die vom besten Netzwerkmodell produzierten Abweichun-

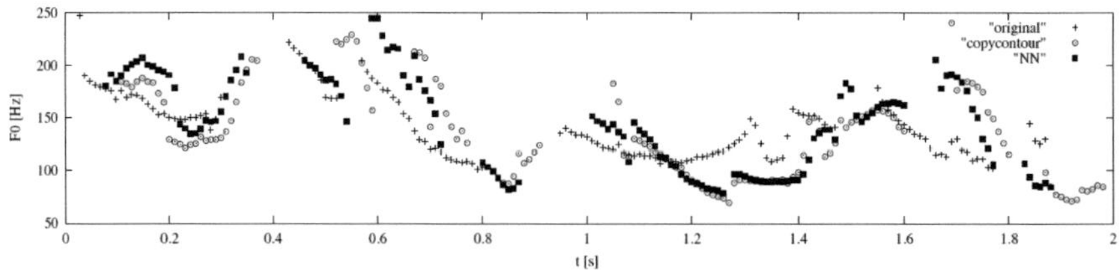

Abbildung 6.15. f_0-Konturen: Original vs. Synthese mit originalen f_0-Stützwerten (Stilisierung ≡ „copy contour“) vs. Synthese mittels netzwerkgenerierter f_0-Stützwerte. Satzbeispiel: „gui1 mo2 zui4 da4 de0 shi4 mei3 nian2 yi1 du4 de3 ...“ („Das größte jährliche Ereignis ist ...“) aus [JDK02].

gen zu den Referenzdaten liegen im Test-Set bei $RMSE_{syldur} = 47.1$ ms, $RMSE_{paudur} = 56.4$ ms und $RMSE_{f_0} = 19.4$ Hz (bezogen auf $f_{0,modelpoint}$).

[3] Die f_0-Stilisierung auf Silbenebene wird neben der neuronalen Ansteuerung als eigenständige (regelbasierte) Modellierung aufgefasst, da sie im Gegensatz zu einer Interpolation Silbenstruktur-Information beinhaltet

Der Hörtest bestand aus 54 Sätzen (36 Synthesesätze, 9 Resynthesen und 9 korrespondierende Originalsätze). Insgesamt 20 Probanden mit Muttersprache Mandarin-Chinesisch bewerteten den Gesamteindruck auf einer ACR-Skala von 1 „schlecht" bis 5 „ausgezeichnet". Die Resynthesebeispiele (vgl. Abbildung 6.16) auf Basis neuronal approximierter Silbendauern („nndur") erreichten nahezu den gleichen MOS (4.88) wie die Originalsätze (MOS = 4.91) und liegen damit sogar leicht über den Bewertungen von Resynthesebeispielen auf Basis der originalen Silben- bzw. Phonemdauern. Eventuell ist dies auf einen Artefakt in der Lautdauermodifikation des Synthesealgorithmus zurück zu führen. Wichtig ist die Erkenntnis, das das NN-Modell für die Dauersteuerung im Chinesischen anscheinend gut geeignet ist.

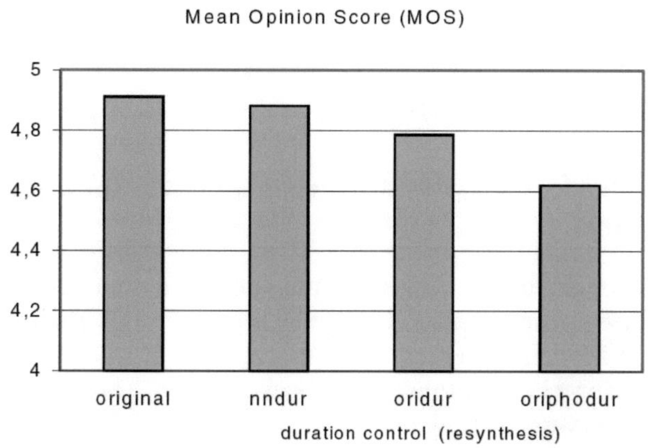

Abbildung 6.16. Perzeptive Evaluation der modifizierten Silbendauern. Original vs. Resynthese von NN-Dauern (nndur) vs. Resynthese originaler Silben- bzw. Phonemdauern (oridur, oriphodur) aus [JDKS02].

Bei einer Synthese mit dem DRESS-System fallen die Ergebnisse für die f_0- und Dauersteuerung deutlich schlechter aus (vgl. Abbildung 6.17). Ohne eine prosodische Steuerung („mono", Parameter aus dem Bausteininventar kopiert) wird ein MOS von 1.91 erreicht. Werden sowohl f_0 als auch die Silben- und Pausendauern mittels NN approximiert („nndurf0") wird ein MOS von 3.20 erzielt, womit die Qualitätsbewertung nahezu die Synthese auf Basis originaler f_0- und Dauerwerte („oridurf0", MOS = 3.42) erreicht Die verbleibende Differenz zur Originalbewertung (MOS = 4.91) resultiert vermutlich aus der unzureichenden Modellierung der Koartikulation sowie Artefakten durch die Baustein-Konkatenation mittels TD-PSOLA.

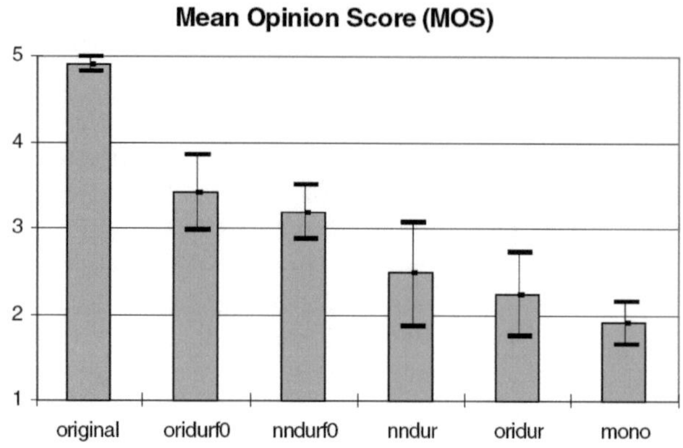

Abbildung 6.17. Perzeptive Evaluation von Synthesevarianten. Original vs. Resynthese von NN-Dauern (nndur) bzw. von originalen Silben- bzw. Phonemdauern (oridur, oriphodur) aus [JDKS02].

6.4.2 Silbenbasiertes f_0- und Dauermodell für ein französisches Formel-Korpus

Eine weitere multilinguale Untersuchung fand für eine IGM-basierte Variante des Französischen [Rai02, RBHM04] statt, die mit einem existierenden regelbasierten Modell des Französischen verglichen wurde. Jedes Modell wurde in beiden Sprachen untersucht (Kreuzvergleich). Dabei wurde eine rudimentäre Kontextverarbeitung ohne Rückkopplung, analog dem FFNN-MFGI-Prädiktor, verwendet. Die Modellausgabe beinhaltete jedoch die Silben- und Pausendauer, so dass dieses Modell im Folgenden als vereinfachte IGM-Variante betrachtet wird. Ziel war die Generierung prosodischer Konturen für die Synthese mathematischer Formeln. Dazu wurde am kooperierenden Institut de la Communication Parlée (ICP) in Grenoble ein Korpus von 157 französischen Formeln generiert und ein entsprechendes ICP-Prosodiemodell [HB00] adaptiert. Stephan Raidt entwickelte eine deutsche Variante des Formel-Korpus mit 489 Formeln, die automatisch etikettiert und danach manuell korrigiert wurde. Es wurden 134 Formelphrasen ausgewählt, die sich in beiden Sprachen strukturell entsprechen.

Die Modelle IGM und ICP wurden auf jeweils 104 Phrasen (Lernkorpus) trainiert und im Folgenden auf einem Testkorpus von 10 (aus 30) Phrasen, welche die größten Unterschiede bezüglich ihrer synthetischen Konturen in beiden Modellen repräsentierten, evaluiert. Testkriterien waren die Abweichung von Pausen- und Silbendauern bezüglich der Referenzphrasen sowie die entsprechenden Unterschiede in den f_0-Konturen. Außerdem wurden variierende Pausensetzungen und die Modelldifferenzen untereinander analysiert. Die Tabellen 6.2 und 6.3 fassen die quantitativen Evaluierungsergebnisse für Deutsch und Französisch zusammen.

Kriterium	**Lernkorpus** (1762 Silben)			**Testkorpus** (178 Silben)		
	IGM/O	ICP/O	IGM/ICP	IGM/O	ICP/O	IGM/ICP
Pausendauer (RMSE/ms)	133.0	143.1	116.7	168.3	139.2	153.4
Pause korrekt	284	262	257	29	32	27
Pause eingefügt	70	22	-	7	3	-
Pause fehlt	58	80	-	8	5	-
Silbendauer (RMSE/ms)	50.4	63.0	47.0	53.5	66	51.6
f_0 (RMSE/Hz)	55.0	37.3	48.2	61.2	42.3	61.5
ρ (f_0-Korrelation)	0.626	0.755	0.698	0.666	0.693	0.649

Tabelle 6.2. Deutsch: Modell/Original-Vergleich (IGM/O, ICP/O) sowie Modell/Modell-Vergleich (IGM/ICP). Evaluation auf Lernkorpus (links) und Testkorpus (rechts) nach [Rai02].

Kriterium	**Lernkorpus** (2140 Silben)			**Testkorpus** (211 Silben)		
	IGM/O	ICP/O	IGM/ICP	IGM/O	ICP/O	IGM/ICP
Pausendauer (RMSE/ms)	222.7	176.5	198.9	295.7	254.2	198.7
Pause korrekt	389	378	396	35	34	37
Pause eingefügt	238	39	-	23	7	-
Pause fehlt	29	40	-	3	4	-
Silbendauer (RMSE/ms)	38.7	48.5	48.1	47.0	49.9	46.8
f_0 (RMSE/Hz)	106.2	44.5	101.4	125.6	43.8	125.5
ρ (f_0-Korrelation)	0.505	0.881	0.520	0.358	0.888	0.313

Tabelle 6.3. Französisch: Modell/Original-Vergleich (IGM/O, ICP/O) sowie Modell/Modell-Vergleich (IGM/ICP). Evaluation auf Lernkorpus (links) und Testkorpus (rechts) nach [Rai02].

Da das ICP-Modell ursprünglich für die Formel-Synthese entwickelt bzw. optimiert wurde, erreichte es erwartungsgemäß im Mittel bessere Ergebnisse als das IGM, vor allem bezüglich der französischen Intonation. Als möglicher Grund wurden die auffällig langen Akzentkonturen identifiziert. Bei der Markierung französischer Korpora mit Fujisakiparametern ist es teilweise üblich, negative Akzentkommandos zu verwenden. Dies wurde im vereinfachten IGM von Raidt nicht berücksichtigt. Bezüglich der Silbendauer-Approximation schneidet allerdings das IGM auf allen analysierten Teilkorpora (einschließlich Französisch) besser als das ICP-Modell ab. Bei der nachfolgenden Hörtestbewertung gab es im Mittel eine leichte Präferenz für das ICP-Modell, die erwartungsgemäß im Französischen signifikant höher ausfiel.

6.5 Prosodische Sprechstil-Simulation

In Kooperation mit Hans Kruschke wurde eine leicht modifizierte IGM-Variante zum Training verschiedener prosodischer Sprechstile getestet [KJ02, JKH05]. Seine Experimente zur Sprechstil-Simulation gehen über den Fokus der neuronal modellierten Prosodie hinaus, da z. B. auch stimmqualitative Merkmale untersucht wurden. Eine ausführliche Darstellung wurde in seiner Dissertation publiziert [Kru07]. An dieser Stelle wird das IGM-Experiment aus [KJ02] dargestellt. Das Einsatzszenario betrifft die Modellierung und Unterscheidbarkeit der Lesestile *Nachrichten* und *Märchen* in synthetischer Sprache.

Das Textmaterial besteht aus jeweils ca. 4 000 Wörtern pro Stil, wobei außerdem die Kategorien *Normal*, *Schnell*, *Langsam*, *Bewegt* und *Monoton* aufgezeichnet wurden. Sämtliche Daten wurde von einer professionellen deutschen Sprecherin gelesen, phonetisch-prosodisch markiert und manuell korrigiert. Das IGM wird mit den gemischten Daten des Nachrichten und Märchen-Stils trainiert, wobei ein im Datensatz unbelegtes Eingangsneuron den entsprechenden Stil kodiert. Die vom trainierten Netz approximierten Fujisaki- und Silbendauerkonturen werden zur Manipulation von Synthese-Stimuli genutzt („gemappte Prosodie") und vermischt mit anderen Synthese-Stimuli auditiv präsentiert. Tabelle 6.4 zeigt die Stilzuordnung von 12 Probanden und betrifft nur die neuronal manipulierten Synthesebeispiele innerhalb des Hörtests.

Beabsichtigter Stil	**Zugeordneter Stil**						
	Normal	Schnell	Langsam	Mono.	Bewegt	Nachr.	März.
Nachrichten	28.3%	28.3%	13.3%	5.0%	18.3%	3.3%	3.3%
Märchen	36.7%	3.3%	28.3%	3.3%	10.0%	8.3%	10.0%

Tabelle 6.4. Perzeptive Stilzuordnung (synthetische Sprache, IGM*-Prosodie) nach [KJ02].

IGM*-erzeugte Nachrichten bzw. Märchen-Stile werden nicht wie beabsichtigt erkannt. Beide Stile werden häufig mit Normal verwechselt. Nachrichten werden darüber hinaus häufig mit Schnell und Bewegt verwechselt. Märchen werden häufig mit Langsam, teils auch Bewegt verwechselt. Mit Verweis auf die bereits diskutierten Einflussfaktoren bei Hörtests mit Sprachsynthese (vgl. Abschnitt 6.1.3) sowie auf die nicht optimierte IGM*-Eingangsbeschreibung (vgl. Arbeitsschritte in Abschnitt 6.2) kann hieraus allerdings noch nicht geschlussfolgert werden, das IGM sei prinzipiell für die Approximation von spezifischen Sprechstilen ungeeignet. Stilverwechslungen treten bei der Hörpräsentation synthetischer Sprache unter Verwendung der originalen, gemappten Prosodie ebenso auf. Abbildung 6.18 zeigt die entsprechende Verwechslungsmatrix für synthetische Sprache. Zum Vergleich präsentiert die Abbildung 6.19 die Stilzuordnungen der natürlichen Sprach-Stimuli aus der Datenbank. Bei diesem Hörtest nahmen 19 Probanden teil. Hier reduziert sich die Anzahl an Verwechslungen gegenüber dem Experiment mit synthetischer Sprache deutlich. Zukünftige Modell-Tests sollten deshalb zunächst Resynthese natürlicher Sprache verwenden. Auf dieser Basis kann schrittweise ein entsprechendes NN-Modell entwickelt und optimiert werden.

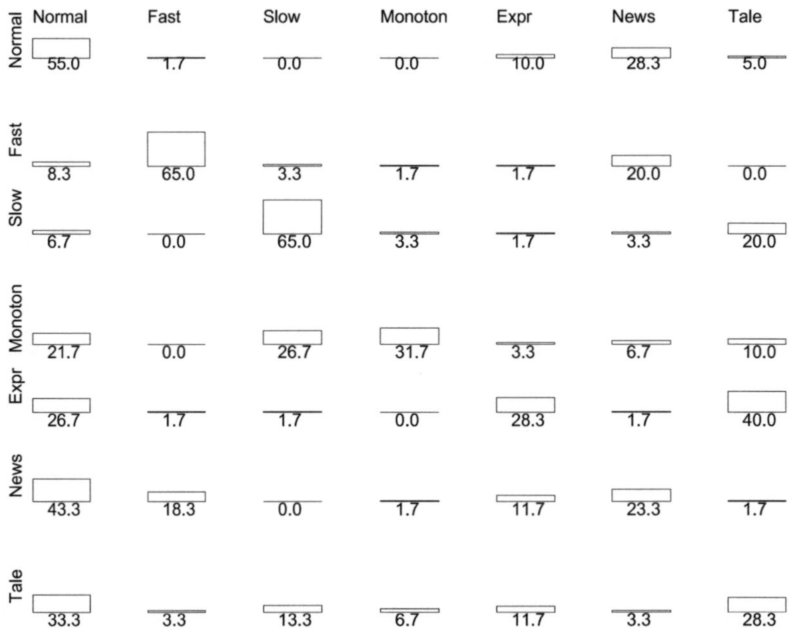

Abbildung 6.18. Hörtest. Stilzuordnung von synthetischer Sprache mit gemappter Prosodie (in %). Beabsichtigter Stil (Zeile) vs. wahrgenommener Stil (Spalte) aus [KJ02].

Kruschke argumentiert nach weiteren Experimenten in [Kru07], S. 102-103, dass die schlechte Qualität der synthetisierten Prosodie z. B. aus der Netzwerk-Topologie oder aus Eingabefehlern aufgrund einer fehlerhaften symbolischen Prosodiegenerierung resultieren könnte.

Eine weitere Vermutung betrifft eine unzureichende Korrelation von gewählten Eingabeparametern und Sprachvariation, die aus Sicht des Autors mit Verweis auf die starke Datenabhängigkeit des IGM und seiner Optimierung (siehe Experimente in den Abschnitten 6.1 und 6.2) nahe liegender ist.

6.6 Eine modifizierte Parametrisierung des Fujisaki-Modells

Bei einer hybriden Prosodiemodellierung liegt im Regelfall bereits ein etabliertes, regelbasiertes Modell vor, an das die datengetriebene Komponente angepasst wird. Methodisch sollten allerdings beide Komponenten hinterfragt werden. An dieser Stelle soll ein Beispiel dargestellt werden, bei dem aufgrund einer Fehleranalyse eines datengetriebenen Modells die Notwendigkeit der Änderung eines regelbasierten Modell abgeleitet wird. Die entsprechenden Experimente wurden von Robert Schubert mit der in DRESS implementierten IGM-Variante durchgeführt [Sch10a].

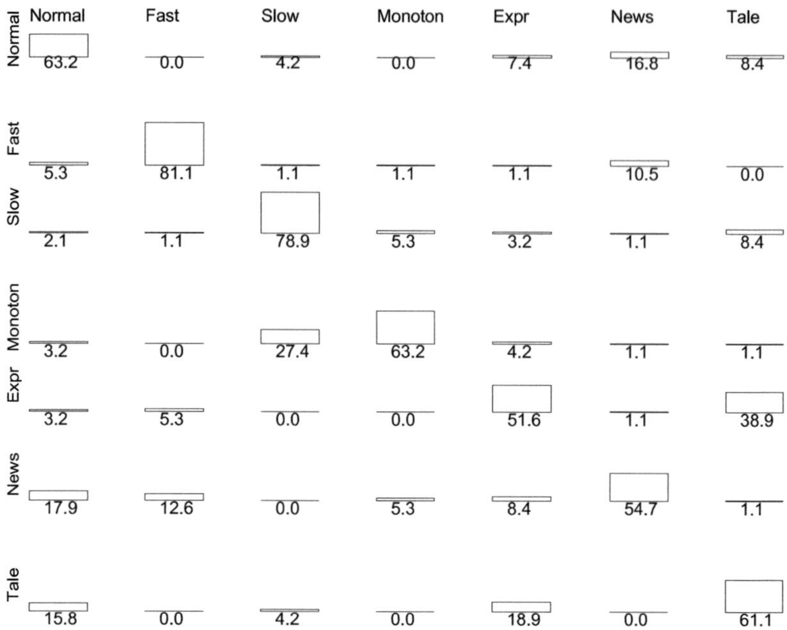

Abbildung 6.19. Hörtest. Stilzuordnung von natürlicher Sprache (in %). Beabsichtigter Stil (Zeile) vs. wahrgenommener Stil (Spalte) aus [KJ02].

Das Fujisaki-Modell [FH84] wird sowohl in der Synthese als auch in der Analyse bei vielen Aufgabenstellungen erfolgreich angewendet, vor allem im multilingualen Kontext. Die physiologischen und mathematischen Grundlagen des Modells werden selten hinterfragt, obwohl die Grenzen des Modells bekannt sind – wie z. B. seine mathematische Überbestimmtheit[4] und eine nicht adäquate Modellierung bestimmter Intonationsformen [Tay92, SJH10].

Verschiedene Modellperspektiven wie die physiologische Erklärung, die phonologische Kausalität oder die mathematische Approximation führen teilweise zu widersprüchlichen Zielen. Eine dynamische Variation von f_b, α und β wird z. B. als physiologisch inadäquat betrachtet, verbessert aber in der Regel die Approximation. Unter den Beschränkungen der linguistischen Interpretation von Kommandos sinkt die Approximationsgüte, obwohl sich die Prädiktion ggf. verbessert. Im Hinblick auf einen ingenieurwissenschaftlichen Analyse-durch-Synthese-Ansatz muss die Frage gestellt werden: Was nutzt ein gut interpretierbares Modell oder eine scheinbare Übereinstimmung mit dem physiologisch realen Vorbild, wenn eine adäquate inverse Modellierung dadurch erschwert wird? Ähnliche Kontroversen gibt es in vielen Fachgebie-

[4] Aufgrund freier Modell-Parameter können unterschiedliche Konstellationen der Akzent-, Phrasen- und Basiskomponente ähnliche f_0-Konturen erzeugen. Die resultierende Mehrdeutigkeit einer Fujisaki-Parameterextraktion (inverse Modellierung) kann nur durch linguistische Restriktionen beseitigt werden.

ten, ebenso auf dem Gebiet evolutionärer oder konnektionistischer Modelle. Andreas Zell führt dazu in [Zel94] (S. 35) aus:

> „Bevor man technische neuronale Netze betrachtet, ist es interessant, das biologische Vorbild, Nervenzellen und Zellverbände von Tieren bzw. Menschen, anzusehen. Man stellt dabei sehr schnell fest, dass die technische Realisierung künstlicher neuronaler Netze nur sehr wenig mit dem biologischen Vorbild zu tun hat, weil sie zu vieles zu stark vereinfacht. Dies ist auch einer der Hauptkritikpunkte von Forschern aus den Biowissenschaften an den aus der Physik, Informatik oder Mathematik stammenden Modellen. Andererseits sind nur diese stark vereinfachten Modelle derzeit einer genauen theoretischen Analyse zugänglich.“

Zugespitzt formuliert: Ein Modell ist dann sinnvoll, wenn es ein Problem löst. Daraus entstand der Vorschlag, die Parametrisierung des Fujisaki-Modells zu vereinfachen.

Bei dieser alternativen Parametrisierung des Fujisaki-Modells [SJH10] werden Deklination und Phrasenhöhe getrennt modelliert, wobei die mathematische Beschreibung der Phrasensteuerung symmetrisch an die Beschreibung der Akzentsteuerung angepasst wird. Basierend auf dem originalen Modell (Abschnitt 3.6.2.1) wird die Parametrisierung der Phrasensteuerungskomponente $G_p(t)$ (Gleichung 3.10) leicht modifiziert:

$$G_p^*(t) = \begin{cases} \alpha t \exp(-\alpha t) & \text{für } t \geq 0 \\ 0 & \text{für } t < 0 \end{cases} \tag{6.2}$$

Tabelle 6.5 stellt die originale und die modifizierte Parametrisierung des Fujisaki-Modells sowie die Konsequenzen gegenüber.

Akzentkomponente	Phrasenkomponente
Originalparametrisierung	
$\max_t G_a(t) = 1$	$\max_t G_p(t) = \frac{\alpha}{e}$
$t = -\frac{1}{\beta}(W(\frac{1}{e}(G_a - 1)) + 1)$	$t = -\frac{1}{\alpha}W(-\frac{G_p}{\alpha})$
$\beta = -\frac{1}{t}(W(\frac{1}{e}(G_a - 1)) + 1)$	$\alpha =$ nicht analytisch
modifizierte Parametrisierung	
unverändert	$\max_t G_{p_i}^*(t) = \frac{1}{e}$
unverändert	$t = -\frac{1}{\alpha}W(-G_p^*)$
unverändert	$\alpha = -\frac{1}{t}W(-G_p^*)$

Tabelle 6.5. Modell-Parametrisierung: Original vs. Modifiziert aus [SJH10].

$W(x)$ bezeichnet dabei die *Lambertsche W-Funktion*[5] (vgl. u. a. [CGH+96]), definiert als die inverse Funktion von $f(x) = xe^x$. Die Abbildung 6.20 stellt die beiden reellen Zweige der W-Funktion dar.

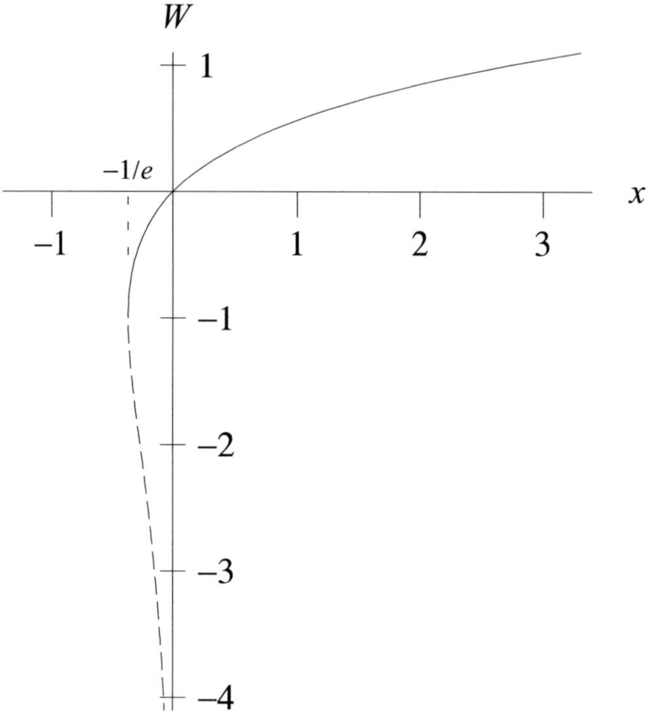

Abbildung 6.20. Reelle Zweige der Lambertschen Funktion $W(x)$ nach [CGH+96]: —— $W_0(x)$, - - - $W_{-1}(x)$.

Die Modifikation der Phrasensteuerungskomponente erleichtert sowohl eine Analyse des inversen Modells als auch die Approximation in der Sprachsynthese, falls beispielsweise variierende, kommandoabhängige Dämpfungsfaktoren eingesetzt werden.

Eine Evaluierung auf Basis von DRESS-Experimenten mit einem Korpus von 489 Sätzen führt im Mittel aller Äußerungen zu geringeren f_0-Fehlern zwischen der originalen Referenz und der jeweiligen synthetisierten Variante, sofern die modifizierte Modellvariante bei der Prosodiegenerierung verwendet wurde (siehe Tabelle 6.6).

[5] Die Lambertsche W-Funktion löst die Gleichung $y = xe^x$ nach x auf (Umkehrfunktion). Für $-1/e < y < 0$ gibt es zwei Lösungen. In den Fällen $y \geq 0$ und $y = -1/e$ gibt es jeweils genau eine Lösung. Die Berechnung erfolgt durch ein numerisches Verfahren. Für $y < -1/e$ existiert keine Lösung.

Modell	RMSE			ρ
	[%]	[Hz]	[semi-tones]	
Original	23.7	28.2	4.42	0.34
Modifikation	20.0	23.8	3.46	0.34

Tabelle 6.6. RMSE und Korrelation der f_0-Modellkonturen mit Referenz: Original vs. Modifikation nach [SJH10].

Die Abbildung 6.21 visualisiert die notwendige Korrektur der Fujisaki-Phrasenkomponente G_p^* für drei Beispielwerte des α-Parameters im Vergleich zur originalen Fujisaki-Modellierung.

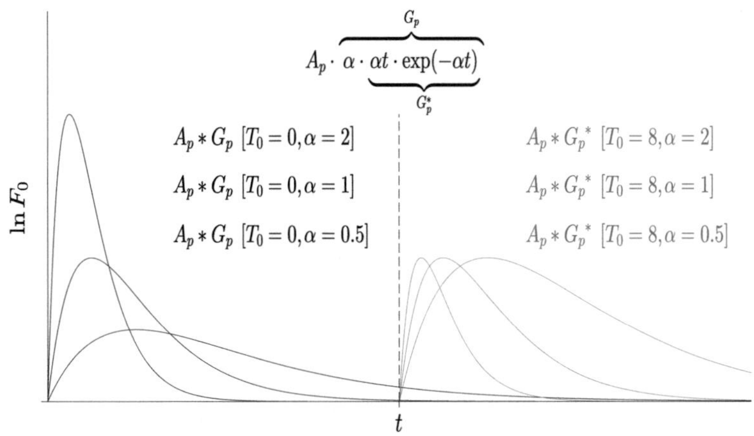

Abbildung 6.21. Effekt der korrigierten Phrasenkomponente (rechts) im Vergleich zur originalen Fujisaki-Parametrisierung (links), nach [SJH10].

In Abbildung 6.22 werden die daraus resultierende, modifizierte Phrasen-, Akzent- sowie f_0-Gesamtkontur schematisch dargestellt, wobei für die originale Fujisaki-Modellierung α = const und β = const angenommen wurde. Offensichtlich kann das Abklingverhalten der Phrasenkomponente in dem gezeigten Beispiel mit der veränderten Parametrisierung besser zeitlich synchronisiert werden. Die korrigierte Parametrisierung verhindert, dass die Phrasenkomponente zu schnell abklingt und ein Monotonieeffekt auftritt. Mittels korrigierter Parametrisierung startet die nachfolgende Phrase auf einem „korrekten“ (leicht erhöhten) f_0-Niveau.

Die vorgeschlagene modifizierte Parametrisierung des Fujisaki-Modells muss allerdings noch in umfangreicheren Experimenten validiert werden.

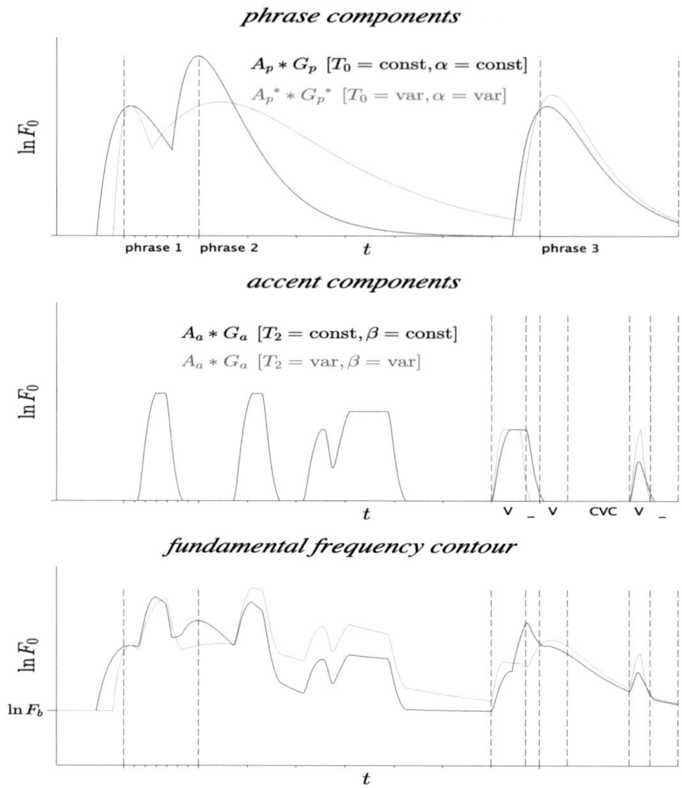

Abbildung 6.22. Effekt der korrigierten Phrasenkomponente (A_p^*) auf die überlagerte f_0-Gesamtkontur (unten) (nach [SJH10]).

7

Zusammenfassung

Die Arbeit startete mit der Hypothese, dass in der Sprachforschung eine Verschiebung der Paradigmen von einer strikt regelbasierten, symbolischen Modellierung hin zu statistischen oder datengetriebenen Verfahren stattfindet, um die Variabilität humaner Spracherzeugung und -wahrnehmung besser abzubilden. Dies konnte anhand der eigenen und kooperativen Arbeiten mit Fachkollegen am IAS sowie Partner-Instituten im prosodischen Forschungsbereich belegt werden.

Dabei unterlagen alle Modellbildungen einem starken Einfluss der zur Verfügung stehenden Trainingsdaten. In verschiedenen Experimenten konnte gezeigt werden, dass dieser Dateneinfluss bei den betrachteten Beispielen dominant gegenüber der verwendeten Modellstruktur oder Netztopologie ist. Dies gilt sowohl für regelbasierte Modelle (sofern sie z. B. statistisches Wissen aus den Korpora nutzen: Lautdauerverteilung, mittlere f_0 etc.) als auch insbesondere für datengetriebene Modelle. Je nach Güte der Eingangsinformation und Modellimplementierung zeigen quantitativ-regelbasierte und neuronale Modelle eine ähnliche Performanz bezüglich objektiver numerischer Fehlerkriterien sowie in fast allen Hörtests.

Um Vorteile etablierter regelbasierter und flexibler NN-Modelle zu kombinieren, wurde eine hybride Architektur (HYDRA) vorgeschlagen. Auf dieser Basis wurden die Kernkomponente des integrierten Prosodiemodells des Deutschen (IGM), eine Variante zur Approximation von Sprechstilen sowie ein f_0-Modell für Chinesisch entwickelt. Die neuronale Struktur wurde außerdem einer evolutionären Optimierung unterzogen, ohne jedoch die Modellgüte entscheidend verbessern zu können.

Ein wichtiger Nebeneffekt der Arbeit war die Indikation von Schwächen regelbasierter Modelle, die durch die Zusammenschaltung mit datengetriebenen Modellen und den Bedarf an inverser Modellierung sichtbar werden. Deshalb wurde für das etablierte Fujisaki-Modell eine verbesserte Parametrisierung vorgeschlagen und in Grundzügen mit Sprachsynthese getestet. Ein Problem bei der Evaluierung der Prosodiegenerierungsansätze für die Sprachsynthese stellen die weltweit heterogenen Testbedingungen und die nach wie vor in Teilbereichen schlechte akustische Qualität von Sprachsynthese dar.

Hybride datengetriebene und regelbasierte Verfahren werden sich in der Prosodieanalyse und -generierung weiter durchsetzen, weil sie die Optimierung der Gesamtperformanz *in the Loop* sowie die effiziente Implementierung und Konfiguration erleichtern. Gesicherte Abhängigkeiten und Erkenntnisse werden in regelbasierte – variierende Modellanteile in lernbasierte – Teilsysteme verlagert.

Literatur

[Abe67] ABERCROMBIE, D.: *Elements of General Phonetics.* Edinburgh University Press, 1967

[Adr91] ADRIAENS, L. M. H.: *Ein Modell deutscher Intonation.* TU Eindhoven, 1991. – Dissertation

[AHK87] ALLEN, J. ; HUNNICUTT, S. ; KLATT, D.: *From Text to Speech: The MITalk System.* Cambridge University Press, New York, 1987

[Alt87] ALTENBERG, B.: *Prosodic patterns in spoken English: Studies in the correlation between prosody and grammar for text-to-speech conversion.* Lund University Press, Lund (Schweden), 1987

[Bag98] BAGSHAW, P.: Unsupervised training of phone duration and energy models for text-to-speech synthesis. In: *Proc. ICSLP 98, Sydney* (1998), S. 17–20

[BBK94] BATLINER, A. ; BURGER, S. ; KIESSLING, A.: *Außergrammatische Phänomene in der Spontansprache: Gegenstandsbereich, Beschreibung, Merkmalinventar.* Universität München/ Universität Erlangen, 1994. – Verbmobil-Report 57

[BC95] BLACK, A. W. ; CAMPBELL, W. N.: Optimising the selection of units from databases for concatenative synthesis. In: *Proc. Eurospeech 95, Madrid* (1995), S. 581–584

[BG06] BAILLY, G. ; GORISCH, I.: Generating German intonation with a trainable prosodic model. In: *Proc. Interspeech, Pittsburgh*, 2006, S. 2366–2369

[BH05] BAILLY, G. ; HOLM, B.: SFC: A trainable prosodic model. In: *Speech Communication* 46 (2005), Nr. 3-4, S. 348–364. – Quantitative Prosody Modelling for Natural Speech Description and Generation

[BHA04] BAILLY, G. ; HOLM, B. ; AUBERGÉ, V.: A trainable prosodic model: learning the contours implementing communicative functions within a superpositional model of intonation. In: *Proc. Intern. Conference on Speech and Language Processing, Jeju*, 2004, S. 1425–1428

[BHL93] BARTKOVA, K. ; HAFFNER, P. ; LARREUR, D.: Intensity prediction for speech synthesis in French. In: *Proc. ESCA Workshop on Prosody, Lund*, 1993, S. 280–283

[Bro83] BROWN, G.: Prosodic structure and the given/new distinction. In: CUTLER, A. (Hrsg.) ; LADD, D.R. (Hrsg.): *Prosody: Models and Measurements*, Springer, Berlin, 1983, S. 67–78

[Bro97] BRONDSTED, T.: Intonation contours 'distorted' by tone patterns of stress groups and word accents. In: *Proc. ESCA Workshop on Intonation: Theory, Models and Applications. Athens*, 1997, S. 55–58

[Cam90] CAMPBELL, W. N.: Analog i/o nets for syllable timing. In: *Speech Communication: Special Issue on Neural Nets and Speech* 9 (1990), S. 57–61

[Cam92] CAMPBELL, W. N.: Synthesis units for natural English speech. In: *IEICE, Technical Report SP 91-129* (1992)

[Cam94] CAMPBELL, W. N.: Prosody and the selection of source units for concatenative synthesis. In: *Proc. ESCA-Workshop on Speech Synthesis, Mohonk (NY)* (1994), S. 61–64

[CG75] CARLSON, R. ; GRANSTRÖM, B.: Perception of segmental duration. In: COHEN, A. (Hrsg.) ; NOOTEBOOM, S. G. (Hrsg.): *Structure and Process in Speech Perception*, Springer, Heidelberg, 1975, S. 90–106

[CGH82] CARLSON, R. ; GRANTSTRÖM, B. ; HUNNICUT, S.: A multi-language text-to-speech module. In: *Proc. ICASSP 82, Paris* (1982), S. 1604–1607

[CGH+96] CORLESS, R. M. ; GONNET, G. H. ; HARE, D. E. G. ; JEFFREY, D. J. ; KNUTH, D. E.: On the lambert w function. In: *Advances in Computational Mathematics* 5 (1996), S. 329–359

[CH68] CHOMSKY, N. ; HALLE, M.: *The Sound Pattern of English.* Harper & Row, New York, 1968

[CHJB09] COELHO, L. ; HAIN, U. ; JOKISCH, O. ; BRAGA, D.: Towards an objective voice preference definition for the Portuguese language. In: *In Proc. Iberian SLTech - Joint SIG-IL/Microsoft Workshop on Speech and Language Technologies for Iberian Languages, Porto Salvo, Portugal.*, 2009, S. 67–70

[CI91] CAMPBELL, W. N. ; ISARD, S. D.: Segment durations in a syllable frame. In: *J. Phonetics: Special Issue on Speech Synthesis* (1991), S. 37–47

[CMK97] CORRIGAN, G. ; MASSEY, N. ; KARAALI, O.: Generating segment durations in a text-to-speech system: A hybrid rule-based/ neural network approach. In: *Proc. Eurospeech 97, Rhodes (Greece)* (1997), S. 2675–2678

[DH97] DING, H. ; HELBIG, J.: Natural tone contours in a mandarin chinese speech synthesizer. In: *Proc. ESCA Workshop on Intonation: Theory, Models and Applications. Athens*, 1997, S. 95–98

[Din01] DING, H.: *A Syllable-based Chinese Synthesis System. (Studientexte zur Sprachkommunikation Bd. 19).* w.e.b. Universitätsverlag, Dresden, 2001. – Dissertation

[DJH04] DING, H. ; JOKISCH, O. ; HOFFMANN, R.: An advanced american diphone inventory from the phonetic-acoustic viewpoint. In: *Proc. 11th Intern. Workshop on Advances in Speech Technology, Maribor (Slowenien)*, 2004, S. 165 – 172

[DJH06] DING, H. ; JOKISCH, O. ; HOFFMANN, R.: F0 analysis of chinese accented German speech. In: *Proc. 5th Intern. Symposium on Chinese Spoken Language Processing (ISCSLP), Singapore*, 2006, S. 49–56

[DJK02] DING, H. ; JOKISCH, O. ; KRUSCHKE, H.: Modeling duration and intonation in Mandarin Chinese synthesis with a neural network. In: *Proc. 3rd Intern. Symposium on Chinese Spoken Language Processing (ISCSLP), Taipei*, 2002, S. 265–268

[DPP+96] DUTOIT, T. ; PAGEL, V. ; PIERRET, N. ; BATAILLE, F. ; VREKEN, O. van d.: The MBROLA project: Towards a set of high-quality speech synthesizers free of use for non-commercial purposes. In: *Proc. ICSLP 96, Philadelphia* (1996), S. 1393–1396. – siehe auch http://tcts.fpms.ac.be/synthesis/mbrola.html

[Dud89] DUDENREDAKTION (Hrsg.): *Der Große Duden. Wörterbuch und Leitfaden der deutschen Rechtschreibung.* Bibliographisches Institut Leipzig, 1989

[Dut96] DUTOIT, T.: *An Introduction to Text-to-Speech Synthesis.* Kluwer Academic Publishers, Dordrecht (NL), 1996

[EHH00] ERDEM, C. ; HOLZAPFEL, M. ; HOFFMANN, R.: Natural F0 contours with a new neural-network-hybrid-approach. In: *Proc. ICSLP 2000, Beijing* (2000), S. 227–230

[Elm90] ELMAN, J. L.: Finding Structure in Time. In: *Cognitive Science* 14 (1990), S. 179–211

[EMCP06] ESCUDERO-MANCEBO, D. ; CARDEÑOSO-PAYO, V.: Visualization of Prosodic Knowledge Using Corpus Driven MEMOInt Intonation Modelling. In: SOJKA, Petr (Hrsg.) ; KOPECEK, Ivan (Hrsg.) ; PALA, Karel (Hrsg.): *Text, Speech and Dialogue* Bd. 4188. Springer Berlin / Heidelberg, 2006, S. 645–652

[Erd06] ERDEM, C.: *Generierung akustischer Prosodieparameter für ein multilinguales Sprachsynthesesystem. (Studientexte zur Sprachkommunikation Bd. 39).* TUDpress, Dresden, 2006. – Dissertation

[ESP93] *ESPS version 5.0 programs manual.* Entropic Research Laboratory, Washington D.C., 1993

[Ess56] ESSEN, O. von: *Grundzüge der hochdeutschen Satzintonation.* Henn, Ratingen/ Düsseldorf, 1956

[FH84] FUJISAKI, H. ; HIROSE, K.: Analysis of voice fundamental frequency contours for declarative sentences of Japanese. In: *J. Acoust. Soc. Japan* (1984), S. 233–241

[FM06] FISHEL, M. ; MIHKLA, M.: Modelling the Temporal Structure of Newsreaders' Speech on Neural Networks for Estonian Text-to-Speech Synthesis. In: *Proc. 11th Intern. Conf. Speech and Computer (SPECOM), Moscow,* 2006, S. 303–306

[FN69] FUJISAKI, H. ; NAGASHIMA, S.: A model for synthesis of pitch contours of connected speech. In: *Annual Report, Engineering Research Institute, University of Tokyo* 28 (1969), S. 53–60

[FOT96] FUJISAKI, H. ; OHNO, S. ; TOMITA, O.: Automatic parameter extraction of fundamental frequency contours of speech based on a generative model. In: YUAN, B. (Hrsg.) ; TANG, X. (Hrsg.): *3rd International Conference on Signal Processing,* IEEE, 1996, S. 729 – 732

[FP88] FODOR, J. A. ; PYLYSHYN, Z. W.: Connectionism and Cognitive Architecture - a Critical Analysis. In: *Cognition* 28 (1988), Nr. 1-2, S. 3–71

[Fre50] FREUD, S.: Entwurf einer Psychologie. In: *Gesammelte Werke, Nachtragsband,* Fischer, Frankfurt/M., 1950, S. 387–477

[Fry55] FRY, D. B.: Duration and intensity as physical correlates of linguistic stress. In: *J. Acoustic. Soc. Am.* 27 (1955), Nr. 4, S. 765–768

[Gam10] GAMBOA, H.: *Optimale Bausteinauswahl in der korpusbasierten Sprachsynthese. Studientexte zur Sprachkommunikation Bd. 56.* TUDpress, Dresden, 2010. – Dissertation

[GJH08] Gamboa, H. ; Jokisch, O. ; Hoffmann, R.: The DRESS Blizzard Challenge 2008 Entry. (2008). – CDROM

[GRB+96] Grice, M. ; Reyelt, M. ; Benzmüller, R. ; Mayer, J. ; Batliner, A.: Consistency in transcription and labelling of German intonation with GToBI. In: *Proc. ICSLP 96, Philadelphia* (1996), S. 1716–1719

[Gri25] Grimme, H.: Neuhochdeutsche Sprachmelodik als Grundlage der Syntax. In: *Germanisch-Romanische Monatsschrift* 8 (1925), S. 274–285 and 328–350

[GS86] Grosz, B. ; Sidner, C.: Attention, intensions, and the structure of discourse. In: *Computational Linguistics* 12 (1986), Nr. 3, S. 175–204

[Hau93] Hauptmann, A.G.: SPEAKEZ: A first experiment in concatenation synthesis from a large corpus. In: *Proc. Eurospeech 93, Berlin* (1993), S. 1701–1704

[HB00] Holm, B. ; Bailly, G.: Generating prosody by superposing multiparametric overlapping contours. In: *Proc. ICSLP 2000, Beijing*, 2000, S. 203–206

[HC98] Holzapfel, M. ; Campbell, W. N.: A nonlinear unit selection strategy for concatenative speech synthesis based on syllable level features. In: *Proc. ICSLP 98, Sydney* (1998), S. 2755–2758

[HCC90] Hart, J.'t ; Collier, R. ; Cohen, A.: *A perceptual study of intonation.* Cambridge University Press (UK), 1990

[HE93] Hirst, D. ; Espesser, R.: Automatic modelling of fundamental frequency using a quadratic spline function. In: *Travaux de l'Institut de Phonétique,Travaux de l'Institut de Phonétique, Université de Provence* Bd. 15, 1993, S. 75–85

[Heb49] Hebb, D. O.: *The Organization of Behavior.* New York : Wiley, 1949

[Hei69] Heike, G.: *Suprasegmentale Analyse.* N.G. Elwert Verlag, Marburg, 1969

[Hel63] Helmholtz, H. von: *Die Lehre von den Tonempfindungen.* Vieweg, Braunschweig, 1863

[HEMS01] Hirose, K. ; Eto, M. ; Minematsu, N. ; Sakurai, A.: Corpus-based synthesis of fundamental frequency contours based on a generation process model. In: *Proc. Eurospeech, Aalborg* (2001), S. 2255–2258

[HH98] Haury, R. ; Holzapfel, M.: Optimization of a neural network for speaker and task dependent F0 generation. In: *Proc. ICASSP 98, Seattle* (1998), S. 297–300

[HHJ+99] Hoffmann, R. ; Hirschfeld, D. ; Jokisch, O. ; Kordon, U. ; Mixdorff, H. ; Mehnert, D.: Evaluation of a multilingual TTS system with respect to the prosodic quality. In: *Proc. ICPhS 99, San Francisco* (1999), S. 2307–2310

[HHJL05] Hirschfeld, U. ; Hoffmann, R. ; Jokisch, O. ; Lachmann, M.: Speech synthesis for a German pronunciation dictionary - phonetic evaluation. In: *Proc. Konferenz Electronic Speech Signal Processing (ESSP) 2005 (Studientexte zur Sprachkommunikation Bd. 36), Prag* (2005), S. 446–451

[Hir87] Hirst, D.: *La description linguistique des systèmes prosodiques. Une approche cognitive.* Université de Provence, 1987. – Dissertation

[Hir96] Hirschfeld, D.: *Das Text-to-Speech System. Algorithmen, Programmbeschreibungen, Dateninventare.* TU Dresden, 1996. – Forschungsbericht

[Hir03] HIRSCHFELD, D.: *Universelle Datenaufbereitung und Bausteinauswahl für die konkatenative Sprachsynthese. Studientexte zur Sprachkommunikation Bd. 21.* w.e.b Universitätsverlag, Dresden, 2003. – Dissertation

[HJ06] HOFMANN, M. ; JOKISCH, O.: Optimization of MFNs for signal-based phrase prediction. In: *Proc. 3rd Intern. Conf. on Speech Prosody, Dresden* Bd. 2, 2006, S. 636–639

[HJC09] HAIN, U. ; JOKISCH, O. ; COELHO, L.: Multilingual voice analysis: Towards prosodic correlates of voice preference. In: *Proc. Konferenz Elektronische Sprachsignalverarbeitung (ESSV) 2009 (Studientexte zur Sprachkommunikation Bd. 53), Dresden*, 2009, S. 215–221

[HJEK98] HIRSCHFELD, D. ; JOKISCH, O. ; EICHNER, M. ; KOLOSKA, U.: Datenbasierte Sprechrhythmussteuerung: ein hybrides, neuronal-regelbasiertes Verfahren. In: *Proc. 5. ITG-Fachtagung „Sprachkommunikation" in Dresden, VDE-Verlag, Berlin* (1998), S. 111–114

[HJH+03] HOFFMANN, R. ; JOKISCH, O. ; HIRSCHFELD, D. ; STRECHA, G. ; KRUSCHKE, H. ; KORDON, U.: A multilingual TTS system with less than 1 megabyte footprint for embedded applications. In: *Proc. IEEE Intern. Conf. on Acoustics, Speech, and Signal Processing (ICASSP), Hongkong* 1 (2003), S. 532–535

[HJHA04] HOFFMANN, R. ; JOKISCH, O. ; HIRSCHFELD, U. ; ANDERS, L.: LexDRESS - Speech synthesis for a speaking pronunciation dictionary: First results. In: *Proc. Konferenz Elektronische Sprachsignalverarbeitung (ESSV) 2004 (Studientexte zur Sprachkommunikation Bd. 30), Cottbus* (2004), S. 183–190

[HJS+04] HOFFMANN, R. ; JOKISCH, O. ; STRECHA, G. ; VOLK, T. ; HAIN, U. ; FINGSCHEIDT, T. ; AALBURG, S. ; STAN, S.: Sprachsynthese mit minimiertem Footprint für Embedded-Anwendungen. In: *Proc. VDE-Kongress, Berlin* (2004), S. 187–192

[HMD+10] HILBERT, A. ; MIXDORFF, H. ; DING, H. ; PFITZINGER, H. ; JOKISCH, O.: Prosodic analysis of German produced by Russian and Chinese learners. In: *Proc. 5th Intern. Conference on Speech Prosody, Chicago*, 2010

[Hof98] HOFFMANN, R.: *Signalanalyse und -Erkennung. Eine Einführung für Informationstechniker.* Springer-Verlag, Berlin, 1998

[Hof99] HOFFMANN, R.: A multilingual text-to-speech system. In: *The Phonetician* 80/2 (1999), S. 5–10

[Hof04] HOFMANN, M.: *Optimierung einer trainingsbasierten Prosodiegenerierung.* TU Dresden, 2004. – Studienarbeit

[Hof06] HOFMANN, M.: *Prosodisch-phonetische Segmentierung und Annotierung von deutschen bzw. englischen Sprachkorpora.* TU Dresden, 2006. – Diplomarbeit

[HP86] HIRSCHBERG, J. ; PIERREHUMBERT, J.: The intonational structuring of discourse. In: *Proc. 24th Annual Meeting of the Association for Computational Linguistics* (1986), S. 136–144

[HP96] HEUFT, B. ; PORTELE, T.: Synthesizing prosody: a prominence-based approach. In: *Proc. ICSLP 96, Philadelphia* (1996), S. 1361–1364

[Höp00] HÖPFNER, D.: Evaluation der Qualität deutscher Sprachsynthesesysteme mit Hilfe auditiver Hörtests. In: *Proc. Konferenz Elektronische Sprachsignalverarbeitung (ESSV) 2000 (Studientexte zur Sprachkommunikation Bd. 22), Bonn* (2000), S. 112–122

[HRV06] HAIN, H. U. ; RACKY, J. ; VOLK, T.: The Papageno TTS System. In: *TC-STAR Workshop on Speech-to-Speech Translation*, 2006, 193–198

[HS80] HAKOTA, K. ; SATO, H.: Prosodic rules in connected speech synthesis. In: *Trans. IECE Japan* 10 (1980), S. 715–722. – (in Japanese)

[Hug72] HUGGINS, A.W.F.: On the perception of temporal phenomena in speech. In: *J. Acoust. Soc. Am.* 51 (1972), S. 1279–1290

[Hus07] HUSSEIN, H.: *Evaluierung und Optimierung prosodischer Labelverfahren.* TU Dresden, 2007. – Diplomarbeit

[HW95] HELBIG, J. ; WUNDERLICH, U.: Integration natürlicher Mikrointonationskonturen in ein Sprachsynthesesystem auf Zeitfunktionsbasis. In: *Proc. Konferenz Elektronische Sprachsignalverarbeitung (ESSV) 1995 (Studientexte zur Sprachkommunikation Bd. 12), Wolfenbüttel*, 1995, S. 201–205

[HW00] HIRSCHFELD, D. ; WOLFF, M.: Universal and multilingual unit selection for DRESS. In: *Proc. ICSLP 2000, Beijing* (2000), S. 717–720

[HWJ+07] HUSSEIN, H. ; WOLFF, M. ; JOKISCH, O. ; DUCKHORN, F. ; STRECHA, G. ; HOFFMANN, R.: Hybrid electroglottograph and speech signal based algorithm for pitch marking. In: *In Proc. Interspeech 2007, Antwerp*, 2007, S. 1653–1656

[HWJ+08] HUSSEIN, H. ; WOLFF, M. ; JOKISCH, O. ; DUCKHORN, F. ; STRECHA, G. ; HOFFMANN, R.: A hybrid speech signal based algorithm for pitch marking using finite state machines. In: *Proc. Interspeech 2008, Brisbane*, 2008, S. 135–138

[IS65] ISAČENKO, A. V. ; SCHÄDLICH, H. J.: Untersuchungen über die deutsche Satzintonation. In: *Studia Grammatica VII*, Akademie-Verlag, Berlin, 1965, S. 7–67

[JDK02] JOKISCH, O. ; DING, H. ; KRUSCHKE, H.: Towards a multilingual prosody model for text-to-speech. In: *Proc. IEEE Intern. Conf. on Acoustics, Speech, and Signal Processing (ICASSP), Orlando*, 2002, S. 421–424

[JDKS02] JOKISCH, O. ; DING, H. ; KRUSCHKE, H. ; STRECHA, G.: Learning syllable duration and intonation of Mandarin Chinese. In: *Proc. 7th Intern. Conf. on Spoken Language Processing (ICSLP), Denver*, 2002, S. 1777–1780

[JE00] JOKISCH, O. ; EICHNER, M.: Synthesizing and evaluating an artificial language: Klingon. In: *Proc. ICSLP 2000, Beijing* (2000), S. 729–732

[JFK+00] JOKISCH, O. ; FLACH, G. ; KRUSCHKE, H. ; HIRSCHFELD, D. ; KORDON, U. ; HOFFMANN, R.: *Stand, Tendenzen und Vergleich der Prosodiemodellierung in TTS-Systemen.* TU Dresden, 2000. – Forschungsbericht

[JGH09] JOKISCH, O. ; GRÜNBAUM, W. ; HOFFMANN, R.: Personalized speech synthesis: Age, gender and emotional features. In: *Proc. 13th Intern. Conf. Speech and Computer (SPECOM), St. Petersburg*, 2009, S. 186–189

[JH04a] JOKISCH, O. ; HOFMANN, M.: Evolutionary optimization of an adaptive prosody model. In: *Proc. 8th Intern. Conf. on Spoken Language Processing (ICSLP/Interspeech), Jeju, Korea*, 2004, S. 797–800

[JH04b] JOKISCH, O. ; HOFMANN, M.: Optimierung einer trainingsbasierten Prosodiegenerierung für Sprachsynthese. In: *Proc. Konferenz Elektronische Sprachsignalverarbeitung (ESSV) 2004 (Studientexte zur Sprachkommunikation Bd. 30), Cottbus*, 2004, S. 175–182

[JHE+03] Jokisch, O. ; Hoffmann, R. ; Eichner, M. ; Werner, S. ; Kruschke, H. ; Kordon, U.: The influence of the TTS system configuration on the perceived quality of synthesized speech. In: *Proc. 1st ISCA Tutorial and Research Workshop on Auditory Quality of Systems, Akademie Mont-Cenis, Germany* (2003)

[JHEH98a] Jokisch, O. ; Hirschfeld, D. ; Eichner, M. ; Hoffmann, R.: Creating an individual speech rhythm: a data driven approach. In: *Proc. 3rd ESCA-Workshop on Speech Synthesis 98, Jenolan (Australia)* (1998), S. 115–119

[JHEH98b] Jokisch, O. ; Hirschfeld, D. ; Eichner, M. ; Hoffmann, R.: *Method for controlling duration in speech synthesis. Intern. patent WO002000031722 / PCT-EP99-08825.* registered 25/11/1998 by Deutsche Telekom AG, Darmstadt - published 02/06/2000, 1998

[JHEH98c] Jokisch, O. ; Hirschfeld, D. ; Eichner, M. ; Hoffmann, R.: Multilevel rhythm control for speech synthesis using hybrid data driven and rule-based approaches. In: *Proc. ICSLP 98, Sydney* (1998), S. 607–610

[JK95] Jokisch, O. ; Kordon, U.: Generierung von Grundfrequenzverläufen in einem Sprachsynthesesystem mit neuronalen Netzen. In: *Proc. ESSV 95, Dresden* (1995), S. 113–119

[JK00] Jokisch, O. ; Kruschke, H.: Predicting prosodic parameters: Evolutionary parameter extraction and hybrid neural network, rule based modelling. In: *Proc. PROSODY 2000, Krakow* (2000), S. 645–648

[JK03] Jokisch, O. ; Kühne, M.: An investigation of intensity patterns for German. In: *Proc. 8th Eurospeech, Geneva* (2003), S. 165–168

[JKH05] Jokisch, O. ; Kruschke, H. ; Hoffmann, R.: Prosodic reading style simulation for text-to-speech synthesis. In: *1st Intern. Conf. on Affective Computing and Intelligent Interaction (ACII), Beijing, Springer LNCS-3784.*, 2005, S. 426–434

[JMKK00] Jokisch, O. ; Mixdorff, H. ; Kruschke, H. ; Kordon, U.: Learning the parameters of quantitative prosody models. In: *Proc. ICSLP 2000, Beijing* (2000), S. 645–648

[Jor86] Jordan, M. I.: Attractor dynamics and parallelism in a connectionist sequential machine. In: *Proc. 8th Conference of the Cognitive Science Society, Erlbaum, Hillsdale NJ*, 1986, S. 531–546

[JP97a] Jokisch, O. ; Pescheck, M.: Neuronale Prosodiegenerierung in der Sprachsynthese. In: *Proc. ESSV 97, Cottbus* (1997), S. 154–161

[JP97b] Jokisch, O. ; Pescheck, M.: Perzeptive Akzeptanz neuronal modellierter Intonationskonturen. In: Busemann, S. (Hrsg.) ; Harbusch, K. (Hrsg.) ; Wermter, S. (Hrsg.): *Hybride konnektionistische, statistische und regelbasierte Ansätze zur Verarbeitung natürlicher Sprache (Workshop KI 97), Freiburg*, DFKI, Saarbrücken, 1997, S. 1–6

[JP98] Jokisch, O. ; Pescheck, M.: Neuronale Prosodiegenerierung - Einfluß der Trainingsdaten. In: *Proc. DAGA 98 - Fortschritte der Akustik, Zürich* (1998), S. 352–353

[JWC+07] Jokisch, O. ; Wittenberg, S. ; Cuevas, M. ; Hussein, H. ; Strecha, G. ; Ding, H. ; Hoffmann, R.: Towards an automatic process chain for the speech corpora annotation. In: *Proc. 12th Intern. Conf. Speech and Computer (SPECOM), Moscow*, 2007, S. 869–876

[KA91] Karjalainen, M. ; Altosaar, T.: Phoneme duration rules for speech synthesis by neural networks. In: *Proc. Eurospeech 91, Genua* (1991), S. 633–636

[KFH95] Kordon, U. ; Fischer, W.-J. ; Holland, H.-J.: PCMCIA-Card für ein Sprachsynthesesystem. In: *Proc. DAGA 95 - Fortschritte der Akustik, Saarbrücken* (1995), S. 1003–1006

[Küh03] Kühne, M.: *Datenanalyse und Intensitätssteuerung für die Sprachsynthese.* TU Dresden, 2003. – Studienarbeit

[Kie94] *The Kiel Corpus of Read Speech auf CD-ROM.* Institut für Phonetik und Digitale Sprachverarbeitung, Universität Kiel, 1994

[Kie96] Kiessling, A.: *Extraktion und Klassifikation prosodischer Merkmale in der automatischen Sprachverarbeitung.* Universität Erlangen, 1996. – Dissertation

[KJ02] Kruschke, H. ; Jokisch, O.: Generierung sprechstilspezifischer Prosodie mit einem datenbasierten Lernverfahren. In: *Proc. Konferenz Elektronische Sprachsignalverarbeitung (ESSV) 2002 (Studientexte zur Sprachkommunikation Bd. 24), Dresden*, 2002, S. 310–317

[KKCM08] Karaiskos, V. ; King, S. ; Clark, R. ; Mayo, C.: The Blizzard Challenge 2008. In: *Proc. Blizzard Challenge Workshop, Brisbane*, 2008

[Kla79] Klatt, D.H.: Synthesis by rule of segmental durations in English sentences. In: Lindblom, B. (Hrsg.) ; Oehman, S. (Hrsg.): *Frontiers of Speech Communication Research*, Academic, New York, 1979, S. 287–299

[Kla82] Klatt, D.: The Klattalk text-to-speech conversion system. In: *Proc. ICASSP 82, Paris* (1982), S. 1589–1592

[Kli23] Klinghardt, H.: *Sprechmelodie und Sprechtakt.* N.G. Elwert, Marburg, 1923

[KM01] Kordon, U. ; Manthey, W.: Optimierung des Multiband Excitation (MBE)-Verfahrens für den Einsatz in der Sprachsynthese. In: *Proc. DAGA 01 - Fortschritte der Akustik, Hamburg* (2001)

[Koh88] Kohler, K. J.: Zeitstrukturierung in der Sprachsynthese. In: *Proc. Digitale Sprachverarbeitung, ITG-Tagung, Bad Nauheim*, VDE-Verlag, 1988, S. 165–170

[Koh91] Kohler, K.J.: A model of German intonation. In: *Arbeitsberichte des Instituts für Phonetik der Universität Kiel (AIPUK)* 25 (1991), S. 295–360

[Koh06] Kohler, K. J.: Paradigms of experimental prosodic analysis: from measurement to function. In: Sudhoff, S. (Hrsg.): *Methods in Empirical Prosody Research. Berlin, New York: De Gruyter (= Language, Context, and Cognition, 3)*, 2006, S. 123–152

[Kos02] Kossebau, F.: *Evolutionäre Optimierung einer trainingsbasierten Prosodiegenerierung.* TU Dresden, 2002. – Diplomarbeit

[Kru01] Kruschke, H.: Simulation of Speaking Styles with Adapted Prosody. In: Matousek, V. (Hrsg.) ; Mautner, P. (Hrsg.) ; Moucek, R. (Hrsg.) ; Tauser, Karel (Hrsg.): *Text, Speech and Dialogue.* Springer Berlin / Heidelberg, 2001 (Lecture Notes in Computer Science), S. 278–284

[Kru07] Kruschke, H.: *Prosodische Analyse von Sprechstilen - Ein Beitrag zur Simulation von Sprechstilen in synthetischer Sprache. (Studientexte zur Sprachkommunikation Bd. 45).* TUDpress, Dresden, 2007. – Dissertation

[KT94] KATO, H. ; TSUZAKI, M.: Intensity effect on discrimination of auditory duration flanked by preceding and succeding tones. In: *J. Acoust. Soc. Japan* 15 (1994), S. 349–351

[KW95] KARGER, R. ; WAHLSTER, W.: *Verbmobil Handbuch. Version 3.* DFKI GmbH Saarbrücken, 1995

[Lad97] LADD, D.R.: Naturalness and spontaneous speech. In: SAGISAKA, Y. (Hrsg.) ; CAMPBELL, N. (Hrsg.) ; HIGUCHI, N. (Hrsg.): *Computing Prosody*, Springer, New York, 1997, S. 3–6

[Leh70] LEHISTE, I.: *Suprasegmentals.* MIT Press, Cambridge (MA), 1970

[LF86] LJOLJE, A. ; FALLSIDE, F.: Synthesis of natural sounding pitch contours in isolated utterances using Hidden Markov models. In: *IEEE Trans. Acoustics, Speech and Signal Processing (ASSP)* 34 (1986), S. 1074–1080

[Lie67] LIEBERMAN, P.: *Intonation, Perception, and Language.* MIT Press, Cambridge (MA), 1967

[LIK+98] LOBANOV, B. ; IVANOV, A. ; KUBASHIN, A. ; LEVKOVSKAJA, T. ; HOFFMANN, R. ; HELBIG, J. ; JOKISCH, O.: A bilingual German-Russian text-to-speech system. In: *Proc. SPECOM 98, St. Petersburg* (1998), S. 327–330

[LKKS98] LEE, J. ; KANG, D. ; KIM, S. ; SUNG, K.: Energy contour generation for a sentence using a neural network learning method. In: *Proc. ICSLP 98, Sydney* (1998), S. 1991–1994

[Mag98] MAGHBOULEH, A.: ToBI accent type recognition. In: *Proc. ICSLP 98, Sydney*, 1998, S. 639–642

[Mau09] MAURER, H.: *Das Subsymbolische Paradigma Paul Smolensky's vor dem Hintergrund der Symbolismus vs. Konnektionismus Debatte.* BoD-Verlag, Norderstedt, 2009

[May95] MAYER, J.: *Transcription of German intonation: The Stuttgart system.* Universität Stuttgart, 1995. – Technical report

[Möb93] MÖBIUS, B.: *Ein quantitatives Modell der deutschen Intonation: Analyse und Synthese von Grundfrequenzverläufen.* Niemeyer, Tübingen, 1993

[MBE10] MNASRI, Z. ; BOUKADIDA, F. ; ELLOUZE, N.: Design and development of a prosody generator for arabic TTS systems. In: *Intern. J. Computer Applications* 12 (2010), Nr. 1, S. 24 – 31

[MBE11] MNASRI, Z. ; BOUKADIDA, F. ; ELLOUZE, N.: F0 Contour Modeling for Arabic Text-to-Speech Synthesis Using Fujisaki Parameters and Neural Networks. In: *Signal Processing: An International Journal (SPIJ)* 4 (2011), S. 352 – 369

[MC90] MOULINES, E. ; CHARPENTIER, F.: Pitch-synchronous waveform processing techniques for text-to-speech using diphones. In: *Speech Communication* 9 (1990), S. 453–467

[MF94] MIXDORFF, H. ; FUJISAKI, H.: Analysis of voice fundamental frequency contours of German utterances using a quantitative model. In: *Proc. ICSLP 94*, 1994, S. 2231–2234

[MF97] MIXDORFF, H. ; FUJISAKI, H.: Automatic quantitative analysis of F0 contours of utterances from a German ToBI-labeled speech database. In: *Proc. Eurospeech 97, Rhodes (Greece)*, 1997, S. 187–190

[Möh95] MÖHLER, G.: Rule-based generation of fundamental frequency contours for German utterances. In: *2nd SPEAK! Workshop, Darmstadt* (1995)

[Mix98] MIXDORFF, H.: *Intonation patterns of German - quantitative analysis and synthesis of F0 contours.* TU Dresden, 1998. – Dissertation

[Mix00] MIXDORFF, H.: A novel approach to the fully automatic extraction of Fujisaki model parameters. In: *Proc. ICASSP, Istanbul* Bd. 3, 2000, S. 1281 – 1284

[Mix02] MIXDORFF, H.: *An Integrated Approach to Modeling German Prosody. Studientexte zur Sprachkommunikation Bd. 25.* w.e.b Universitätsverlag, Dresden, 2002. – Habilitationsschrift

[MJ01a] MIXDORFF, H. ; JOKISCH, O.: Building an integrated prosodic model of German. In: *Proc. 7th Eurospeech, Aalborg, Denmark*, 2001, S. 947–950

[MJ01b] MIXDORFF, H. ; JOKISCH, O.: Comparing a data-driven and a rule-based approach to predicting prosodic features of German. In: *Proc. Konferenz Elektronische Sprachsignalverarbeitung (ESSV) 2001 (Studientexte zur Sprachkommunikation Bd. 22), Bonn*, 2001, S. 298–305

[MJ01c] MIXDORFF, H. ; JOKISCH, O.: Implementing and evaluating an integrated approach to modeling German prosody. In: *Proc. 4th ISCA Tutorial and Research Workshop on Speech Synthesis, August 2001. Atholl Palace Hotel, Pitlochry, Scotland*, 2001, S. 947–950

[MJ03] MIXDORFF, H. ; JOKISCH, O.: Evaluating the quality of an integrated model of German prosody. In: *Intern. Journal of Speech Technology (IJST)* 6 (2003), Nr. 1, S. 45–55

[MKJH00] MERSDORF, J. ; KRUSCHKE, H. ; JOKISCH, O. ; HIRSCHFELD, D.: Ökonomische Repräsentation natürlicher Intonationskonturen. In: *Proc. DAGA 2000 - Fortschritte der Akustik, Oldenburg* (2000), S. 344–345

[MM98a] MIXDORFF, H. ; MEHNERT, D.: *Entwicklung einer Prosodiesteuerung für die Sprachsynthese in hoher Qualität zum Einsatz in Text-to-Speech-Systemen.* TU Dresden, 1998. – DFG-Forschungsbericht

[MM98b] MIXDORFF, H. ; MEHNERT, D.: Vergleichende Untersuchung zur Natürlichkeit von synthetischen F0-Konturen. In: *Proc. ESSV 98, Dresden* (1998), S. 85–88

[Mon02] MONAGHAN, A.: State-of-the-art summary of European synthetic prosody R&D. In: KELLER, E. (Hrsg.) ; BAILLY, G. (Hrsg.) ; MONAGHAN, A. (Hrsg.) ; TERKEN, J. (Hrsg.) ; HUCKVALE, M. (Hrsg.): *Improvements in Speech Synthesis: Cost 258: The Naturalness of Synthetic Speech*, John Wiley, New York, 2002, S. 93–103

[MQ95] MANA, F. ; QUAZZA, S.: Text-to-speech oriented automatic learning of italian prosody. In: *Proc. Eurospeech 95, Madrid* (1995), S. 589–592

[MS80] MEINHOLD, G. ; STOCK, E.: *Phonologie der deutschen Gegenwartssprache.* Bibliographisches Institut Leipzig, 1980

[Nak97] NAKATANI, C.: Discourse structural constraints on accent in narrative. In: SANTEN, J.P.H. van (Hrsg.) ; SPROAT, R.W. (Hrsg.) ; OLIVE, J. (Hrsg.) ; HIRSCHBERG, J. (Hrsg.): *Progress in Speech Synthesis*, Springer, New York, 1997, S. 139–156

[NDK+94] NIEMANN, H. ; DENZLER, J. ; KAHLES, B. ; KOMPE, R. ; KIESSLING, A. ; NÖTH, E. ; STROM, V.: Pitch Determination Considering Laryngealization Effects in Spoken Dialogs. In: *Proc. Int. Conf. on Neuronal Networks* Bd. 7, 1994, S. 4457–4461

[NT97] NAKAJIMA, S. ; TSUKADA, H.: Prosodic features of utterances in task-oriented dialogues. In: SAGISAKA, Y. (Hrsg.) ; CAMPBELL, N. (Hrsg.) ; HIGUCHI, N. (Hrsg.): *Computing Prosody*, Springer, New York, 1997, S. 81–93

[Ori99] ORILIERI, S.: *Italienischsprachige Komponente für das Sprachsynthesesystem DRESS.* TU Dresden, 1999. – Diplomarbeit

[PCN07] PALENIK, A. ; CEPKO, J. ; NAGY, M. T.: Intonation modeling of slovak speech using momel/intsint framework. In: *Systems, Signals and Image Processing, 2007 and 6th EURASIP Conference focused on Speech and Image Processing, Multimedia Communications and Services.*, 2007, S. 499–502

[Pes97] PESCHECK, M.: *kNN-Ansätze zur Prosodiegenerierung in Text-to-Speech (TTS) Systemen.* TU Dresden, 1997. – Studienarbeit

[Pes98] PESCHECK, M.: *Trainingsbasierte Prosodiegenerierung für Text-to-Speech-Systeme.* TU Dresden, 1998. – Diplomarbeit

[Pet63] PETERSON, G.: Automatic speech recognition procedures. In: *Language and Speech* (1963), S. 200–219

[Pfi98] PFITZINGER, H.: Local speech rate as a combination of syllable and phone rate. In: *Proc. ICSLP 98, Sydney* 3 (1998), S. 1087–1090

[Pfi01] PFITZINGER, H.: *Phonetische Analyse der Sprechgeschwindigkeit.* Ludwig-Maximilians-Universität München, 2001. – Dissertation

[Pho93] *PHONDAT Sprachdatenkorpora auf CD-Rom. Informationsheft.* Institut für Phonetik und Sprachliche Kommunikation, München, 1993

[Pie81] PIERREHUMBERT, J.: Synthesizing intonation. In: *J. Acoust. Soc. Am.* 70 (1981), S. 985–995

[Por98] PORTELE, T.: Prominenzbasierte Korpus-Sprachsynthese. In: *Proc. DAGA 98 - Fortschritte der Akustik, Zürich* (1998), S. 390–391

[PSH90] PORTELE, T. ; SENDLMEIER, W. F. ; HESS, W.: HADIFIX: A system for German speech synthesis based on demisyllables, diphones, and suffixes. In: *Proc. ESCA-Workshop on Speech Synthesis, Autrans (France)* (1990), S. 161–164

[PZ72] PAULUS, E. ; ZWICKER, E.: Programme zur automatischen Bestimmung der Lautheit aus Terzpegeln oder Frequenzgruppenpegeln. In: *Acustica* 27 (1972), S. 253–266

[Rai02] RAIDT, S.: *Kreuzvergleich - Zwei Modelle zur Generierung von Prosodie.* TU Dresden, 2002. – Studienarbeit

[Rao08] RAO, K. S.: Modeling Supra-Segmental Features of Syllables Using Neural Networks. In: PRASAD, Bhanu (Hrsg.) ; PRASANNA, S. (Hrsg.): *Speech, Audio, Image and Biomedical Signal Processing using Neural Networks* Bd. 83. Springer Berlin / Heidelberg, 2008, S. 71–95

[Rap98] RAPP, S.: *Automatisierte Erstellung von Korpora für die Prosodieforschung.* Universität Stuttgart, 1998. – Dissertation

[RBHM04] RAIDT, S. ; BAILLY, G. ; HOLM, B. ; MIXDORFF, H.: Automatic Generation of Prosody: Comparing two Superpositional Systems. (2004), S. 417–420

[RHW86] RUMELHART, D. E. ; HINTON, G. E. ; WILLIAMS, R. J.: Learning representations by back-propagating errors. In: *Nature* 323 (1986), S. 533–536

[Rie95] RIEDI, M.: A neural-network-based model of segmental duration for speech synthesis. In: *Proc. Eurospeech 95, Madrid* (1995), S. 599–602

[Rie97] RIEDI, M.: Modeling segmental duration with multivariate adaptive regression splines. In: *Proc. Eurospeech 97, Rhodes (Greece)* (1997), S. 2627–2630

[Ril92] RILEY, M. D.: Tree-based modelling of segmental durations. In: BAILLY, G. (Hrsg.) ; BENOÎT, C. (Hrsg.) ; SAWALLIS, T.R. (Hrsg.): *Talking Machines: Theory, Models, and Designs*, Elsevier, Amsterdam, 1992, S. 265–273

[RJ72] ROMPORTL, M. (Hrsg.) ; JANOTA, P. (Hrsg.): *Proc. Symposium on Intonology, 6.-8. Oktober 1970, Prag (Phonetica Pragensia III).* Universita Karlova, Prag, 1972

[Rom09] ROMSDORFER, H.: *Polyglott Text-to-Speech Synthesis. Text Analysis & Prosody Control.* ETH Zürich, 2009. – Dissertation

[Ros58] ROSENBLATT, F.: The perceptron: a probabilistic model for information storage and organization in the brain. In: *Psychological Review* 65 (1958), Nr. 6, S. 386–408

[Ros62] ROSENBLATT, F.: *Principles of Neurodynamics.* Spartan Books, New York, 1962

[RPH03] REICHEL, U. ; PFITZINGER, H. ; HAIN, U.: English grapheme-to-phoneme conversion and evaluation. In: *Speech and Language Technology* 11 (2003), S. 159–166

[RS78] RABINER, L. ; SCHAFER, R.: *Digital Processing of Speech Signals.* Prentice Hall, Englewood Cliffs (NJ), 1978

[RY04] RAO, K. S. ; YEGNANARAYANA, B.: Modeling syllable duration in Indian languages using neural networks. In: *IEEE International Conference on Acoustics, Speech, and Signal Processing (ICASSP '04). Proceedings.* Bd. 5, 2004, S. 313–316

[RY07] RAO, K. S. ; YEGNANARAYANA, B.: Modeling durations of syllables using neural networks. In: *Computer Speech and Language* 21 (2007), Nr. 2, S. 282–295

[Sag90] SAGISAKA, Y.: On the prediction of global F0 shape for Japanese text-to-speech. In: *Proc. ICASSP 90, Albuquerque (New Mexico)* (1990), S. 325–328

[SBP+92] SILVERMAN, K. ; BECKMAN, M. ; PITRELLI, J. ; OSTENDORF, M. ; WIGHTMAN, C. ; PRICE, P. ; PIERREHUMBERT, J. ; HIRSCHBERG, J.: ToBI: a standard for labelling English prosody. In: *Proc. ICSLP 92, Banff (Canada)* (1992), S. 867–870

[Sch92] SCHADE, U.: *Konnektionismus. Zur Modellierung der Sprachproduktion.* Westdeutscher Verlag. Opladen, 1992

[Sch94] SCHNELLE, F.: *Einsatz eines prosodischen Modells für einen eingeschränkten Diskursbereich zur Verbesserung der Sprachqualität des Synthetisators VOICE.* TU Dresden, 1994. – Diplomarbeit

[Sch95] SCHÜLER, T.: *Neuronale Netze - Theorie, Simulation und Anwendung in der Spracherkennung.* TU Dresden, 1995. – Forschungsbericht

[Sch10a] SCHUBERT, R.: *Hybride linguistische Analyse zur Verbesserung der Prosodiemodellierung für die Text-to-Speech-Synthese.* TU Dresden, 2010. – Diplomarbeit

[Sch10b] SCHWARZ, J.: *Statistische Stimmenumwandlung in Kombination mit prosodischen Modellen.* Shaker Verlag, Aachen, 2010. – Dissertation

[Sel95] SELTING, M.: *Prosodie im Gespräch, Aspekte einer interaktionalen Phonologie der Konversation.* Niemeyer, Tübingen, 1995

[SG89] SCORDILIS, M. S. ; GOWDY, J. N.: Neural network based generation of fundamental frequency contours. In: *Proc. ICASSP 89, Glasgow* (1989), S. 219–222

[SHM01] SAKURAI, A. ; HIROSE, K. ; MINEMATSU, N.: Generation of F0 contours using a model-constrained data-driven method. In: *Acoustics, Speech, and Signal Processing, 2001. Proceedings. (ICASSP '01). 2001 IEEE International Conference on* Bd. 2, 2001, S. 817 -820 vol.2

[SJH10] SCHUBERT, R. ; JOKISCH, O. ; HIRSCHFELD, D.: A modified parameterization of the fujisaki model. In: *Proc. Interspeech 2010, Makuhari, Japan*, 2010, S. 1796–1799

[SJKH02] SCHNELL, M. ; JOKISCH, O. ; KÜSTNER, M. ; HOFFMANN, R.: Text-to-speech for low-resource systems. In: *Proc. 5th IEEE Workshop on Multimedia Signal Processing (MMSP), St. Thomas, US Virgin Islands* (2002)

[Smo88] SMOLENSKY, P.: On the proper treatment of connectionism. In: *The Behavioral and Brain Sciences* 11 (1988), S. 1–23

[Smo95] SMOLENSKY, P.: Reply: Constituent structure and explanation in an integrated Connectionist/Symbolic coginitive architecture. In: *Connectionism: Debates on Psychological Explanation* (1995), S. 223–290

[Sot96] SOTSCHECK, J. (Hrsg.): *ITG-Empfehlung: Terminologie der Sprachakustik.* VDE-Verlag, Berlin/ Offenbach, 1996

[SPA+98] SANTEN, J. van ; POLS, L. ; ABE, M. ; KAHN, D. ; KELLER, E. ; VONWILLER, J.: Report on the Third ESCA TTS Workshop Evaluation Procedure. In: *Proc. 3rd ESCA-Workshop on Speech Synthesis 98, Jenolan (Australia)* (1998), S. 329–332

[SPH97] SONNTAG, G. ; PORTELE, T. ; HEUFT, B.: Prosody generation with a neural network: Weighing the importence of input parameters. In: *Proc. ICASSP 97, München* (1997), S. 931–934

[SR86] SEJNOWSKI, T. J. ; ROSENBERG, C. R.: *NETtalk: a parallel network that learns to read aloud.* 1986. – Technical Report JHU/EECS-86/01

[ST95] SCHUKAT-TALAMAZZINI, E. G.: *Automatische Spracherkennung - Grundlagen, statistische Modelle und effiziente Algorithmen.* Vieweg, Braunschweig, 1995

[Str98] STROM, V.: *Automatische Erkennung von Satzmodus, Akzentuierung und Phrasengrenzen in einem sprachverstehendem System.* Universität Bonn, 1998. – Dissertation

[Tam04] TAMBURINI, F.: Identificazione automatica della prominenza frasale nel linguaggio parlato. In: *Atti del 1° Convegno Nazionale AISV - "Misura dei parametri", aspetti tecnologici ed implicazioni nei modelli linguistici, Padova*, 2004, S. 725 – 754

[Tay92] TAYLOR, P.: *A phonetic model of English intonation.* University of Edinburgh, 1992. – Dissertation

[TB94] TAYLOR, P. ; BLACK, A. W.: Synthesizing conversional intonation from a linguistically rich input. In: *Proc. ESCA-Workshop on Speech Synthesis, Mohonk (NY)* (1994), S. 175–178

[Tei04] TEIXEIRA, J. P.: *A Prosody Model to TTS Systems.* Universidade do Porto, 2004. – Dissertation

[Ter84] TERKEN, J. M. B.: The distribution of pitch accents in instructions as a function of discourse structure. In: *Language and Speech* 27 (1984), S. 269–289

[Ter97] TERKEN, J.: Variation of accent prominence within the phrase: models and spontaneous speech data. In: SAGISAKA, Y. (Hrsg.) ; CAMPBELL, N.

(Hrsg.) ; HIGUCHI, N. (Hrsg.): *Computing Prosody*, Springer, New York, 1997, S. 95–116

[TPL04] TSENG, C. ; PIN, S. ; LEE, Y.: Speech prosody: issues, approaches and implications. In: FANT, G. (Hrsg.) ; FUJISAKI, H. (Hrsg.) ; CAO, J. (Hrsg.) ; XU, Y. (Hrsg.): *From Traditional Phonology to Modern Speech Processing. Festschrift zum 95. Geburtstag von Prof. Wu Zongji.* Foreign Language Teaching and Research Press, Beijing, 2004 (Lecture Notes in Computer Science), S. 417–438

[Tra90] TRABER, C.: F0 generation with a data base of natural F0 patterns and with a neural network. In: *Proc. ESCA Workshop on Speech Synthesis, Autrans (FR)*, 1990, S. 141–144

[Tra92] TRABER, C.: F0 generation with a database of natural F0 patterns and with a neural network. In: BAILLY, G. (Hrsg.) ; BENOÎT, C. (Hrsg.) ; SAWALLIS, T.R. (Hrsg.): *Talking Machines: Theory, Models, and Designs*, Elsevier, Amsterdam, 1992, S. 287–304

[Tse07] TSENG, C.: Towards the organization of mandarin speech prosody: units boundaries and their characteristics. In: *Proc. 15th ICPhS, Barcelona* (2007), S. 599–602

[TTFK97] TAMBAKAS, D. ; TZIMA, I. ; FAKOTAKIS, N. ; KOKKINAKIS, G.: A simple energy model for the greek language and its application to speech recognition. In: *Proc. Eurospeech, Rhodes* (1997), S. 513–516

[Tun99] TUNLEY, A.: *Coarticulatory influences of liquids on vowels in English.* University of Cambridge, 1999. – Dissertation

[Ves02] VESTER, F.: *Die Kunst vernetzt zu denken. Ideen und Werkzeuge für einen neuen Umgang mit Komplexität.* Deutscher Taschenbuch Verlag, München, 2002. – 384 S.

[Vin04] VINAGRE, V. G.: *Generation of a Spanisch Speech Database for a Text-to-Speech System.* TU Dresden, 2004. – Research report

[Wag08] WAGNER, A.: *A comprehensive model of intonation for application in speech synthesis.* Adam Mickiewicz University, 2008. – Dissertation

[Wah93] WAHLSTER, W.: VERBMOBIL - Translation of face-to-face dialogs. In: *Proc. Eurospeech, Berlin*, 1993, S. 29–38

[Wer08] WERNER, S.: *Sprachsynthese und Spracherkennung mit gemeinsamen Sprachdatenbasen - Sprachmodell und Aussprachemodellierung. Studientexte zur Sprachkommunikation Bd. 48.* TUDpress, Dresden, 2008. – Dissertation

[WJ05] WITTENBERG, S. ; JOKISCH, O.: The ergonomic design of web portals for testing speech synthesis. In: *Proc. Konferenz Electronic Speech Signal Processing (ESSP) 2005 (Studientexte zur Sprachkommunikation Bd. 36), Prag* (2005), S. 373–380

[WJ10] WITTENBERG, S. ; JOKISCH, O.: Das prosodisch-phonetische Annotationssystem PROPHANO. In: *Proc. Konferenz Elektronische Sprachsignalverarbeitung (ESSV) 2010 (Studientexte zur Sprachkommunikation Bd. 58), Berlin*, 2010, S. 71–76

[WS00] WERMTER, S. (Hrsg.) ; SUN, R. (Hrsg.): *Hybrid Neural Systems.* Springer, Heidelberg, 2000

[Wun93] WUNDERLICH, U.: *Sprachsynthesesystem im Zeitbereich.* TU Dresden, 1993. – Diplomarbeit

[Xu06] XU, Y.: Speech prosody as articulated communicative functions. In: *Proc. 3rd Intern. Conference on Speech Prosody, Dresden*, 2006, S. 752–755

[YH05] YEH, C.-Y. ; HWANG, S.-H.: Efficient text analyser with prosody generator-driven approach for Mandarin text-to-speech. In: *Vision, Image and Signal Processing, IEE Proceedings* - 152 (2005), Nr. 6, S. 793–799

[Zel94] ZELL, Andreas: *Simulation Neuronaler Netze.* Bonn : Addison-Wesley, 1994

[Zel95] ZELL, A. (Hrsg.): *Stuttgart Neural Network Simulator. User Manual, Version 4.1.* Universität Stuttgart, 1995

[ZF67] ZWICKER, E. ; FELDTKELLER, R.: *Das Ohr als Nachrichtenempfänger.* Hirzel, Stuttgart, 1967

[Zit99] ZITZLER, E.: *Evolutionary algorithms for multiobjective optimization: methods and applications.* ETH Zürich, 1999. – Dissertation

Stichwortverzeichnis

Formelzeichen und Abkürzungen

Allgemeine mathematische Symbole

x	allgemeine Variable
$x(k)$, $x(t)$	zeitdiskretes bzw. kontinuierliches Signal
$\|x\|$	Betragsfunktion
$\overline{x}$, μ	arithmetischer Mittelwert
S, σ	Standardabweichung
$\sum$	Summe
i, j	allgemeiner Index
n	Anzahl
e	Eulersche Zahl
ε	Fehler, Abweichung
ρ	Korrelationskoeffizient

Neuronale Netze

w_{ij}	Gewichtsvektor von Neuron i zu Neuron j
Δw, W	Gewichtsänderung, Gewichtsmatrix
$a_i(t)$	Aktivierungszustand eines Neurons i
$\Theta_i(t)$	Schwellwert eines Neurons i
$net_j(t)$	Netzeingabefunktion in Neuron j
$a_j(t+1) = f_{act}(a_j(t), net_j(t), \Theta_j(t))$	Aktivierungsfunktion
$o_j = f_{out}(a_j)$	Ausgabefunktion
f_{log}, f_{tanh}	logistische/tangens hyperbolicus-Funktion
δ_j	Differenz zur erwarteten Netzausgabe
η	Lernrate
p	Lernmuster
E, E_p	quadratischer Fehler (gesamt/des Musters)
C	Kontextlänge am Netzeingang
N	Neuronenanzahl in verdeckten Schichten

Prosodische Analyse und Generierung

α	Phrasenparameter (Fujisaki-Modell)
A_{rise}, A_{fall}	Amplitudenanstieg bzw. -abfall (f_0)
A_a	Akzentamplitude (Fujisaki-Modell)
A_p	Phrasenamplitude (Fujisaki-Modell)
$AnzNdg$	Anzahl der Nulldurchgänge
β	Akzentparameter (Fujisaki-Modell)
D	Deklinationsgeschwindigkeit(in HT/s)
D_i	inhärente Dauer aus der Datenbasis
D_0	modifizierte Lautdauer
dur_{pho}, dur	Lautdauer, logarithmierte Lautdauer
$dur_{syl}, d_{syl}, \Delta$	Silbendauer
dur_{phr}	Phrasendauer
dur_{pau}, d_{pau}	Pausendauer
f_0	Grundfrequenz
f_0min, f_b	Basisgrundfrequenz
f_a	Abtastfrequenz
G_a	Akzentkomponente (Fujisaki-Modell)
G_p	Phrasenkomponente (Fujisaki-Modell)
H*L	Akzent: Abfall (ToBI-Konzept)
L*H	Akzent: Anstieg (ToBI-Konzept)
L*HL	Akzent: Anstieg-Abfall (später Gipfel)
HH*L	Akzent: Abfall (zeitiger Gipfel)
H%	Grenze: hoher Grenzton (ToBI-Konzept)
L%	Grenze: niedriger Grenzton (ToBI)
%	Grenze: normaler Grenzton (ToBI)
I	Schallintensität
k	Parameter, z. B. Streckungsfaktor
L	Schalldruckpegel
L_N	Lautstärke
$MaxRange$	Wertebereich des Signals
N	Fensterlänge (Anzahl Abtastwerte)
$Range$	Differenz max./min. Abtastwert
RR	(Overall) Recognition Rate
RR_S	Recognition Rate (split categories)
RR_M	Recognition Rate (merged categories)
p	Schalldruck
T_0	Startzeit der Phrase (Fujisaki-Modell)
T_1, T_2	Onset/Offset-Zeit des Akzents (FM)
$tilt$	Maß für den Akzentanstieg/-abfall
typ, i	Lautklasse
$W(x)$	Lambertsche W-Funktion
z, z score	auf Mittelwert und Standardabweichung normierte Lautdauer

Abkürzungen

AI	Artificial Intelligence (Künstliche Intelligenz)
ACR	Absolute Category Rating (Einschätzungstest - absolute Kategorien)
CART	Classification and Regression Trees (Klassifikationsmethode)
DRESS	Dresdner Sprachsynthesesystem (TU Dresden)
EGG	Elektroglottographie-Signal
FFNN	Feed-forward Neural Network (Netztyp)
FFT	Fast Fourier Transform (Schnelle Fourier-Transformation)
FM	Fujisaki-Modell zur Intonationsanalyse und -generierung
G2P	Grapheme-to-Phoneme (Graphem-Phonem-Konvertierung)
GCIDA	Algorithmus zur Sprachperiodenmarkierung
HMM	Hidden Markov Model (stochastisches Modell)
HRN	Hybrid Rule/Net (Modellkonzept)
HNR	Hybrid Net/Rule (Modellkonzept)
IAS	Institut für Akustik und Sprachkommunikation an der TU Dresden
IGM	Integrated Model of German Prosody
ITG	Informationstechnische Gesellschaft - Fachgesellschaft im Verband der Elektrotechnik, Elektronik und Informationstechnik e.V. (VDE)
KI	Künstliche Intelligenz
KZA	Kurzzeitamplitude
KIM	Kieler Intonationsmodell
MFN	Multi-layer Feedforward Network (Netztyp)
MFGI	Mixdorff-Fujisaki Model of German Intonation
MLP	Multi-layer Perceptron (Netztyp)
MLN	Multi-level Net (Modellkonzept)
MLR	Multi-level Rule (Modellkonzept)
NN	Neural Network, neuronales Netz
NCO	Nucleus-Coda-Onset (Pseudo-Silbe)
OLA	Overlap and Add (Signalmanipulationsmethode)
ONC	Onset-Nucleus-Coda (phonologische Silbe)
POS	Part of Speech (Wortklasse)
PSOLA	Pitch Synchronous Overlap and Add (periodensynchrones OLA)
RMS	Root Mean Square (Effektivwert)
RMSE	Root Mean Square Error (Wurzel des mittl. quadratischen Fehlers)
RR	Recognition Rate (Erkennungsrate)
SH, **SL**	stimmhaft/stimmlos
SLR	Single-level Rule (Modellkonzept)
SNR	Signal-to-Noise Ratio (Signal-Rausch-Abstand)
SPEA	Strength Pareto Evolutionary Algorithm (Evolutionsmethode)
TC-STAR	Technology and Corpora for Speech-to-Speech Translation (Projekt)
TD	Time Domain (Zeitbereich)
TTS	Text-to-Speech, Text-Sprache-Konvertierung (Sprachsynthese)
TUD	Technische Universität Dresden